Todos los libros de Linkgua Ediciones cuentan con modelos de Inteligencia Artificial entrenados por hispanistas. Pregúntale al chat de tu libro lo que desees acerca de la obra o su autor/a.

Para ebooks: Accede a nuestro modelo de IA a través de este enlace.

Para libros impresos: Escanea el código QR de la portada con tu dispositivo móvil.

Obtén análisis detallados de nuestros libros, resúmenes, respuestas a tus preguntas y accede a nuestras ediciones críticas generativas para una experiencia de lectura más enriquecedora.
La transparencia y el respeto hacia la autoría de las fuentes utilizadas son distintivos básicos de nuestro proyecto. Por ello, las respuestas ofrecen, mediante un sistema de citas, las fuentes con las que han sido elaboradas.

Ramiro Guerra

Historia de Cuba

Tomo I

Barcelona 2024
Linkgua-ediciones.com

Créditos

Título original: Historia de Cuba. Tomo I.

© 2024, Red ediciones S.L.

e-mail: info@linkgua.com

Diseño de cubierta: Michel Mallard.

ISBN rústica ilustrada: 978-84-9953-222-6.
ISBN tapa dura: 978-84-1126-519-5.
ISBN ebook: 978-84-9334-393-4.

Cualquier forma de reproducción, distribución, comunicación pública o transformación de esta obra solo puede ser realizada con la autorización de sus titulares, salvo excepción prevista por la ley. Diríjase a CEDRO (Centro Español de Derechos Reprográficos, www.cedro.org) si necesita fotocopiar, escanear o hacer copias digitales de algún fragmento de esta obra.

Sumario

Prólogo

De tan ardua como poco apreciada puede estimarse la ímproba labor que se imponen los escasos publicistas que, en estos tiempos de rápido vivir y de compensaciones materiales inmediatas, se consagran seriamente al estudio de la Historia.

Bastaríanos considerar cuan difícil resulta la depuración de la verdad, aun de los hechos coetáneos en que tomamos una participación directa, para comprender la asombrosa tarea que significa hallar aquélla en acontecimientos velados por las nieblas de los siglos que oponen a la marcha escrutadora del investigador abismos insondables, formados unas veces por la falta de todo elemento de información y abiertos, otras, por la multiplicidad de datos incompatibles y contradictorios.

Meditemos, por otra parte, sobre la miseria espiritual que revelaría un pueblo del que ignoráramos sus pasos por la vida, en medio del correr incesante de la civilización, para que comprendamos cuan valiosa es la contribución que prestan a las sociedades dignas de este nombre quienes, con ánimo imparcial y ejemplar perseverancia, dedican las luces de sus cerebros privilegiados a penetrar en los arcanas de la humanidad exhibiéndonosla en sus jornadas a través del tiempo y del espacio.

Pero si esos estudios son, en general, de capitalísima importancia, ésta se aumenta y singulariza cuando se trata de investigar y divulgar la historia de naciones incipientes cuyas orientaciones como pueblos señores de sus destinos y cuyo desarrollo y afianzamiento como colectividades bien caracterizadas, requieren el exacto conocimiento de los factores que han intervenido en su fundación por la misma causa que se hace imprescindible determinar con exactitud la calidad de los cimientos de un edificio, si se ha de evitar que carezcan de solidez y de proporción las demás partes que se construyan ulteriormente.

Cuba, en particular, ofrece, además de las expuestas razones, otras no menos estimables que encarecen el mérito de los esfuerzos que al estudio de su historia se encaminen, porque de este país, aunque afectado en cierta manera por las debilidades de la infancia, puede decirse, sin embargo, que en muchos aspectos se mostró digno de la mayoría de edad desde el instante de su nacimiento a la vida de los pueblos soberanos, alcanzando un crecimiento que ha sobrepasado el de muchas naciones seculares. Y solo observando con cuidadosa e imparcial mirada los pasos que Cuba ha recorrido hasta nuestros días desde el instante en que los descubridores quedaron extasiados ante la fantástica belleza de sus playas, es como pueden comprenderse los secretos de su temperamento para prevenir o remediar las enfermedades propias de los pocos años, y cómo pueden explicarse avances, de otra manera incomprensibles por lo portentosos, cuyos impulsos precisan ser bien conocidos si han de ser convenientemente estimulados.

Agreguemos a esto, que, por diversas causas que en nada menguan el valimiento de los esfuerzos realizados por sus respectivos autores, la labor histórica realizada hasta la fecha es deficiente; porque sin entrar en prolijidades críticas que no serían del caso, puede afirmarse que no existe una historia completa de Cuba compuesta con arreglo a los principios de la metodología de esta ciencia tales como han sido establecidos por Langlois, Altamira y otros maestros modernos en esta clase de investigaciones; labor que, por otra parte, no puede emprenderse ni efectuarse con resultados dignos de aprecio, sin una sólida preparación especial y un conocimiento completo de varias disciplinas científicas, algunas de reciente fundación, que en su conjunto constituyen ciencias indispensables auxiliares de la Historia.

Las obras de Arrate, Urrutia y Valdés; las de don Jacobo de la Pezuela y don Pedro José Guiteras, muy estimables en diversos conceptos; las de don Ramón de la Sagra, don Antonio Bachiller y Morales, don Buenaventura Pascual Ferrer y don Vidal Morales, así como otras muchas relativas a sucesos particulares o a épocas determinadas, y algunas escritas en inglés en estos últimos tiempos, aparte de ser incompletas, adolecen de los graves defectos de haber sido compuestas con arreglo a métodos y a criterios anticuados en períodos de intensas agitaciones sociales y políticas, cuando la exaltación de las pasiones era poco propicia a la serena imparcialidad que debe inspirar el trabajo del historiador o respondiendo algunas de ellas a miras e intereses particulares muy ajenos a los verdaderos fines de la Historia.

Un factor más, y no de poca importancia, aunque lo expongamos en último término, que acrecienta la viva necesidad en que nos hallábamos de tener una obra completa de historia de Cuba, como la que ahora inicia su publicación, es el lamentable error en que generalmente se viene incurriendo y, en que según Albert Sorel en su notable obra *Europa y la Revolución*, también se cayó por los franceses a raíz de su revolución del 93, de suponer que toda la Historia de Cuba se circunscribe a los episodios de sus luchas por la independencia, siendo así que, sin oscurecer en lo más mínimo los fulgores de esas nobilísimas y gloriosas epopeyas, hay que convenir, no obstante, en que el pueblo cubano para su mayor prestigio, antes de sus épicas empresas por la libertad y después de ellas, ha demostrado en los múltiples acontecimientos de su vida, iniciativas, energías y virtudes que le otorgan un acerbo histórico saturado de valores materiales y espirituales, con los que supo hacerse acreedor a la independencia por la que, con singular espíritu de sacrificio, pelearon aquellas valerosas mesnadas que reprodujeron en las sabanas y en la manigua de esta Antilla las heroicas hazañas de los Indibil, los Viriatos y los Velardes, de quienes se mostraron dignísimos sucesores, no tan solo por su ardiente amor a la libertad y por el abnegado y temerario denuedo con que por ella combatieron, sino también por la generosidad magnánima con que supieron olvidar al día siguiente los agravios recibidos el día anterior en los tristes extravíos de la contienda.

Estudiando con espíritu imparcial la historia de Cuba, se impone la necesidad de rectificar muchas lamentables afirmaciones que más que para esclarecer la verdad han servido para alimentar las pasiones malsanas, causando los inevitables perjuicios consiguientes a toda información tendenciosa; y así podrá llegarse a la conclusión de que, si bien es cierto que la administración y el gobierno de la Colonia en el largo proceso de los siglos, tuvieron graves faltas, algunas de las cuales eran comunes a las demás naciones como hijas del atraso de la época, también es evidente que son de todo punto gratuitas muchas de las principales censuras de que han sido objeto y que, aceptadas como dogmas por el vulgo, han servido para sustentar y propalar, de buena fe la mayor parte de las veces, invenciones tan desatinadas y calumniosas como las matanzas de millones de indios llevadas a cabo por los conquistadores a impulsos de una sistemática crueldad, lo que resulta absurdo por completo, igualmente que otras leyendas por el estilo, especialmente en cuanto concierne a la ocupación de Cuba que, planeaba y dirigida por Velázquez con la cooperación del padre Las Casas, constituye un modelo merecedor del mayor encomio, ya se la considere bajo su aspecto militar, ya se la analice al través de los principios de una sana política llena de humanidad y de templanza. Si enlazamos esta manera evidentemente elevada con que dio comienzo la soberanía de España en Cuba con los dos episodios más salientes con que ésta hubo de terminarse — la gloriosa muerte de Vara de Rey y la homérica salida del puerto de Santiago de la escuadra de Cervera— no tendrán inconveniente, los que sin prejuicios sigan el desarrollo de los acontecimientos coloniales, en reconocer que entre las dos fechas famosas, 1492-1898, y entre esos nombres esclarecidos que hemos mencionado, existen otras muchas fechas y otros muchos nombres que imparcialmente apreciados sirven de firme sustento a nuevos juicios más acertados, definitivamente establecidos ya en otras Repúblicas Americanas, sobre la actuación de los fundadores del vasto imperio Hispano Americano y sobre el mérito del legado que, descontados los errores, hubieron de entregarle éstos a Cuba.

Contemplando también con imparcial criterio los sucesos en que los más genuinos elementos cubanos han puesto de relieve sus eminentes facultades en todos los órdenes de la actividad, preciso será detener nuestra admiración ante hechos tan notorios de heroísmo como la muerte de Velasco defendiendo el Morro de La Habana contra los ingleses, el sacrificio de los bayameses incendiando su amada ciudad antes de entregarla a Balmaseda, el rescate de Sanguily por Agramonte, la épica campaña de la Invasión y la muerte del joven Francisco Gómez Toro junto a Maceo: y ante magnanimidades tan excelsas como el Decreto de 23 de marzo de 1899 dictado por el doctor González Lanuza días después de terminada la contienda, excluyendo de toda responsabilidad penal y de todo procedimiento judicial a cuantos habían combatido al servicio de España, por los hechos delictuosos que hubieren realizado durante la guerra, página insuperada en los fastos de la Historia y que tanto contrasta con los largos y sangrientos dolores que habían acompañado al nacimiento de los demás pueblos americanos; y absorto el ánimo por tan noble y sólida grandeza, si se dirige además a considerar el brillo que fulgura en las obras de la inteligencia y de la virtud, con los poemas de Heredia y la Avellaneda, con las composiciones musicales de Jiménez y Espadero, con las novelas de Cirilo Villaverde, con publicistas y sociólogos como Saco, con sacerdotes filósofos y educadores del celo evangélico del padre Várela y Luz y Caballero, con sabios naturalistas como Poey, con héroes nacionales como Agramonte y Maceo, con ingenieros como Aniceto Menocal y Albear, con médicos e higienistas como Albarrán y Finlay, con jurisconsultos como González de Mendoza, Llorente y González Lanuza, con libertadores de pueblos de genio tan extraordinario y alma tan grande como Martí, y con Jefes de Estado tan austeros y probos como Céspedes y Estrada Palma, se llegará a la conclusión de que pueblos que contaban con hombres de ese valimiento y que en la guerra y en la paz supieron de esa manera comportarse, tenían ganado en buena lid el derecho a su completa soberanía.

Puesto de relieve todo lo que, manifestado fielmente por la Historia, es digno de censura y todo lo que es merecedor de elogios, la crítica honrada encontrará perfectamente explicable que España quisiera retener, al amparo de los derechos que se engendraban en el descubrimiento, la conquista y la colonización, unidos a la posesión de más de cuatro centurias, su dominio sobre estos últimos pedazos del inmenso continente que había regado con su idioma, con su religión, con sus leyes y con su sangre; y hallará perfectamente legítimo que Cuba anhelase desligarse de toda tutela constituyéndose en un pueblo libre y soberano, reduciéndose las que parecían irreconciliables discrepancias entre la ex metrópoli y la ex colonia, a un simple fenómeno biológico mil veces reproducido entre los pueblos del mismo tronco, pero cuyo alcance en manera alguna puede conducir ni a la estéril negación del común linaje ni al mayor extravío de que los que fueron contendientes en un pleito de familia se empeñasen, recíprocamente, en ocultar las virtudes y en acrecentar los defectos respectivos de aquellos con quienes litigaron, habida consideración a que las leyes inexorables de la paternidad y de la herencia, ni excusan la culpabilidad del padre en los vicios de los hijos, ni pueden libertar a éstos de las máculas de los padres.

El libro que ahora publica el doctor Guerra, el más serio por no decir el único verdaderamente fundamental que se ha dado a la imprenta en Cuba durante los últimos años, es un nuevo exponente de la elevada mentalidad y de la sólida cultura de su autor, quien, pese a su modestia sin límites y a su juventud todavía llena de vigores, ha brillado ya con esplendente luz en las justas de la inteligencia, destacándose entre los pedagogos y los sociólogos con publicaciones y conferencias que han dejado en la opinión pública la honda sensación de que sus trabajos, tan numerosos como interesantes y oportunos, son el fruto jugoso de un pensador profundo lleno de altas y nobles idealidades inflamadas de un ardiente y sano patriotismo, el que, por otra parte, ha demostrado el autor como los Luz Caballero, Saco, Lanuza, Varona y Sánchez Bustamante, en la forma más eficaz en que ese elevado sentimiento puede acreditarse, mediante la consagración por más de veinte años consecutivos al abnegado sacerdocio del magisterio, realizando, en el silencio de las aulas, una labor tan útil y meritoria como poco recompensada.

Desde la Introducción de este libro en que se fija el contenido de la Historia y se estudian los factores que más han influido en la de Cuba, como son el ambiente geográfico, la raza española, las relaciones internacionales y el carácter cubano, que se analiza por primera vez de una manera sistemática, hasta la última parte de este tomo que termina en 1607 con la primera insurrección de los bayameses contra el Gobierno Colonial por sus medidas coercitivas para suprimir el contrabando, llenan sus páginas materias tan originales e interesantes y, en general, tan poco estudiadas, como la geogenia o formación de la Isla, el origen de los indios cubanos, su estado social, costumbres y organización en la fecha del descubrimiento, los detalles de éste y las exploraciones de Colón, Ocampo y otros navegantes, la conquista de la Isla puntualizándose la que el autor llama política pacifista de Velázquez encaminada a apaciguar a los indios y a someterlos a la soberanía de España respetando su manera de vivir y evitando todo acto de hostilidad y todo derramamiento de sangre al extremo de ser, como antes expresamos, la conquista de Cuba, una de las más pacíficas que registra la historia.

Materias llenas también de notable merecimiento que el autor aborda con singular maestría, son la primera organización del gobierno de la Colonia con sus Cabildos o Concejos, sus juntas anuales de procuradores, verdaderos representantes de la opinión popular, el establecimiento de las encomiendas y el movimiento de protesta contra las mismas, que culminó con la libertad absoluta de los indios; el desarrollo de la Isla bajo la hábil dirección de Velázquez, su decadencia posterior a causa de las expediciones a México, la Florida y otros países vecinos, los primeros ataques de los corsarios, y diversos hechos más de esta época inicial de la Colonización de Cuba, encaminada como enseña la historia, no a la conquista ciega del oro, según se ha supuesto infundadamente, sino al fomento de la agricultura, la ganadería y el comercio, ya que la busca afanosa del oro fue una necesidad de orden económico ineludible, según se desprende de la exposición del doctor Guerra, y no una aberración psicológica semejante a la que se ha producido en la época moderna en California, Klondike y otros lugares.

Objeto asimismo de cuidadosa atención de parte del autor han sido las costumbres y el estado social de la población en la primera centuria, las causas del lento y difícil progreso de la Isla durante los tres primeros dieciséis siglos, el cambio producido en la Isla al convertirse en un puesto militar importante al extremo de estimarse La Habana como la Llave de las Indias, la destrucción de esta ciudad por los corsarios franceses, el auge de Bayamo, centro de contrabando que le proporcionó un desarrollo y una riqueza considerables, el espíritu independiente de los bayameses, cuya insurrección a que antes nos referimos, terminó con la primera amnistía que se firmara en Cuba, la promulgación de las Ordenanzas Municipales de Alonso de Cáceres, las reformas en la organización económica, la fundación de los primeros ingenios y la represión de la piratería que asolaba la Isla, apuntándose ya por esta época las primeras manifestaciones vigorosas del sentimiento de solidaridad entre todos los elementos de la población cubana, cuyos cimientos como pueblo quedaron definitivamente establecidos.

Tan notable y extenso contenido, escrito con datos de primera mano de las colecciones de *Documentos inéditos* de los archivos de Sevilla, Simancas y otros lugares, publicados en España, y mediante un cuidadoso estudio crítico de historiadores antiguos, modernos y contemporáneos como Oviedo, Las Casas, Pedro Mártir, Herrera, Navarrete, Humboldt, Prescott, Guiteras, Pezuela, Navarro Lamarca, y Altamira, cuyas sabias enseñanzas sigue el doctor Guerra, se encuentra además avalorado por el encanto de un estilo tan ameno como sugestivo, de manera que la obra, cumpliendo los requisitos de la didáctica, proporciona agradable lectura a cuantas personas le dediquen su atención, por la sencillez con que están expresadas hasta las ideas más sutiles y modernas de la ciencia histórica; y por ello y por las incontables y curiosas investigaciones que descubre sobre los primitivos tiempos de la vida cubana, hasta hoy totalmente ignorados, consideramos que nadie que en alguna manera se interese por las cosas de este país, debe dejar de buscar en las páginas de este libro las interesantes enseñanzas que contiene, con las cuales, a la par que una eficaz instrucción, encontrará los estímulos de que tan necesitados estamos —y que se derivan de la justa apreciación de los heroísmos y de las virtudes del pueblo cubano y de sus progenitores— para consolidar la fe en los destinos de Cuba y en los destinos de la raza, a la que deben atribuirse como patrimonio común todas esas grandezas, que nos ofrecen el convencimiento de que a la inmensa y trascendental misión histórica que hasta ahora ha cumplido nuestra estirpe, habrán de agregarse todavía etapas no menos brillantes que ya han empezado a revelarse, y que con el natural discurrir del tiempo se resolverán en renovaciones del viejo y glorioso tronco y en fecundísimas floraciones de los nuevos y vigorosos pueblos de este continente, entre los cuales puede afirmarse, por lo que de los hechos y las estadísticas resulta, que Cuba, con ser el más joven, ocupa el lugar más prominente.

Licenciado Manuel Abril y Ochoa.

La Habana, 31 de mayo de 1921.

Introducción. La historia y los factores históricos

1. Advertencia preliminar

Las generalizaciones previas, si se establecen como dogmas absolutos, son peligrosas en toda investigación sinceramente enderezada a escudriñar la verdad; pero si solo se adelantan a título de simples hipótesis sujetas a ulteriores rectificaciones, aportan la inmensa ventaja de dirigir la observación, facilitar el análisis y allanar el camino a la inferencia. El investigador, colocado frente a enormes y confusas masas de hechos, no puede abordar la explicación y descripción concienzudas de los mismos sin agruparlos y ordenarlos previamente, conforme a ciertos principios racionales de conexión, derivados principalmente del examen preliminar de los más importantes antecedentes de los hechos que se estudian.

De conformidad con este criterio, antes de entrar de lleno en la exposición de los problemas que se abordan en esta obra, hemos bosquejado, a grandes rasgos, un cuadro provisional del contenido de la historia y de los factores históricos que han influido más decisivamente en la formación del pueblo de Cuba.

Esta Introducción constituye dicho cuadro, necesariamente muy sucinto, el cual ha sido compuesto con la mira de poner al lector anticipadamente en posesión de ciertos elementos de comprensión y de inteligibilidad, indispensables para la interpretación de los hechos estudiados en esta Historia de acuerdo con las ideas del autor.

2. Es contenido de la Historia

Cada nación es una comunidad muy compleja con un pasado, un presente y un porvenir y su historia no es más que la explanación del proceso de formación, constitución y desenvolvimiento de dicha comunidad. Ese proceso no se desarrolla al azar; se halla regido por ciertas leyes generales que se derivan de las condiciones de la vida orgánica, del hecho de la vida social y de la naturaleza psíquica del hombre.

La vida orgánica se caracteriza por la continuidad de los cambios físico-químicos entre el ser viviente y el ambiente que le rodea. Cuando estos cambios son favorables al ser viviente, éste se multiplica con rapidez y se asegura un poder de expansión teóricamente ilimitado; en caso contrario lleva una vida lánguida o perece antes de completar su desarrollo.

Este principio general de la biología tiene el carácter de una ley inmutable; no admite excepciones y rige el desarrollo de las naciones como el de los individuos, los animales y las plantas.

Tratándose de la especie humana hay que consignar, sin embargo, una diferencia muy importante. Es cierto que la Tierra ejerce sobre el hombre la misma poderosa acción que sobre los demás organismos, pero el hombre reacciona sobre la Tierra, en un esfuerzo por domeñarla y libertarse de la esclavitud que le imponen las fuerzas ciegas de la Naturaleza. La inteligencia y la voluntad humanas jamás se rinden al imperio brutal de las energías del mundo físico. La inteligencia escruta sin cesar cuanto cae bajo su dominio, penetra poco a poco lo secreto de las leyes naturales y descubre principios de coordinación, de estabilidad y de armonía que satisfacen una necesidad fundamental del hombre: la de conocer para obrar con previsión y discernimiento. La voluntad, por su parte, se manifiesta como una energía independiente y poderosa, que subyuga, reduce a domesticidad y aplica al servicio del hombre algunas de las más rebeldes fuerzas del Universo.

En su lucha tenaz con el ambiente físico los hombres jamás son totalmente vencedores ni vencidos.

Un vínculo profundo e indestructible los une con la Tierra que los lleva y los nutre, como ha dicho un geógrafo y pensador moderno, y con el cielo que los ilumina y los asocia a la energía universal del Cosmos.

Así los vemos pasar en la Historia cubiertos con sus vestidos de dicha o de infortunio, arrastrados por el torrente de los siglos, siempre en íntima concordancia con la Geografía, la cual en vano intentan remodelar totalmente, conforme a las necesidades y los deseos humanos. El fondo permanente de la historia está representado por esa lucha del hombre con los elementos naturales.

Pero el hombre, uno en sus cualidades específicas fundamentales, muestra rasgos de carácter muy distintos, de orden secundario, que son el fundamento de la división vaga e indeterminada que se expresa con la palabra raza, término ambiguo, que emplearemos más que en un sentido étnico, con un valor psico-fisiológico. Cada raza, con sus cualidades particulares, aporta al inicio de la evolución histórica una cierta disposición fisiológica y una determinada condición espiritual, que pueden ser favorables o no para la preservación y el crecimiento del grupo social en el medio donde le haya tocado en suerte desenvolverse.

Si la disposición fisiológica y la condición espiritual son favorables, la obra de acomodación y adaptación es fácil; el grupo social se multiplica rápidamente; neutraliza cada vez de una manera más eficaz los efectos dañosos del ambiente, y obtiene el mayor rendimiento de los recursos naturales del medio, los cuales pone a contribución para satisfacer las necesidades colectivas. En caso contrario se entabla una larga lucha entre el hombre y las condiciones adversas del terreno o del clima, lucha que puede terminar con la victoria o la derrota de aquél, ocurriendo a veces que la energía vital y el espíritu emprendedor de una raza vigorosa, se sobrepongan y triunfen de la naturaleza hostil, allí donde otros hombres más débiles de cuerpo, de inteligencia o de carácter, estén llamados a perecer o a arrastrar una vida lánguida y miserable.

La lucha secular del hombre contra la naturaleza transforma las características primitivas de la raza y provoca la aparición de cualidades nuevas. Las condiciones fisiológicas y psíquicas originarias se modifican paulatinamente, en virtud de que el medio favorece el florecimiento de ciertas disposiciones humanas, al par que impide o restringe el desarrollo de otras; de manera que en el transcurso de los siglos la Naturaleza rehace al hombre e imprime nuevos rumbos a la evolución individual y social.

El estudio del proceso de la adaptación no agota el contenido de la historia. El hombre, por razón de su constitución física y mental, no puede subsistir aislado ni aun en el ambiente natural más idealmente favorable. Tiene necesidad de agruparse en familias, tribus y otras colectividades sociales, las cuales se multiplican con rapidez cuando disponen de abundantes medios de alimentarse, de territorios amplios donde extenderse y de otras condiciones de vida adecuadas.

El contacto de unos hombres con otros dentro de estos grupos, determina la aparición de fuerzas distintas de las del mundo físico, a la influencia de las cuales quedan sometidos los miembros de cada grupo. Todas las colectividades, por consiguiente, se hallan sujetas desde que se esboza su formación, a la doble influencia de la Naturaleza y de la energía social que ellas mismas desarrollan en virtud de su organización peculiar.

Así como la vida orgánica se distingue por las acciones y reacciones que provoca entre el hombre y las fuerzas del mundo circunstante, la vida social se caracteriza a su vez por las influencias que los hombres ejercen unos sobre otros, al agruparse en un lugar cualquiera del planeta con el fin de subvenir a las necesidades de su organismo y de su espíritu.

La vida interior de cada colectividad es un conflicto permanente de intereses. Por una parte, a cada uno de sus miembros le apremia la necesidad de la cooperación con sus coasociados, indispensable para librarse del tiránico yugo del ambiente natural; por otra, le domina el egoísmo básico del individuo, el afán de vivir él en primer término, tendencia que le arrastra de un modo fatal a apropiarse para su provecho exclusivo, la mayor suma posible de los bienes que la colectividad conquista con la mira de asegurar la conservación y el bienestar de todos sus componentes.

Dominado por esas inclinaciones contradictorias, la acción del individuo fluctúa sin cesar, moviéndose como los platillos de una balanza en direcciones contrapuestas: ora en el sentido de un interés particular, ora conforme al interés social. Mientras este conflicto se produce en cada conciencia individual, la conciencia colectiva en las comunidades en que predomina el proceso normal de crecimiento y de integración, determina reglas de acción común, obligatorias para todos los asociados, las cuales tienden a dominar y reducir el egoísmo individual y a fijar una base estable para la convivencia. En el curso de estas luchas intestinas de la colectividad, surgen y se organizan poco a poco las instituciones sociales y políticas, creaciones, en su conjunto, del espíritu social bajo la presión de las necesidades humanas; y a medida que las sociedades progresan intelectual y moralmente, las instituciones llegan a establecerse sobre bases más equitativas y justas, porque la mayoría, con aptitud para discernir sus propias conveniencias, impone soluciones que tienden a favorecer el interés colectivo. El conflicto persiste, sin embargo, inacabable, porque siempre hay sujetos que quebrantan los principios de la solidaridad e intentan destruir en su exclusivo beneficio, el equilibrio laboriosamente establecido sobre la base de la conveniencia general; mientras que otros luchan, bajo la inspiración de la justicia, por restablecer dicho equilibrio y afirmarlo de una manera definitiva.

La historia interna de cada colectividad refleja los dramáticos episodios de esa lucha de siglos, cuyo objetivo es encontrar una fórmula práctica que concilie el egoísmo con la equidad y el bien. La emoción que conmueve al historiador al medir la magnitud de los esfuerzos que realizan los hombres superiores de cada época, en quienes es más viva la conciencia de la especie, para superarse a sí mismos, dominar la ciega brutalidad de sus instintos, borrar la irreductible contradicción de su naturaleza y encauzar su vida y la de la sociedad según los principios de la razón y del derecho, no es menos intensa que la que provoca la contemplación de la lucha de la Humanidad contra los elementos. Unas escenas no ceden en grandeza a las otras.

El proceso histórico tiene además otras manifestaciones no menos notables. Sobre la faz de la Tierra han vivido y viven numerosas colectividades sociales distintas e independientes, cada una con sus intereses, sus necesidades y sus aspiraciones. Estas colectividades influyen recíprocamente unas sobre otras, y reproducen en un escenario más vasto, la lucha entre el egoísmo y la justicia que se desarrolla en el interior de cada una de ellas.

Los conflictos internacionales son realidades históricas tan duras, cruentas y terribles como las luchas intestinas de cada colectividad. De manera que al mismo tiempo que cada una de éstas efectúa el lento y rudo trabajo que requieren la acomodación a las variables condiciones de la vida, la explotación inteligente de los recursos naturales del país que ocupa, y la creación y organización de las instituciones necesarias para la realización de la justicia y la distribución equitativa de los bienes conquistados en el interior del grupo social, ha de entrar en contacto, voluntariamente o no, con otras comunidades semejantes, circunstancia que determina un nuevo orden de hechos históricos. La ingerencia de hombres de condición distinta en el proceso evolutivo de un grupo social, puede ser favorable o dañosa para éste. En el primer caso coadyuva a la adaptación y a la evolución social, acelerándolas u orientándolas en una dirección más provechosa; en el segundo, retarda el desarrollo de la comunidad o lo perturba hasta el punto de hacer imposible la vida autónoma del grupo.

La acción de una colectividad sobre otra se manifiesta con fuerza y carácter muy variables, según los casos. Casi nula en países aislados, de fuerte organización social y larga tradición histórica, es a veces incontrastable, cuando se trata del influjo ejercido por naciones poderosas sobre pueblos que carecen de vigor físico y espiritual.

Todavía la historia presenta un último aspecto.

El hombre, al propio tiempo que batalla contra la Naturaleza y consigo mismo, ora dentro del grupo limitado de que forma parte, ora en el escenario mucho más vasto de la Humanidad, despliega otras actividades de distinto orden, en virtud de su condición de ser pensante y sensible. Independientemente de todo propósito de acomodación al ambiente físico y al social, la contemplación del mundo exterior y de su propio mundo interno, determina en el espíritu humano impresiones y reacciones mentales de orden peculiar, que son el fundamento de la ciencia pura, la filosofía, la religión y el arte. El hombre piensa y siente; y el pensamiento y el sentimiento tienden irresistiblemente a traducirse y a fijarse en formas duraderas, mediante la palabra hablada y escrita, el ritmo, el color, la piedra, el metal y todos los demás medios de expresión utilizados por la Humanidad. Los estados de conciencia más fugaces y más estrictamente individuales, se transforman en realidades concretas y vivientes, alcanzan una duración indefinida y llegan a ser comunes a millares de personas. Cada colectividad contribuye a crearse así, poco a poco, una condición mental propia y un patrimonio de riquezas espirituales, que acaban por convertirse en poderosos agentes de evolución histórica. Las fuerzas de este mundo de realidades psicológicas, son los pensamientos y las emociones, cuya influencia gobierna en gran parte la vida y las costumbres de los individuos y de los pueblos.

La acción de estas fuerzas espirituales complica extraordinariamente el proceso de la historia, porque aumenta hasta lo infinito el número y la diversidad de los motivos que solicitan en direcciones distintas y a veces contrarias la actividad humana. El individuo tiene aquí un ancho campo de acción original.

Ciertos sujetos dotados de una voluntad más activa, de una inteligencia más profunda o de una sensibilidad más depurada y exquisita, obran, piensan y sienten a su modo; y no se contentan con vivir acomodándose a las exigencias de la Naturaleza y de la sociedad, sino que aspiran a dirigir su vida y a transformar el ambiente geográfico y las instituciones de acuerdo con sus propias concepciones filosóficas, científicas, artísticas o religiosas. Sus empeños en tal sentido aportan nuevos elementos de contradicción, de variabilidad y de lucha, que se suman a todos los que han sido mencionados anteriormente, sin que la historia pueda excusarse de registrarlos en sus páginas pues de lo contrario quedaría muy incompleto el cuadro de la vida de cada pueblo en particular y el de la Humanidad en su conjunto.

La historia de Cuba no es distinta, en su esencia, de la de los demás pueblos, cuyo contenido hemos apuntado brevemente. Aunque muy corta, ha de considerarse como un proceso evolutivo de extraordinaria complejidad. Los factores que han influido en ella son numerosos, de difícil determinación y de muy diverso carácter; no obstante, la dirección general de la evolución histórica puede bosquejarse sin dificultades insuperables, porque entre los agentes que la han determinado hay algunos de acción muy notable y constante, cuyos efectos se destacan claramente entre los demás. Entre ellos deben contarse en primer término, la condición fisiológica y la contextura espiritual de la raza española, las condiciones del ambiente geográfico, las relaciones sostenidas por Cuba con otros pueblos y el carácter cubano.

El influjo de estas fuerzas históricas, cuya importancia relativa señalaremos sucintamente, ha sido decisivo y puede discernirse en los principales acontecimientos.

En efecto, la acción combinada de la herencia psíquica, del medio geográfico y de las relaciones internacionales, unida a la acción individual y a la de las fuerzas desconocidas e imprevistas que denominamos con la palabra azar, cuya influencia pesa siempre en los destinos humanos, constituye la trama fundamental de la historia de Cuba. Los hechos de ésta aparecen sometidos en sus grandes líneas a un determinismo muy marcado, fenómeno que se observa muy particularmente en los primeros tiempos de la colonización, cuando el grupo social cubano, débilmente organizado, poco numeroso e inculto, solo era capaz de desarrollar una acción original muy poco compleja, bajo la presión de las influencias casi incontrastables de la naturaleza tropical y de naciones grandes y fuertes.

3. Influencia de las condiciones geográficas sobre el desarrollo histórico

Las condiciones geográficas influyen, como es sabido, sobre el desarrollo histórico de un pueblo, en virtud de la abundancia o la escasez de los recursos naturales y el carácter general de dichos recursos, de las facilidades o las dificultades locales para asegurarse el hombre la manera de satisfacer las necesidades de la vida, y de la posibilidad que el ambiente geográfico ofrezca para el desarrollo de la industria y el comercio.[1]

En efecto, la geografía de cada lugar influye sobre el crecimiento de la población en sentido favorable o adverso, según brinde o no facilidades para obtener los frutos que son base de la alimentación humana, y es asimismo un factor muy importante de la distribución de los habitantes en cada país, determinando la acumulación de núcleos más numerosos en las regiones donde la vida resulta más segura o más fácil. Sus efectos sobre la población se hacen sentir también sobre el movimiento de ésta, por cuanto contribuye a fijarla de una manera estable en una región dada, o a crear condiciones favorables a la producción de movimientos de emigración e inmigración más o menos considerables, bien de forma periódica y por un tiempo determinado, o bien de otro carácter más indefinido e irregular.

---

1   *The Physical Basis of Society*, C. Kelsey, Appleton, Nueva York, 1920. Capítulo I.

La influencia de la geografía local se extiende, además, a otro orden de hechos, según comprueba la observación cuidadosa de la historia de cada pueblo.

El temperamento se modifica de un modo considerable por la acción del clima sobre las funciones corporales y fisiológicas, hecho que se observa claramente en la influencia de la temperatura y la humedad sobre la actividad, estimulada en grado más o menos enérgico por el frío, y deprimida cuando el calor y la humedad son excesivos y constantes. La atmósfera, según sea más o menos diáfana y luminosa, determina de una manera directa una mayor o menor actividad de ciertos sentidos, como el de la vista, por ejemplo, y en virtud de esta circunstancia, produce efectos de orden secundario sobre las funciones mentales. Como ilustración puede señalarse el hecho de que el arte de los pueblos meridionales de Europa es mucho más objetivo que el de los del Norte, los cuales, viviendo en un ambiente neblinoso y monótono, donde las formas y los colores se perciben vaga y confusamente, se sienten impulsados a reflejar y concentrar el pensamiento sobre sí mismos.

El carácter subjetivo del arte y la literatura ingleses y el brillante colorido y el realismo de la pintura española, son buenas pruebas de la influencia del clima sobre las funciones intelectuales. Las condiciones del ambiente geográfico extienden sus efectos por diversas vías sobre la imaginación. Los grandes cambios de las estaciones, las tempestades, las grandes conmociones de la Naturaleza, de cualquier orden que sean, obrando persistentemente durante siglos sobre el espíritu, contribuyen al desarrollo de ciertas formas de la fantasía popular. Hay regiones que son propicias, por tal motivo, al desarrollo de manifestaciones artísticas peculiares, de supersticiones de un género particular, a la vez que imprimen al sentimiento religioso un sello determinado y promueven su desenvolvimiento en tal o cual dirección. El medio local es causa también de un proceso de selección entre los individuos, encaminado en el sentido de hacer prevalecer los tipos que reúnen determinadas cualidades físicas, independientemente del influjo mencionado más arriba sobre el carácter y el espíritu de cada sujeto; y finalmente, la geografía hace sentir de la manera más enérgica su poder sobre la vida de cada colectividad, al determinar las ocupaciones del mayor número de los individuos y las formas de la organización social.[2]

El estudio comparativo de los efectos producidos por los diversos elementos del ambiente geográfico sobre el hombre, permite apreciar que unas condiciones de la geografía influyen más que otras sobre la vida humana. Los factores de mayor poder, según la opinión más aceptada, son los siguientes: la posición geográfica, que determina el contacto frecuente con ciertos pueblos de preferencia a otros, así Cuba, por ejemplo, tiene mayores relaciones con los Estados Unidos que con Chile; la extensión y la forma del país, por cuanto permiten o no un crecimiento indefinido a la población sin chocar con otras naciones ni producir cambios en las condiciones del estado social, aparte de atraer con mayor o menor intensidad las corrientes inmigratorias y brindar un campo reducido o amplio al desarrollo de los negocios; el relieve del suelo, con predominio del llano o la montaña, que tanta influencia ejercen sobre el clima, la salubridad, la facilidad de comunicaciones y la producción de tales o cuales frutos y especies animales, así como sobre la vida industrial, lo mismo en lo concerniente a la minería como en lo tocante al

2   *The Group Mind*, por W. Mc Dongall, G. P. Putnam's Sons, Nueva York, 1920. Tercera Parte. págs. 275 y siguientes.

aprovechamiento de los saltos de agua, a las ventajas para la irrigación, la navegación fluvial, etc. Otros factores de gran importancia son: la naturaleza del suelo o del subsuelo, ligada íntimamente con la agricultura y la industria; la flora y la fauna, de las cuales depende el hombre para su subsistencia, sin contar con la influencia de ambas sobre la seguridad de la vida y el desarrollo de ciertas enfermedades; y finalmente el clima, con sus condiciones fundamentales de temperatura, humedad y luz, a cuyos efectos sobre el hombre ya se ha hecho referencia anteriormente.[3]

La concurrencia de determinadas condiciones de las enumeradas en un país, hacen de él un centro apropiado para el desarrollo de la vida humana, sin gran consumo de energía física y mental, o por el contrario, le convierten en una zona donde la adaptación es difícil y no se realiza de una manera satisfactoria sino a virtud del vigoroso empleo de las más elevadas cualidades humanas. Los extremos de dureza o facilidad de las condiciones de la vida no favorecen el desarrollo de colectividades del tipo más elevado, según el consenso general. El ambiente más beneficioso es aquel que sin ser excesivamente severo, estimula y requiere el constante empleo de la más alta energía física y mental.

Establecidos estos principios, véase cuales son, sucintamente, las condiciones geográficas de Cuba, en relación con los mismos.

---

3 *Physical and Commercial Geography*, por Gregory, Keller y Bishop. Ginn y Co. Boston. Segunda parte. Véase también *El hombre y la Tierra*, por E. Beclús, tomo I. La Escuela Moderna, Barcelona.

4. Condiciones geográficas de Cuba: sus consecuencias históricas

Cuba es la mayor y más occidental de las islas que forman el archipiélago de las Antillas, extendido como un inmenso arco desde las bocas del Orinoco en la América del Sur, hasta la península de Yucatán en la América Central. La Isla está situada entre la América del Norte y la del Sur, cerca del límite septentrional de la Zona Tórrida.

Se encuentra separada del islote más próximo de la Florida, al Norte, por una distancia de cien millas en línea recta; cincuenta y cuatro millas la separan de Haití, al Este; ochenta y cinco millas de Jamaica, al Sur; y ciento treinta de Yucatán, al Oeste. Debido a su forma larga y angosta y a su latitud geográfica, Cuba tiene un clima insular o marítimo, con una temperatura media anual de 25.° centígrados, y mucha humedad atmosférica. Las lluvias son abundantes de mayo a septiembre; la temperatura oscila poco alrededor de la media anual; en los meses más fríos, diciembre y enero, raramente desciende a menos de 12.°, y en los más calurosos, julio y agosto, no suele elevarse a más de 35.°.

El largo de la isla es de unos 1.200 kilómetros, mayor en más de 200 kilómetros que la distancia que media entre el extremo meridional de Inglaterra y el extremo septentrional de Escocia; la anchura máxima, 200 kilómetros, es algo menor que la de Inglaterra; el ancho mínimo, 40 kilómetros, equivale a dos terceras partes del ancho de Escocia. La extensión superficial de Cuba es algo mayor que cuatro veces la extensión de Bélgica y casi igual a la de Inglaterra propiamente dicha.

Cuba tiene un relieve irregular que no constituye una unidad orográfica sencilla, aunque todas sus montañas se extienden, por lo común, en la dirección del eje longitudinal de la isla, de Este a Oeste. La parte central de la isla, ocupada por las provincias de La Habana, Matanzas, las Villas y Camagüey, tiene un relieve poco definido. El terreno de toda la región se extiende en forma de llanuras ondulantes y valles poco profundos, sin grande elevación sobre el nivel del mar. Las tierras por lo general son fértiles y las lomas no alcanzan alturas considerables.

Las dos regiones extremas, occidental y oriental, ocupadas por las provincias de Pinar del Río y Oriente, presentan un acentuado relieve. A lo largo de Pinar del Río, se extiende una triple serie de sierras, un tanto al Norte de la línea media de la provincia, paralelas a la costa. En su conjunto, reciben el nombre de Cordillera de los Órganos. Desde la cúspide de la cordillera, que en algunos lugares se destaca a dos mil pies de altura, el terreno desciende en declive rápido hacia el Norte y el Sur. La vertiente septentrional está formada por valles estrechos, perpendiculares a la costa, con arroyos y ríos de escaso caudal. Al Sur de la cordillera los valles son más largos y abiertos, extendiéndose en forma de llanos suavemente ondulados hasta el mar. La Cordillera de los Órganos termina al Oeste de La Habana, pero sus trazas pueden seguirse en la parte central y septentrional de La Habana, Matanzas, las Villas y Camagüey. Al Sur de las Villas hay un macizo montañoso aislado, cuya altura máxima es de tres mil pies. Los valles de Trinidad y Sancti Spíritus, en el centro del mismo, se abren hacia la costa meridional, sobre la cual presentan los puertos de Casilda y Zaza respectivamente.

La región de Oriente, situada en el extremo opuesto a la de Pinar del Río, presenta un relieve notable.

La superficie de esta región, mayor que Bélgica, es muy desigual; presenta cordilleras altas y escarpadas, anchurosas llanuras de elevación considerable y valles profundos, algunos semejando estrechas barrancas.

El rasgo orográfico predominante de la región es la Sierra Maestra, que principia en Cabo Cruz y se extiende paralela a la costa meridional, sobre la cual se levanta abruptamente, para terminar en los alrededores de la ciudad de Santiago de Cuba.

La altura de la sierra es de unos cinco mil pies, con puntos culminantes que se elevan a 8.320 pies. Desde la ciudad de Santiago de Cuba al cabo Lucrecia en la costa del Norte y la punta de Maisí al Este, el terreno forma una meseta o planicie triangular con un laberinto de sierras de mil a tres mil pies de altura.

La vertiente septentrional de la Sierra Maestra desciende hasta el río Cauto, cuya cuenca fértil y extensa, es la mayor de Cuba. Más allá del río, el terreno se levanta gradualmente, llegando a alcanzar unos mil pies de elevación. La cuenca del Cauto comprende casi todo el terreno llano de la región oriental.

La disposición de las cordilleras de la isla en sentido longitudinal, contribuye a la unidad geográfica del país, permitiendo la fácil comunicación de unas regiones con otras. Pinar del Río se halla dividida en dos regiones independientes, una al Norte y otra al Sur de la Cordillera de los Órganos. Las comunicaciones naturales entre ambas regiones eran difíciles hasta la reciente construcción de la carretera de Viñales, pero las dos tenían fácil comunicación con La Habana, por el Norte y el Sur de la cordillera respectivamente. Desde el puerto de La Habana hasta el valle del Cauto, la disposición del relieve y la escasa importancia de éste facilitan las comunicaciones, de manera que ninguna zona queda aislada de las demás, excepto los valles de Trinidad y Sancti Spíritus, separados por elevaciones considerables del resto del territorio hasta una fecha muy reciente. En la región oriental, el valle del Cauto tiene una individualidad tan bien marcada como los de Trinidad y Sancti Spíritus, pero es considerablemente más extenso y con más fáciles comunicaciones. Su salida natural al mar es la costa baja y pantanosa de Manzanillo, al Este. También tiene otra salida al Sur, por el puerto de Santiago de Cuba, al cual puede llegarse desde la cuenca del Cauto a través de varios valles situados en las cercanías del Cristo. Finalmente los llanos del Cauto se hallan unidos por el Norte con los de Camagüey.

A través de toda la historia de la Isla, la población de la región oriental ha tendido a acumularse en el valle del citado río, la zona más habitable de la provincia.

Dada la disposición del relieve de Cuba, todos los ríos son cortos y de escaso caudal; en la época de las lluvias suelen producir inundaciones bruscas.

Los saltos de agua no escasean, pero son de poca importancia económica.

La longitud de las costas de Cuba es muy considerable.

El litoral, casi tan extenso como el de Francia, corresponde a tres mares de gran importancia económica e histórica: el océano Atlántico —el océano de la civilización actual como ha sido llamado— cuyas olas bañan las costas de las naciones más civilizadas del Mundo; el golfo de México, salida obligada al Atlántico de México y de las feraces y dilatadísimas tierras que baña el río Misisipí, tierras que son uno de los más ricos graneros del mundo; y por último, el mar Caribe o de las Antillas, cuya cuenca abarca extensos territorios de la América Central y del Sur, unido más que separado del océano Pacífico por el istmo de Panamá, aun antes de la apertura del canal de este nombre.

Las costas cubanas de los tres mares citados presentan un aspecto muy desigual. En ciertas partes el litoral es quebrado, alto y rocalloso, con puertos amplios, abrigados y profundos, sobre un mar libre de bajos, escollos o islotes; en otros la costa es baja, cenagosa, bordeada de líneas paralelas de islotes y arrecifes de coral, que forman intrincados archipiélagos sobre un zócalo marino muy poco profundo.

Tanto el litoral bajo como los islotes, se hallan cubiertos de bosques y pantanos. Los pantanos del litoral bajo se extienden a lo largo del mismo como un valladar de uno a varios kilómetros de ancho, colocado entre el interior de la isla y la costa, a la vez que los islotes y las formaciones coralinas se interponen entre la costa y el océano hasta una distancia de muchas millas. Las tierras habitables del interior de la isla frente a las costas bajas, se hallan separadas del mar abierto por una doble barrera en parte terrestre y en parte marítima.

La costa del Norte de la isla solo es fácilmente abordable por dos partes distintas. La primera se extiende desde Bahía Honda al cabo de Hicacos, al Este de Matanzas. Su longitud es de 200 kilómetros y cuenta con cinco puertos: Bahía Honda, Cabañas, Mariel, Habana y Matanzas. Esta parte de la costa cubana corresponde a la entrada del golfo de México, se comunica con la parte septentrional del Atlántico por el canal de la Florida y tiene salida hacia la parte central del citado océano a través del Canal Viejo de Bahamas. Los cinco puertos de esta costa no tienen la misma facilidad de comunicaciones terrestres con el interior ni con la costa del Sur.

Bahía Honda y Cabañas se hallan aislados de las partes central y meridional de Pinar del Río por la Cordillera de los Órganos; Matanzas tiene cerrado el camino más corto a la costa del Sur, por la vasta e infranqueable ciénaga de Zapata. Mariel y La Habana no tienen barreras de lomas que dificulten el acceso al interior; situados en la parte más estrecha de la Isla, distan pocos kilómetros de la costa del Sur la cual presenta a la altura de los puertos citados la ensenada de Majana y el golfo de Batabanó. Sobre este golfo y exactamente al Sur de La Habana existe un surgidero, el de Batabanó, centro natural de las comunicaciones de toda la costa meridional de la Isla con La Habana, hasta la construcción de los ferrocarriles centrales en el siglo que corre. El puerto de La Habana, amplio, abrigado y profundo, reúne mayores ventajas geográficas que el del Mariel, mucho más pequeño y expuesto a los vientos del Norte.

El segundo tramo del litoral accesible de la costa norte de Cuba se extiende desde Nuevitas al cabo de Maisí. Mide más de 350 kilómetros de largo y presenta numerosos y magníficos puertos. Esta parte de la costa se comunica con la región central del Atlántico por la parte norte de Haití; además tiene fácil acceso al mar de las Antillas por el estrecho de Maisí o Paso de los Vientos.

Los puertos más occidentales de este tramo, Nuevitas, Malagueta, Puerto Padre, Gibara, se hallan situados sobre la parte más ancha de la isla. Sus comunicaciones con el interior no son difíciles, pero tienen la desventaja de estar situados frente al Gran Banco de Bahamas, lo cual obliga a dar un largo rodeo a los buques que partiendo de dichos puertos se dirijan al exterior. Los puertos situados más al Este, entre el cabo de Lucrecia y la punta de Maisí —Banes, Nipe, Levisa, Cabonico, Sagua de Tánamo, Baracoa— se hallan junto a terrenos fragosos, que casi incomunican dichos puertos por tierra, con el resto de la provincia, particularmente con las zonas de terreno llano, asiento natural de la población y de las actividades de la agricultura, el comercio y la industria.

La costa meridional de Cuba tiene también dos tramos fácilmente abordables. Uno corto, menor de 100 kilómetros, en la región central, de Cienfuegos a Casilda; y otro muy extenso, de más de 400 kilómetros, desde el cabo Cruz a la punta de Maisí. El primero de esos dos tramos cuenta con la excelente bahía de Jagua, asiento de Cienfuegos. Sus comunicaciones con el interior son fáciles, pero tiene la desventaja de hallarse hacia el centro de la costa meridional, en una concavidad y a larga distancia de las principales rutas marítimas del Atlántico, el golfo de México y el mar de las Antillas.

El segundo tramo accesible de la costa meridional solo cuenta con dos puertos, muy notables: Santiago de Cuba y Guantánamo. Ambos puertos ocupan una posición céntrica en el mar de las Antillas y se hallan próximos al estrecho de Maisí o Paso de los Vientos, salida natural hacia el Atlántico. Las ventajas que ofrecen para comunicarse con el interior de la isla no son las mismas. Guantánamo se halla próximo al extremo oriental de Cuba, aislado del interior por laberintos de sierras fragosas, mientras que Santiago ocupa una posición más céntrica y tiene fácil acceso a la parte llana de la provincia, a través de la cual puede comunicarse con el resto de la isla.

En resumen, Cuba tiene dos tramos de litoral accesible al Norte y otros dos al Sur. Los dos primeros comunican la isla directamente con el Atlántico y el golfo de México; los otros dos con el mar de las Antillas. El tramo mejor situado, tanto respecto del interior como del exterior de Cuba, es el que se extiende desde Bahía Honda al cabo de Hicacos; en el centro del mismo se halla el puerto de La Habana.

Las mayores ventajas las ofrece después el tramo extendido desde el cabo Cruz a la punta de Maisí, por su posición céntrica en el mar de las Antillas frente a Panamá; Santiago de Cuba es el puerto de esa costa más favorecido geográficamente. Los dos puertos más importantes de Cuba son La Habana y Santiago. El primero aventaja al segundo, por corresponder La Habana al golfo de México y al Atlántico del Norte, mares de mucha mayor importancia económica e histórica que el mar de las Antillas y por ocupar una posición más céntrica respecto de la isla.

Otros elementos muy importantes del medio geográfico, son como ya se ha dicho el suelo y el subsuelo.

Las tierras de Cuba por lo general son fértiles, pero existen extensas zonas pantanosas, y de terreno fragoso que reducen considerablemente el área cultivable. Las penínsulas de Guanacahabibes y de Zapata representan centenares de miles de hectáreas de terreno naturalmente inútil para el cultivo.

También existen extensas sabanas arcillosas en varias partes de la isla, de un cultivo penoso y difícil, así como tierras serpentinosas de muy escasa feracidad.[4]

El subsuelo es más bien pobre que rico. Las capas de terreno de los primeros períodos geológicos, han sido cubiertas por enormes depósitos sedimentarios correspondientes a las épocas secundaria, terciaria y moderna, sin que la erosión los haya hecho desaparecer aún, para dejar al descubierto los yacimientos metalíferos, excepto en algunos pocos sitios.

Hasta el presente no puede decirse que existan dos Cubas como dos Bélgicas, por ejemplo, una a la clara luz del día y otra en las entrañas de la tierra.

No se han hallado en abundancia metales preciosos, substancias combustibles como la hulla o el petróleo que den vida

---

4 *Las tierras de Cuba*, por J. T. Crawley. *Boletín* núm. 28 de la Estación Experimental Agronómica. Febrero, 1916. Santiago de las Vegas, Habana.

a las industrias metalúrgicas, ni materias como el guano o la potasa utilizadas en grande escala por la agricultura.

En cuanto a la fauna y la flora primitivas, eran de muy reducido valor económico. Los mamíferos casi no existían; estaban representados por unas cuantas especies de escasa utilidad. Las aves propias para la alimentación del hombre y la cría doméstica eran también muy pocas. En cambio existían en grandísima abundancia insectos muy perjudiciales —mosquitos, jejenes, hormigas bravas, bibijaguas, comején, gorgojo, etc.—. tanto por las molestias insoportables que ocasionan al hombre, como por las enfermedades que propagan y los daños que causan a los cultivos, a las maderas y a los frutos en almacén. La flora era pobre en cereales, frutos comestibles y plantas forrajeras e industriales.

El sucinto estudio de las condiciones geográficas que acaba de hacerse nos lleva a la conclusión de que, en general, excepto en lo tocante a la posición geográfica y a la fertilidad de la tierra, Cuba no ofrece grandes ventajas naturales para la vida fácil del hombre. La temperatura media, uno de los factores climatológicos cuyos efectos son más importantes y más difíciles de contrarrestar cuando son perjudiciales, es demasiado alta; el calor excesivo hace muy penosos ciertos trabajos y ejerce una acción deprimente sobre las funciones orgánicas y psíquicas del hombre que vive en Cuba. El coeficiente de humedad atmosférica es también algo más elevado de lo conveniente para el mejor desarrollo de la especie humana y el ejercicio de los poderes mentales. Los terrenos bajos y pantanosos, además de ser inútiles para la agricultura y dificultar el tráfico, son particularmente peligrosos por su insalubridad, más acentuada por la naturaleza tropical del clima. Por último, una gran parte de la costa es inabordable para buques de mediano calado y ofrece grandes peligros para la navegación.

En virtud de las condiciones geográficas enumeradas, la lucha del hombre contra el medio ha sido muy severa en Cuba. La civilización desarrollada en la Isla es obra de la inteligencia y de la voluntad humanas principalmente. Las generaciones con su esfuerzo tenaz y perseverante han domeñado en parte la Naturaleza, contrarrestando las influencias adversas de ésta y explotando inteligentemente los recursos que hallaban a su alcance.

Las condiciones del medio geográfico han ejercido una marcada influencia en la historia de Cuba. La flora y la fauna indígenas no contaban con las plantas y los animales indispensables para la vida de comunidades numerosas. La población india primitiva, aislada casi totalmente por el mar, debió ser corta necesariamente. La dificultad de acumular medios abundantes de subsistencia debe considerarse como una de las causas principales del salvajismo en que vivía.

Al establecerse en la Isla los españoles, la primera necesidad a que debieron atender fue a la de asegurarse medios de subsistencia. Impelidos por esa necesidad, introdujeron en Cuba ganado de diversas clases, aves y animales domésticos, cereales, hortalizas, frutas y muchas de las plantas industriales con que hoy cuenta el país.

La busca del oro, única mercancía exportable en los primeros tiempos de la colonización de Cuba, mereció, igual atención por parte de los primeros colonizadores; pero la escasez de dicho metal precioso, lo penoso del trabajo requerido para recolectar los granos de oro extrayéndolos de las arenas de los ríos y la falta de yacimientos importantes, fueron parte a que la actividad principal de la población se encauzase en el fomento de la ganadería, la agricultura y ciertas formas primitivas de la industria y el comercio. Cuba no podía producir, dadas sus condiciones climatológicas y la falta de ciertos recursos naturales, todos los artículos indispensables para satisfacer las más apremiantes exigencias de la vida.

La necesidad de importar ciertos efectos (alimentos, ropa, herramientas, etc.) y de pagar su importe con ganado, cueros y algunos pocos frutos del país, a falta de metales preciosos, se hizo sentir, y la actividad comercial tuvo estímulos poderosos proporcionales a las necesidades vitales que el comercio debía satisfacer. La agricultura se desarrolló paralelamente en relación al comercio, y de esta manera Cuba ha llegado a convertirse, con el transcurso de los años, en un gran centro de producción de frutos tropicales y de consumo de productos de la agricultura y la industria de la zona templada.

La posición geográfica de Cuba es muy favorable para el intercambio comercial que ha tenido y tiene necesidad de sostener. Su condición insular no ha sido un obstáculo, sino una ventaja para entrar de lleno en las corrientes de la civilización occidental.

La proximidad de la Isla a las tierras vecinas y la posición céntrica que ocupa en el Atlántico, el océano mejor explorado, teatro de la mayor actividad marítima desde el comienzo de la historia de Cuba, han vinculado a ésta estrechamente con la vida de la Humanidad.

El lugar saliente de la Isla en el arco que forman las Antillas y su latitud superior a la de las restantes islas del citado archipiélago, la colocan directamente en la ruta de los buques europeos que navegan hacia el Oeste, circunstancia a la cual se debió que fuese descubierta por Colón en su primer viaje a través del Atlántico. Las primeras colonias españolas en la América se establecieron en las costas del mar Caribe (1493-1512), irradiando de Santo Domingo; Cuba se halló entonces colocada ventajosamente para relacionarse con dichas colonias desde los puertos de su costa meridional. Santiago de Cuba y Bayamo fueron entonces sus dos poblaciones más importantes.

Más tarde (1519) los españoles fundaron en México uno de sus más famosos virreinatos, y los puertos del Noroeste de Cuba quedaron en las rutas marítimas que enlazaban a España con sus nuevas y riquísimas posesiones. Durante los siglos XVIII, XIX y XX, se ha producido el extraordinario desarrollo de la civilización en los Estados Unidos y el Canadá, y Cuba se ha beneficiado por su proximidad a esos países. Los puertos de Cuba correspondientes al tramo de costas de Bahía Honda a cabo Hicacos, se hallan cercanos a los puertos norteamericanos del golfo de México y en comunicación con los grandes centros productores de cereales de los Estados Unidos, cuya natural salida al océano es la caudalosa arteria del Misisipí; asimismo se encuentran a corta distancia de los grandes centros fabriles de los Estados Unidos situados sobre las riberas del Atlántico.

La posición geográfica respecto de Europa no resulta menos favorable. Cuba es el país tropical más cercano a las naciones más cultas de la Europa occidental, las que constituyen el centro de irradiación de la civilización moderna.

Si la posición geográfica de Cuba ha mantenido a ésta en obligado contacto con las naciones más progresistas de la humanidad, las condiciones peculiares de sus costas han tenido a su vez una marcada influencia sobre la población, determinando la acumulación de los habitantes en ciertas regiones más favorecidas.

Cuba es larga y estrecha y los dos tramos de costas más adecuados para la comunicación exterior, se hallan situados en extremos opuestos de las costas del Norte y del Sur de la isla. Esta circunstancia ha sido causa de que la población se haya acumulado de preferencia en las costas libres y en las regiones más favorecidas geográficamente de los citados extremos, separadas una de otra tanto al Norte como al Sur, por cientos de kilómetros de litoral bajo y pantanoso. Vagamente se ha aplicado la denominación de Vuelta Abajo y Vuelta Arriba a esos dos núcleos importantes y distintos de población, que han sido a su vez dos centros de gravedad de la historia.

El dualismo de las dos zonas de influencia designadas con los términos citados, fue un hecho cierto desde los primeros tiempos de la colonización.

Entre estas dos regiones extremas quedaba otra de límites tan imprecisos como las anteriores, conocida con el nombre de Tierra Adentro. El núcleo de la región occidental de la isla ha tenido su centro de gravedad en La Habana, en torno de cuyo puerto se ha producido la mayor condensación de la población; el de la región oriental ha tenido por cabecera a Bayamo y a Santiago de Cuba.

La Habana, en estrecho y frecuente contacto con los países que baña el Atlántico del Norte, mira hacia la zona septentrional y tiene relaciones muy amplias con países de civilización avanzadísima. Santiago de Cuba se relaciona más directamente con Haití, Jamaica y las costas de la América bañadas por el mar de las Antillas. La evolución histórica de las dos regiones ha marchado paralelamente; no obstante, se notan divergencias producidas por los factores distintos que han influido sobre ambas. La región habanera en virtud de su frecuente comunicación con Europa y la América del Norte, ha estado sometida a la acción de influencias procedentes de dichos países, particularmente de Europa, hasta una fecha reciente, las cuales le han impuesto un carácter que tiene mucho de español y de cosmopolita. La zona de

Oriente se ha desarrollado con mayor independencia del influjo español y europeo; su proximidad a Haití ha sido causa de que se hiciese sentir en ella con mayor fuerza el influjo de los franceses y los negros de la isla vecina. La fisonomía del tipo colonial primitivo se ha desfigurado más lentamente en la región oriental durante la última parte del siglo XIX a causa de su relativo aislamiento. Oriente ha sido más cubano que Occidente en el sentido del predominio de lo originalmente colonial.

Los dos centros de evolución histórica no han tenido igual importancia. La hegemonía ha correspondido naturalmente a la región occidental, mejor situada geográficamente. En las últimas décadas el progreso de los medios de comunicación ha permitido una distribución mejor de la población en todo el territorio, con lo cual las regiones centrales han cobrado mayor importancia. La Isla no tiene barreras naturales que la dividan en cantones independientes, así es que vencido el obstáculo de la distancia mediante las vías férreas y las carreteras, las diferencias físicas y espirituales de los habitantes de cada localidad se borran con rapidez. Los términos de Vuelta Abajo y Vuelta Arriba aplicados con más o menos precisión a las dos zonas extremas señaladas, expresaban diferencias reales de la población y tuvieron un valor sociológico e histórico, pero en la actualidad son meras denominaciones geográficas caídas en desuso.

5. La población de Cuba: predominio de la influencia española

Cuba no tiene en lo tocante a la composición étnica de su población la perfecta unidad que posee en el orden geográfico. En la época del descubrimiento la Isla estaba habitada por hombres pertenecientes a la raza roja o americana, pero aun entonces se notaban ciertas diferencias entre sus habitantes. Los indios de la parte más occidental designados por el fraile Bartolomé de las Casas con el nombre de guanahacabeyes, estaban en un estado de salvajismo más primitivo que los demás indígenas que por entonces ocupaban la Isla. Las Casas distingue también otros dos tipos de indios, los siboneyes, pobladores de Cuba y de los cayos vecinos, y los haitianos establecidos en la Isla unos cincuenta años antes de la conquista española, quienes tenían a los siboneyes como sirvientes.[5]

Los guanahacabeyes no se trataban con los demás indios, no tenían casas y vivían en cuevas de las cuales no salían sino para pescar. La lengua o dialecto que hablaban era de difícil comprensión para sus hermanos de raza.

La población primitiva de Cuba, sobre la cual se han hecho cálculos muy exagerados y que quizás no llegaba a cien mil personas, disminuyó rápidamente a partir del establecimiento de los españoles (1511-1512); pero durante cerca de medio siglo casi toda la historia de la Isla giró en torno de cuestiones relativas a los indígenas. La sujeción de los aborígenes a los españoles y la organización del trabajo sobre la base de la servidumbre del nativo, fueron extremos de la mayor importancia en el reducido escenario de la historia de Cuba. El sistema de las encomiendas ocasionó graves trastornos y dividió la opinión de los colonizadores. Representó una solución intermedia que no satisfizo a los partidarios de la libertad absoluta de los indios, ni a los que abogaban por la servidumbre definitiva de los mismos; sin que, por otra parte, fuera aceptada de una manera franca por los monar-

---

5   Colección de *Documentos inéditos relativos al descubrimiento, conquista y organización de las antiguas posesiones españolas de Ultramar*. Segunda serie publicada por la Real Academia de la Historia, tomo VI, págs. 7 y 8, Madrid, 1891.

cas españoles.[6] Desde que dicho sistema fue establecido hubo siempre quienes protestaran enérgicamente contra él, tanto en las colonias como en la Corte.[7] Los mismos colonos a quienes se otorgaba alguna encomienda de indios, explotaban sus tierras mediante el trabajo de éstos, sometidos a un régimen que resultaba prácticamente peor que la esclavitud por la fatalidad de los hombres y de las cosas, pero siempre se hallaban temerosos de verse despojados de la ventaja que la encomienda representaba para ellos. En efecto, la encomienda en Cuba tuvo siempre el carácter de una concesión temporal, otorgada a una persona determinada, sin que ésta pudiera transferirla a un tercero por herencia, por venta o en ninguna otra forma.

El encomendero vivía bajo la amenaza de que en cualquier momento le fuese suprimida la concesión de su encomienda, bien por el triunfo de los enemigos del sistema o por cualquiera otra causa, en cuyo caso su ruina habría de ser inminente y completa, en un país lejano y desprovisto de otros braceros.

Fatalmente se veía arrastrado a tratar de obtener el mayor provecho de los indios en el menor tiempo posible, sin cuidarse de atender a las necesidades de éstos, como se cuidaba de la de los pocos esclavos negros que poseía, los cuales representaban para él un valor real y efectivo, un capital del que podían disponer libremente a su voluntad.

De manera que el sistema de «encomiendas» nunca satisfizo a los colonos, quienes lo combatieron sin tregua; unos pidiendo la supresión total del mismo y la libertad absoluta del

---

6 *Historia de España y de la Civilización Española*, por don Rafael Altamira, 3. edición, tomo II, págs. 432 y siguientes, Barcelona, 1913.
7 Colección de *Documentos inéditos*. Primera serie, tomo XI, Madrid, 1869. Véanse los documentos que figuran en las págs. 211 y 216, entre otros muchos de la Colección.

indio, otros tratando de que las encomiendas se concediesen con carácter perpetuo y pudiesen transmitirse o enajenarse como cualquiera otra clase de bienes. La vida económica de Cuba reposó durante cerca de medio siglo, por consiguiente, sobre bases inseguras y movedizas, lo cual produjo grandes trastornos.[8] Este no fue el único problema importante relacionado con la población indígena.

La rebeldía de grupos considerables de indios en momentos de crisis para los primeros españoles establecidos en la Isla, creó también dificultades muy serias, durante la primera mitad del siglo XVI, como se verá más adelante. No obstante, después de transcurridos los primeros cuarenta años del establecimiento de los españoles en Cuba, la población india cesó de ser un factor histórico apreciable. El reducido número de indios a partir de 1555, su condición pacífica y la circunstancia de haberse decretado la libertad absoluta de los mismos, fueron parte a que no volviesen a crear conflictos a la población blanca.

Es un hecho cierto, sin embargo, que la influencia de la población india se hizo sentir de otras maneras distintas. Una buena parte de la primera generación nacida en la Isla después de la conquista fue mestiza de español y de indio, mestizaje que siguió produciéndose durante varias décadas, por la falta de mujeres blancas y porque ni las leyes ni las costumbres se oponían al matrimonio o a las uniones libres entre españoles e indias. En Cuba existían grupos de mestizos de la clase citada en la primera mitad del siglo XIX.[9]

Hasta qué extremo algunos de los rasgos psicológicos de los indios fueron trasmitidos a la población cubana en virtud

8   Colección de *Documentos inéditos*. Primera serie, tomo XII, página 300.
9   *Cuba primitiva*, por don Antonio Bachiller y Morales, La Habana, 1883, págs. 117 y 233.

del citado mestizaje, es punto muy difícil de solucionar; sería menester un análisis psicológico profundo para percibir quizás en algunos cubanos la huella de su antepasado indígena. Donde esta huella sí puede discernirse fácilmente es en la nomenclatura geográfica, en el lenguaje y en ciertos hechos históricos.

Los nombres de Cuba y de dos de sus provincias; los de centenares de ciudades, pueblos, caseríos, barrios rurales, ríos, valles, montañas y otros hechos geográficos; los de multitud de plantas, productos agrícolas, artículos e instrumentos de uso común, etc., son no solo de origen indio, sino los mismos que los indios aplicaban a los objetos que hoy se denominan con esos términos.[10] En otro orden de hechos, es indudable que el pueblo cubano o por lo menos una parte muy numerosa del mismo, siempre se ha considerado enlazado por una relación de simpatía con los indios. Al cacique indio Hatuey, el jefe más caracterizado de la resistencia contra la conquista, se le admira como a un héroe nacional, a pesar de su origen haitiano. En diversas épocas ha habido cubanos que se han sentido unidos al valeroso cacique de Guanabá por una suerte de solidaridad patriótica que acusa, si no una afinidad étnica, por lo menos una cierta afinidad afectiva.[11] Pero cualquiera que haya podido ser en épocas pasadas la influencia histórica de la raza india, no es posible dudar de que dicha influencia, aun en el período de su mayor significación, fue sobrepujada de una manera absoluta por la de la raza blanca, representada por los conquistadores y colonos.

10 Véase *Cuba primitiva*, por don Antonio Bachiller y Morales y *Lexicografía antillana*, por el doctor Alfredo Zayas y Alfonso.
11 Una de las más notables y renombradas fuentes públicas de La Habana erigida durante el régimen colonial es la de La India. La figura central de la fuente es una mujer de dicha raza. Uno de los buques de guerra de la marina cubana se llama Hatuey.

La raza blanca española ha ejercido la hegemonía en Cuba incontestablemente desde que comenzó la colonización. Su núcleo primitivo estuvo constituido por algunos centenares de españoles que arribaron a la Isla en 1511, muchos de los cuales se fijaron de una manera definitiva en el país. Durante la primera mitad del siglo XVI, la población blanca sufrió oscilaciones bruscas de aumento y disminución, pero a partir de la mitad de aquel siglo la cifra de habitantes blancos ha aumentado sin cesar, excepto en la última década del siglo XIX.

Dos factores han influido e influyen aún en el aumento de la población blanca: la inmigración y la natalidad. La primera estuvo limitada por las leyes durante muchos años, a los nativos de España y Canarias. Semejante restricción fue causa de que el aumento de los habitantes debido a la inmigración se produjera muy lentamente durante tres siglos. La exclusión de los nacionales de otros países restringió el crecimiento de la población y retrasó el progreso económico de Cuba durante los siglos XVI, XVII y XVIII, pero en cambio produjo otros resultados muy importantes, como fueron asegurar la unidad espiritual de la Isla, el carácter español de su civilización y el predominio del blanco nativo sobre el inmigrante de la misma raza.

El crecimiento de la población blanca, debido a la natalidad, fue lento también, excepto en ciertos períodos, por causas muy diversas de orden interior y exterior: el malestar económico, las luchas con piratas y corsarios, las guerras, las revoluciones, el monopolio mercantil, el régimen fiscal, las epidemias, la ignorancia y el abandono de los preceptos de la higiene pública y privada. No obstante, el crecimiento vegetativo sobrepujó a la inmigración.

La raza española, lejos de manifestar una disminución en su vitalidad al establecerse en Cuba, parece haberla conservado íntegramente y haber llegado a ser más prolífica. El aumento rápido de la población de la Isla en el siglo XX puede compararse ventajosamente con el de los países más favorecidos.

Cuba es una de las naciones de más alta natalidad y una de las comunidades más populosas de la raza blanca dentro de la zona tropical. Los anglosajones, los franceses y los holandeses no han podido resistir las inclemencias del clima tórrido. Los territorios que sus países respectivos poseen dentro de los trópicos, se hallan poblados principalmente por hombres de otras nacionalidades, conservándose los blancos en minoría. En las Antillas que permanecieron largo tiempo bajo el poder de España, como Cuba, Puerto Rico y Santo Domingo, predomina la raza blanca; pero en las que pasaron al dominio de Inglaterra y Francia como Jamaica y Haití, los blancos constituyen una minoría casi insignificante.

Los españoles han demostrado poseer las condiciones necesarias de resistencia física, vigor y adaptabilidad para aclimatarse en los trópicos y fundar comunidades laboriosas y progresistas dentro de una zona que parecía vedada a la raza blanca. Sobrio, recio, sufrido y tenaz, el español ha resistido victoriosamente los malos efectos del calor, la humedad y las enfermedades, arraigándose y reproduciéndose en las mismas regiones donde han fracasado otros pueblos más poderosos, que parecían mejor armados por la cultura para la lucha contra el medio ambiente.

En la actualidad, cerca de las tres cuartas partes de los habitantes de Cuba tienen sangre española en sus venas; la lengua y la literatura son españolas, así como casi todas las costumbres, las artes y las instituciones jurídicas sociales y políticas comunes a Cuba y España. La religión que profesa la inmensa mayoría de los cubanos —el Catolicismo— fue introducida en Cuba por los españoles, quienes siguen teniendo aún en sus manos esta poderosa palanca de acción social.

La influencia española se ha hecho y se hace sentir con igual fuerza, en otros extremos. La fauna y la flora de Cuba, en la parte que constituye la principal riqueza del país, se compone de animales y plantas importados por los españoles. En los días que corren, gran parte del capital empleado en empresas agrícolas, comerciales e industriales, se halla en manos de españoles; el personal directivo de esas mismas empresas es español en gran parte, y la inmigración española representa cada año la inmensa mayoría de la inmigración total del país. La proclamación de la Independencia no ha cambiado sustancialmente este orden de cosas ni ha hecho desaparecer la influencia de España en Cuba. La extinción de la fiebre amarilla, la mejora de las condiciones sanitarias en general, la frecuencia y la rapidez de las comunicaciones entre los dos países, la desaparición de las causas de orden político que mantuvieron frente a frente durante casi un siglo a cubanos y españoles, el desarrollo de los negocios en la Isla después de terminada la guerra de Independencia, y la política de cordialidad y de respeto a los antiguos dominadores recomendada por los más insignes revolucionarios y seguida espontáneamente por el pueblo, han contribuido a hacer afluir a Cuba una intensa corriente de inmigración española, mayor que la de cualquiera otra época. En los últimos veinte años, no menos de un cuarto de millón de españoles ha arribado a Cuba, se ha establecido definitivamente en el país y ha cooperado con su espíritu de iniciativa y su trabajo al desarrollo material de la Nación. Las consecuencias de esta copiosa adición de sangre española han sido de gran significación en el orden social y político. El núcleo de población blanca de origen español se ha robustecido de una manera considerable, y en virtud de esta circunstancia ha podido conservar en su mayor parte las cualidades distintivas de su carácter y la condición propia y peculiar de su genio. Puede afirmarse, por consiguiente, que los doscientos cincuenta mil españoles que se han fundido en la población de Cuba después de 1900, han sido un factor de la mayor importancia en la obra de robustecer la nacionalidad cubana, consolidar sus instituciones y afianzar la independencia de la Isla. El pueblo cubano, por su historia y su constitución social, es un grupo étnico de formación española principalmente. Su existencia nacional se afirma sobre el conjunto de cualidades físicas, intelectuales y morales que constituyen su patrimonio hereditario. Sin desconocer ni menospreciar el aporte de elementos de otras nacionalidades, cabe afirmar que Cuba es obra y creación de España, y que en lo sustancial, por largo tiempo continuará siendo cubana en la medida en que siga poseyendo las características de la raza que constituye la mayoría de su pueblo, las cuales son la base y el fundamento de su espíritu nacional.

La raza negra ha aportado también una proporción considerable de los elementos que componen la población de Cuba. Los hombres pertenecientes a dicha raza comenzaron a ser introducidos como esclavos en la Isla desde la segunda década del siglo XVI. Su número aumentó sin cesar, no solo por la importación constante del África, sino porque los negros hallaron en el país condiciones de vida muy favorables. Los propietarios tenían un gran interés en la conservación y multiplicación de sus esclavos negros, quienes constituían un valioso capital; por consiguiente, les proporcionaban, por lo menos, el mínimo de alimentación que requerían para que se conservasen sanos y fuertes, atendían a su curación cuando se hallaban enfermos, les procuraban alojamiento, y finalmente cuidaban de celebrar uniones entre ellos a fin de asegurar su reproducción. En lo material, la condición del negro esclavo fue muy superior a la del indio encomendado, porque el encomendero, como no «tenía seguridad que le avían de durar los indios que le encomendavan, usavan dellos como de cosas emprestadas y ajenas».[12]

La influencia del hombre de la raza negra, como factor sociológico e histórico, ha sido muy considerable en lo económico, lo moral y lo político; el problema de la esclavitud y de la importación de africanos ha sido uno de los más importantes en la historia de Cuba durante el siglo XIX. A fines del siglo XVIII y principios del XIX, las personas de color —negros y mestizos— representaban más del 50 % de la población total de Cuba; pero después dicha proporción fue disminuyendo paulatinamente hasta llegar a ser solo un 25 %, con tendencias a reducirse más cada día.

El hombre negro ha demostrado en Cuba un notable poder de asimilación intelectual y de adaptación a condiciones superiores de vida. Se ha acomodado fácilmente a las costumbres propias de los pueblos civilizados y ha entrado de lleno en la corriente de ideas y de aspiraciones del mundo moderno.

Sus esfuerzos se han dirigido no solo a la conquista de sus derechos civiles y políticos, sino a asegurarse el bienestar económico mediante el trabajo, y a elevarse intelectual y moralmente por medio de la educación.

Durante los últimos ciento cincuenta años la población de Cuba ha recibido el aporte de otros elementos étnicos: colonos franceses, muchos de ellos mestizos, de Haití; algunos millares de trabajadores chinos; negros haitianos y jamai-

12 Colección de *Documentos inéditos*. Primera serie, tomo XII, página 298.

quinos; inmigrantes blancos de diversos países de Europa y América. La composición de la población social se ha hecho más compleja, pero el aumento extraordinario de la natalidad y de la inmigración española en el corriente siglo, han asegurado, hasta el presente, la conservación de la unidad espiritual de la Nación. Esa unidad se ha constituido como ya se ha dicho a base de la población blanca de origen español. Cuba es, por la sangre, la más española de las repúblicas hispanoamericanas.

En efecto, la proporción en que entran los habitantes blancos de raza española en la constitución de la población social de las restantes repúblicas hispanoamericanas, no es tan elevada como en Cuba. En ninguna de dichas repúblicas la población blanca de procedencia española constituye la mayoría absoluta de los habitantes; en cambio, en Cuba el elemento étnico de origen español representa cerca de las tres cuartas partes de la población total del país.

6. Relaciones históricas de Cuba con otros países

Las relaciones históricas de Cuba con otros países han sido numerosas y constantes, en virtud de la situación geográfica de la isla.

El desarrollo de la sociedad cubana se ha producido y continúa produciéndose en gran parte, bajo la presión de fuerzas históricas procedentes de países extranjeros, las cuales han hecho sentir sus efectos en la vida económica, política y espiritual de la isla.

Las influencias exteriores, al chocar a veces con las resistencias tenaces que les han opuesto el medio y la raza, se han desvirtuado y han perdido su fuerza y su carácter; pero en otras ocasiones han hallado un ambiente favorable, dentro del cual han desarrollado toda su energía potencial.

En uno u otro caso han producido desviaciones en el curso de la historia de la Isla, semejantes a las que determinan en la trayectoria de un planeta las atracciones de los astros vecinos, las cuales, sin apartarlo de su órbita, alteran la fijeza y regularidad de la misma. La historia de una colectividad se orienta siempre en una cierta dirección, determinada por el carácter de la raza evolucionando bajo la presión de las fuerzas geográficas y la influencia de los países vecinos, pero no cabe sostener racionalmente que un pueblo surge a la vida con una historia y un destino manifiestos.

Semejante fatalismo histórico es inadmisible. La dirección que sigue una colectividad al evolucionar, es una resultante de múltiples fuerzas que se combinan en cada momento de su historia. La composición y descomposición de esas fuerzas cambia sin cesar y sus efectos varían proporcionalmente. Según la fuerza de impulsión propia que la colectividad desenvuelva, en función de la densidad de su población, del número de individuos que la constituyan y del carácter de su organización social, la ingerencia de los agentes exteriores desviarán en tal o en cual sentido el curso de la historia, sin que se pueda vaticinar jamás con probabilidades de acierto sobre su destino futuro. Lo que propiamente puede afirmarse es que hay pueblos cuya historia demuestra que poseen una gran vitalidad, una personalidad fuertemente organizada, y un admirable poder de asimilación, lo cual les permite, sin perder el sello original de su carácter, combinar las influencias extranjeras y las cualidades propias con resultados tan inesperados y sorprendentes que dejan suspenso el ánimo de los pensadores más fríos y son la perpetua maravilla del mundo; mientras que hay otros totalmente incapaces de resistir el menor choque de las influencias extrañas.

Cuba, en épocas remotísimas estuvo unida, probablemente, a la América Central y Meridional. Los restos fósiles descubiertos en diversas épocas, de mamíferos extinguidos hace miles de años, semejantes a especies propias del Continente, permiten conjeturar que la Isla formó parte de la tierra firme, pero la separación debió producirse mucho antes que el hombre viniese a habitarla.

Las relaciones propiamente históricas existían bien determinadas mucho antes de la fecha del descubrimiento del Nuevo Mundo. Los indios de Cuba frecuentaban el trato de los indígenas de las Lucayas, Haití y Jamaica, y de vez en cuando entraban en contacto con los caribes de las Antillas Menores, los cuales solían realizar incursiones en las costas cubanas.

Las relaciones con los haitianos habían modificado en cierta medida las costumbres y hasta el carácter de los indios cubanos de la región oriental. Establecidos los españoles en Haití, continuaron las relaciones entre los indios de las dos islas. En virtud de las noticias difundidas en Cuba por indios fugitivos de Haití acerca del trato que los conquistadores daban a los indígenas, algunos indios cubanos, ayudados y alentados por haitianos, se dispusieron a hacer resistencia a los españoles que desembarcaron en Cuba al mando de don Diego Velázquez en 1511 con la mira de establecerse en ella.

El cacique Hatuey, haitiano de origen, fue el héroe más famoso de la breve lucha contra los conquistadores.

Las relaciones históricas entre las dos islas continuaron después. Cuba dependió de Santo Domingo en lo político hasta 1536 y en lo judicial por espacio de varios siglos. Durante el siglo XVII Haití fue la principal base de operaciones de los filibusteros contra Cuba, y a fines del siglo XVIII algunos millares de colonos de origen español y francés fugitivos de la isla vecina, atravesaron el estrecho de Maisí y se refugiaron en la región oriental de Cuba, de donde se esparcieron por toda la Isla, difundiendo el cultivo del café y otras mejoras agrícolas.

En el siglo XIX las relaciones de la parte española —Santo Domingo— y Cuba siguieron siendo estrechas. Entre los primeros jefes de la Revolución de Yara se contaron muchos emigrados dominicanos, El Generalísimo de la Guerra de Independencia de Cuba, Máximo Gómez, nació en Baní, Santo Domingo.

Cuba sostuvo relaciones con otros países vecinos, Florida, Jamaica y México, aunque no de tanta importancia histórica. Sin embargo, las relaciones con México, determinadas por la situación de La Habana, tuvieron un valor considerable y se prolongaron hasta la independencia de la vecina república.

El ataque de un corsario francés a las costas de Cuba en 1537, fue el primer contacto de los habitantes de Cuba con los de Francia, país de donde aquél procedía.

Durante cerca de tres siglos las relaciones entre cubanos y franceses tuvieron el carácter de un tráfico ilegal de contrabandistas, y principalmente el de una lucha cruel y feroz sostenida por las poblaciones ribereñas y los habitantes de las costas de la Isla contra los corsarios y piratas franceses, que menudeaban sus asaltos, pillando cuanto hallaban a su alcance. En el siglo XIX cambiaron de naturaleza, estableciéndose entre Cuba y Francia una corriente de relaciones comerciales y de ideas, que ha importado a la Isla elementos de las modas, las artes, las ciencias y la ideología política de la nación francesa, si bien dentro del círculo bastante limitado de las clases cultas.

De más profunda significación histórica han sido las relaciones de Cuba con Inglaterra. Primeramente se produjeron en el siglo XVI en un orden semejante al de las sostenidas por cubanos y franceses.

Más adelante tocaron puntos vitales de carácter militar, económico, social y político. Los cubanos durante los siglos XVI, XVII y XVIII se vieron obligados a luchar rudamente con los ingleses, repeliendo sus constantes y cada vez más temibles agresiones, que culminaron con el sitio y la toma de La Habana en 1762. Al fin y al cabo, los choques sangrientos se transformaron en relaciones mercantiles provechosísimas y, por último, en el siglo XIX la influencia inglesa se hizo sentir intensamente en la esfera intelectual, social y política. Muchos de los cubanos más ilustres del siglo XIX fueron discípulos en política, ciencias y filosofía, de los estadistas y pensadores ingleses.

En la actualidad, aunque el pensamiento inglés no influye tanto sobre los cubanos como en épocas anteriores, el capital británico invertido en empresas cubanas representa sumas considerables, y en el intercambio comercial de Cuba con el extranjero, Inglaterra ocupa el primer lugar después de los Estados Unidos. En general la influencia inglesa ha sido muy favorable para Cuba.

A las relaciones de carácter histórico con los pueblos que se acaba de mencionar hay que agregar a partir del siglo XIX, las que Cuba ha venido sosteniendo con los Estados Unidos de América. Estas relaciones se limitaron al principio a cuestiones económicas, pero muy pronto la influencia norteamericana se hizo sentir poderosamente en el orden político, contribuyendo además a la difusión del espíritu democrático que poco a poco ha ido infiltrándose en nuestras costumbres.

La corta distancia a que se hallan los centros de producción y consumo de Cuba de las grandes regiones agrícolas e industriales de los Estados Unidos, así como de sus más populosos centros urbanos, unida a la circunstancia de que Cuba produce multitud de artículos necesarios a los norteamericanos, a la par que consume enormes cantidades de productos propios de la agricultura y la industria de los Estados Unidos, ha vinculado estrechamente la vida económica de Cuba a la de la poderosa nación vecina. La influencia de los Estados Unidos se ha hecho sentir decisivamente en los principales movimientos políticos ocurridos en Cuba desde mediados del siglo XIX, determinando el fin de la dominación española en la isla, y el establecimiento de la República.

El alcance y la naturaleza de las relaciones políticas entre los dos pueblos, han sido fijados, después de proclamada la independencia de la nación cubana, en el texto de la Constitución de la República y en un tratado permanente, suscrito por los representantes de Cuba y de los Estados Unidos. En cuanto a las relaciones económicas, han quedado definidas y reguladas por un tratado de reciprocidad comercial celebrado en tiempos del primer presidente de Cuba, don Tomás Estrada Palma. La proximidad de los dos países, los vínculos económicos y políticos, y muy particularmente la rapidez y economía de los medios de comunicación, han hecho muy frecuente el trato de los ciudadanos de un país con los del otro. A pesar de que la diferencia de idioma es un obstáculo serio para la compenetración intelectual, la influencia norteamericana trasciende con rapidez en la actualidad a todas las esferas de la vida social y aun de la vida íntima y espiritual de los cubanos. Sus efectos se notan principalmente en la organización del trabajo, en el espíritu de independencia cada día mayor de la mujer, en la educación orientada en un sentido más práctico, en la afición a la vida activa y a los deportes, en la arquitectura, el periodismo, la moda y las costumbres.

7. El carácter cubano

El carácter cubano es un producto de la evolución histórica, pero a medida que ha ido constituyéndose ha llegado a ser a su vez un factor muy importante de esa misma evolución.

Colonizada Cuba por los españoles y gobernada por éstos hasta 1898, se ha mantenido estrechamente unida a España por fuertes vínculos, muchos de los cuales subsisten aún después de rotos los lazos de orden político. La influencia de la nación conquistadora y colonizadora ha sido, como ya se ha dicho, decisiva sobre todas las demás, al extremo de que el pueblo cubano puede considerarse, en su conjunto, como una rama del pueblo español desarrollándose en un medio geográfico e histórico diferente. No obstante, la acción de los diversos factores a cuyo influjo ha estado sometido, han hecho del cubano un tipo distinto en varios sentidos de su antecesor español.

Con el transcurso del tiempo, se han producido cambios físicos y divergencias psicológicas. El medio y la historia, sin desvirtuarlos en su esencia, han moldeado un nuevo tipo con los rasgos fundamentales de la raza, tanto en lo físico como en lo espiritual.

La estructura física se ha modificado ostensiblemente.

El cuerpo se ha adelgazado, reduciéndose el sistema muscular y la armazón ósea, la cual presenta un desarrollo menos pronunciado y relieves menos prominentes. La piel ha perdido su coloración rosada, sustituyéndola por un blanco mate o un tinte más oscuro. Los sistemas piloso y glandular acusan asimismo una reducción, efecto probablemente del clima y de la necesidad de defenderse contra el calor.

El sistema nervioso ha adquirido una irritabilidad más acentuada, la que se traduce en las personas del sexo masculino en una mayor viveza de la mirada y de los movimientos. La voz ha perdido en fuerza, siendo la del cubano, por lo común, menos amplia y profunda. En general el cuerpo ha perdido en robustez lo que ha ganado en flexibilidad; sobrio y resistente como su antepasado peninsular, el cubano es menos recio y fornido que el español.

El perfil psicológico también es distinto en varios extremos, aun cuando el contenido y la contextura del espíritu sean casi los mismos. Las cualidades intelectuales, afectivas y de carácter peculiares de la raza, subsisten casi incólumes en el cubano, pero mientras que en el español conservan una cohesión y una solidez inconmovibles, en el cubano aparecen más débilmente soldadas, aparte de que en la trama del espíritu cubano pueden discernirse algunas modalidades nuevas, que constituyen un índice de variabilidad.

Los rasgos bien determinados y firmes del tipo clásico español, acuñado en el troquel del tiempo, aparecen en el cubano, pero suavizados y borrosos.

Las aristas muy vivas han sido limadas por el roce frecuente con hombres de otra casta y de espíritu distinto.

El carácter español se distingue por su estabilidad y su firmeza; el del cubano, a primera vista, es más inconsistente y de condición más variable. El español que emigra a Cuba es, por lo común, un sujeto de un número reducido de ideas, de pasiones sencillas y fuertes, tozudo y tradicionalista. Es un hombre de principios. Se aferra a su parecer con tesón inquebrantable y fe ciega, al propio tiempo que rechaza las opiniones opuestas sin vacilación, con gesto seguro, firme y decisivo. Muy dado a razonar es, en cambio, muy poco razonable casi siempre. Su vida intelectual y moral se organiza fácilmente en torno de ciertas creencias y sentimientos básicos, que orientan y gobiernan su conducta. En esto consiste, sin duda, el secreto de su fuerza, porque creer en pocas cosas y creer firmemente en ellas, es concentrar y multiplicar la energía espiritual, es ir a la acción sin titubeos ni vacilaciones, recta y vigorosamente.

En el orden afectivo, las tendencias emocionales espontáneas que traducen lo más íntimo y genuino del ser, se hallan aprisionadas en el español entre las mallas de una red de conceptos, tejida por la herencia y la tradición, a través de cuyos férreos e invisibles hilos, pugna por abrirse paso el sentimiento, vivo y profundo. Esos conceptos se nutren a expensas de la savia y la fuerza del sentimiento, reprimen las naturales efusiones de éste y acaban por producir una aparente sequedad de espíritu. En tal virtud, el español es un ser conceptual, más que un ser emocional; un hombre en quien domina la austeridad más que la ternura.

La psicología del cubano es menos definida. El análisis descubre en ella mayor complicación de ideas y ciertas contradicciones irreductibles. En lo que concierne a la testarudez y al tradicionalismo, el cubano solo tiene aparentemente la obstinación de la ligereza, pero en el fondo es tan refractario a la razón como su antecesor. En orden a las convicciones y las creencias, ha perdido gran parte de su patrimonio hereditario, y solo parece verdaderamente fiel al principio de su propia volubilidad y de su tendencia a la negación. Es un obstinado cuya obstinación carece frecuentemente de contenido, punto éste en que se distingue de la de sus padres. El espíritu dogmático de la raza se manifiesta vigoroso en el cubano, pero traducido en la terquedad con que se resiste a creer en la validez definitiva de ninguna creencia. La principal debilidad de su carácter quizás radica en ésa falta de aptitud para aceptar una doctrina y darse a ella por entero, infundiéndole todo el vigor y la fuerza de su alma. La doctrina, dícese, es la cárcel de la verdad. Cierto. Pero suprimir todo principio unificador de la vida intelectual y moral, es llevar la incoherencia al pensamiento y a la acción, restándoles fuerza y profundidad. Junto a esas peculiares condiciones del carácter cubano, coexisten cualidades intelectuales particularmente útiles a un pueblo nuevo, como son una insaciable curiosidad de niño, un poder de comprensión rápido y fácil, y una notable aptitud para acomodarse a nuevas condiciones de vida. La sensibilidad también acusa algunas diferencias. Desarrollado en el seno de una sociedad más libre, donde las fuerzas conservadoras del orden social ejercen una vigilancia menos estrecha sobre el individuo, el cubano ha demolido en gran parte el rígido sistema de conceptos que pesa como una cúpula de bronce sobre el alma española, y la vida afectiva, rompiendo sus ligaduras ancestrales, desarrolla más espontánea y libremente su rico fondo de emotividad.

Los conceptos, en tal virtud, juegan en la vida del cubano un papel menos importante que las emociones. Estas representan el elemento coordinador de la conducta; dirigen y gobiernan la vida. El cubano, inconsistente en el orden intelectual, no lo es en lo tocante a la vida afectiva. De aquí la apariencia engañosa y a veces paradójica de su carácter, porque bajo la presión de sus sentimientos, el cubano es capaz de demostrar las más altas cualidades de tenacidad, perseverancia y espíritu de sacrificio.

Las diferencias psicológicas apuntadas no borran la identidad espiritual básica. Los modos de la inteligencia y de la sensibilidad son casi los mismos. En el orden intelectual se observa el predominio de los poderes de comprensión y de crítica sobre los de dirección e invención, en virtud de cuya circunstancia el cubano, como el español, es más apto para comprender y juzgar que para inventar y dirigir. Uno y otro son más inclinados a discurrir que a hacer; son espíritus mejor organizados para el razonamiento que para la construcción, peculiaridad mental que quizás sea la causa del exagerado individualismo de ambos. En lo que concierne a la sensibilidad, las impresiones de los sentidos dominan sobre las reacciones profundas del organismo, determinadas por los variados agentes que puedan afectarlo.

Se vive más, sobre todo en Cuba, la vida de afuera que la vida íntima, como si el espíritu solicitado incesantemente por el vigoroso llamamiento de los sentidos estuviese encadenado a lo externo, a lo circunstante, sin ocasión ni posibilidad para percibir y sentir hondamente cuanto ocurre en lo interior y recóndito de sí mismo. Tanto el cubano como el español se hallan conmovidos con mayor frecuencia por lo que ocurre fuera de ellos que por cuanto se sucede en su propia alma. Solo cuando los estados emocionales determinados por estímulos de orden interno son fuertes y profundos, el espíritu se liberta de su esclavitud de lo exterior y se concentra en sí mismo, presa de una exaltación extrema, pasando sin transición de su encadenamiento completo al mundo objetivo, al subjetivismo más desligado de toda impresión de realidad. Nuestra sensibilidad carece por tal motivo, de medias tintas, de gradaciones y de matices. Ciertas sutilidades y delicadezas de la vida emocional son muy poco comunes entre nosotros. El sentimiento dominante, cuya influencia se hace sentir sobre toda la actividad física, intelectual y moral es la tristeza, mucho más generalizada y constante en el cubano que en el español, aun cuando por una suerte de aparente paradoja sea menos reconcentrada y profunda. Por lo demás, el carácter, distinto en sus manifestaciones superficiales, guarda una estrecha semejanza en su expresión profunda y constante.

En efecto, los hechos de la historia contemporánea de Cuba, no concuerdan con ciertas aseveraciones vulgares sobre la debilidad del carácter cubano. Español por la herencia inmanente de la raza, el hijo de Cuba es, en lo fundamental y básico, un fiel trasunto de sus progenitores. Es cierto que el clima tropical ejerce una influencia deprimente sobre las funciones orgánicas, que el carácter se resiente al debilitarse las convicciones y las creencias, y que la desmedida afición a las ideas nuevas reduce la actividad profunda del pensamiento; pero existen otros factores que han influido favorablemente sobre el carácter cubano.

Los enérgicos y perseverantes esfuerzos que el cubano ha tenido necesidad de realizar durante varios siglos para modificar las condiciones poco favorables del medio físico y defender su hogar contra el extranjero, así como los sufrimientos soportados durante las guerras de la Independencia, han contrarrestado los malos efectos del clima, han endurecido su organismo y han templado su voluntad para la lucha y el trabajo. La tenacidad y el brío con que el pueblo de Cuba defendió sus ideales, durante el siglo pasado, persistiendo inquebrantablemente, bajo apariencias distintas, en un propósito fundamental de independencia y libertad, han robustecido y unificado su carácter, anulando en parte los malos efectos producidos sobre éste por la defectuosa educación familiar, el alejamiento de la juventud de la vida activa de los negocios y el desarrollo excesivo del espíritu crítico.

La rapidez con que el cubano ha reparado los desastres de la guerra de Independencia y reconstruido los hogares arrasados, edificando y hermoseando caseríos, pueblos y ciudades populosas, abriendo caminos a través de todo el país y surcándolo de vías férreas, roturando y desmontando los campos, lanzándose a las actividades del comercio y de la industria, elevando la producción a cifras no superadas proporcionalmente por pueblo alguno, son pruebas que demuestran las secretas y ocultas fuentes de energía que posee en su alma, disimuladas por su exterior ligero e inconstante. Por otra parte, la necesidad en que el pueblo de Cuba se ha hallado de mantener estrechas y variadas relaciones con otros países de elevada civilización y distinta mentalidad, han aguzado su inteligencia, acrecentado su patrimonio intelectual y aumentado la riqueza de su vida afectiva.

La historia debe abstenerse de hacer profecías, porque la inextricable complejidad de los factores que rigen la vida de las sociedades, mantiene en profundas tinieblas el mañana, e impide columbrar el secreto de lo porvenir; pero uno de sus fines propios es mostrar ordenadamente, a plena luz si fuere posible, los hechos que han de servir de base al juicio y de punto de partida a la inferencia. Tocante a Cuba, uno de esos hechos, el culminante sobre todos los demás, es la extraordinaria energía vital que la raza ha demostrado, viviendo, multiplicándose y progresando sin interrupción, a pesar de hallarse sometida a la presión de influencias naturales e históricas muy severas. Las condiciones físicas y mentales hereditarias del cubano le han permitido, hasta el presente, abrirse paso victoriosamente en su lucha secular contra el medio y afirmar su personalidad moral, reacciones éstas que constituyen en Cuba, como en cualquiera otro país del orbe, la prueba más cierta del vigor de un pueblo y la justificación más cumplida de su derecho a la vida y a la libertad.

Primera época. Formación de Cuba. Los indios

8. Evolución geológica de Cuba

La historia de un país se reduce comúnmente a la de los grupos humanos que lo han habitado a través de las edades; no obstante, es conveniente que esa historia vaya precedida de algunas indicaciones relativas a la evolución geológica de la región de que se trate, no solo a fin de satisfacer la natural curiosidad del hombre, ansioso de penetrar tanto como es posible en las tenebrosas profundidades de lo pasado, sino en virtud de que las condiciones geológicas influyen considerablemente sobre el desarrollo de las colectividades humanas y aportan un gran caudal de interesantes antecedentes para la explicación de multitud de hechos relativos a la vida del hombre.

La Historia de la Tierra —uno de los aspectos más interesantes de la Geología— ha sido escrita por sabios muy ilustres. En esa historia hay mucho de conjetural e hipotético; adolece, además, del defecto de presentar enormes lagunas. A pesar de ello, sus conclusiones más generales pueden considerarse como verdades bien establecidas mediante el empleo de métodos científicos. Hay que tener en cuenta, sin embargo, que los principios de la geología no son sino generalizaciones sujetas a un constante proceso de rectificación, a medida que la corteza terrestre es mejor conocida y explorada. Por consiguiente, los cuadros de la geología, aun cuando sean verdaderos en su conjunto, no deben ser aceptados sino con una prudente reserva.

La Geología histórica tiene como fundamento ciertas nociones fundamentales, entre las cuales figuran en primera línea la noción de superposición de las capas del terreno y la noción de los fósiles característicos.[13] Los geólogos, basándose en esos principios, han llegado a determinar que la Historia de la Tierra, a partir de la formación y consolidación del globo, comprende, en sus grandes líneas, un cierto número de fases agitadas que alternan con otras fases tranquilas. Durante las primeras, se producen enormes levantamientos y hundimientos de la corteza terrestre que determinan la formación de grandes sistemas montañosos y la aparición y desaparición de continentes y océanos. En las fases tranquilas solo tienen lugar, aparentemente al menos, lentos cambios de nivel en la superficie de las tierras y los mares, así como la formación de los terrenos mediante la constante acumulación de sedimentos en el fondo de los océanos. Los terrenos, que son la fuente de la Historia de la Tierra, se componen principalmente de estratos, de capas, limitadas por superficies paralelas. Es fácil de convencerse de que esos lechos o capas, se han depositado horizontalmente en el seno de las aguas, y es evidente que las capas inferiores son las más antiguas y las capas superiores las más recientes. Un simple examen de la sucesión de los estratos nos proporciona ya un rudimento de cronología. Pero los geólogos poseen, además, otros medios para informarse acerca de las condiciones que han presidido la formación de esas capas sucesivas y pueden adquirir la seguridad de que dichas condiciones han variado en el transcurso del tiempo en un sitio determinado.

En efecto, los estratos que contribuyen en una gran parte a la constitución de la corteza terrestre, no se han formado únicamente de substancias minerales: se encuentran en ellos, además, substancias cuyo origen orgánico es indiscutible. En medio de capas arcillosas y silíceas, se intercalan lechos de

13 Emile Haug, *Traite de Géologie*. Capítulo XXX, pág. 539, Armand Colin, París, 1908-1911.

carbón, y el microscopio nos revela restos de tejidos vegetales, mientras que las superficies mismas conservan impresa la marca de las hojas y los tallos. En otras capas se encuentran conchas muy semejantes a las de los moluscos marinos actuales. Las hay que encierran moluscos de agua dulce y por último se encuentran otras más modernas, formadas a base de arcilla plástica que contienen osamentas de reptiles, pájaros y mamíferos.

Se puede hacer, además, otra comprobación y es que todos esos fósiles se asemejan cada vez menos a los seres actuales, a medida que se les recoge en las capas más profundas. Esos diversos organismos no se suceden tampoco en un orden indeterminado y la sucesión de las diversas faunas y floras es en general la misma en regiones del globo alejadas la una de la otra. Los fósiles nos proporcionan así un medio de caracterizar las capas, de datarlas, de establecer la cronología con mayor precisión.[14]

Durante largo tiempo los geólogos se contentaron con describir en cada región la superposición de las capas y tomar nota de sus caracteres naturales y de los fósiles que encerraban; pero en la actualidad el objeto principal de sus preocupaciones consiste en las modificaciones que sufre el conjunto de la fauna y de la flora de una época a la época siguiente. Asimismo, se empeñan en determinar para cada época y cada lugar las condiciones de existencia de los seres vivientes.

Los primeros geólogos trataban de distinguir unos períodos geológicos de otros, fundándose casi exclusivamente en la noción de superposición, en la composición de los terrenos, es decir, en la naturaleza litológica o pétrea de éstos. Ese método ha sido abandonado y hoy se admite como principio esencial de cronología geológica, las diferencias de la fauna

14 E. Haug. *Op. cit..*

fósil; se tiende a precisar los límites de cada etapa de la evolución terrestre, tomando como base la aparición y desaparición de las especies características.

Desde luego que la aparición y desaparición de las especies no es el único cambio que se produce. Cada fase de la Historia de la Tierra, presenta, además, grandes diferencias respecto del clima, la extensión y la distribución de las tierras y los mares; pero la cronología geológica fundada sobre las transformaciones de la fauna fósil, conviene con las profundas modificaciones sufridas por la Tierra, en virtud de que precisamente la aparición y desaparición de las especies guarda una relación muy estrecha con los cambios del ambiente geográfico.[15]

La Historia de la Tierra, a semejanza de la Historia de la humanidad, se subdivide en períodos, que son otras tantas fases de dicha historia.

La división más aceptada por los geólogos es en eras, períodos, épocas, edades, etapas, subetapas y zonas. Cada una de esas divisiones corresponde a un conjunto de fenómenos que se reproducen en un orden determinado, de manera que vienen a constituir un ciclo.

Las eras comúnmente admitidas son cuatro: primaria, secundaria, terciaria y cuaternaria. Algunos geólogos han propuesto la distinción de una quinta era, anterior a la primaria: la era arcaica, azoica (sin vida) o agnotzoica (de vida desconocida), de la cual poco o nada se sabe.

En la era primaria o paleozoica la Tierra era muy distinta de lo que es en los tiempos que corren. Los continentes y océanos actuales no existían. En el hemisferio del Norte aparecían tres masas continentales: una en el Canadá sep-

---

15 *Traite de Geographie Physique*, E. de Martonne, Armand Colin, París, 1913. pág. 588.

tentrional, la tierra algonquina o Atlántida de algunos geólogos; otra en la Europa septentrional, la tierra escandinava;
y la tercera en la Siberia oriental, la tierra siberiana o continente de Angara.[16] En el hemisferio Sur existía un inmenso
continente. Se extendía por las regiones que hoy ocupan la
América del Sur, la parte del Atlántico comprendida entre
la América del Sur y el África, este último país, el Océano
Indico y la Australia. Este gigantesco continente ha recibido
de los geólogos el nombre de Gondwana.

Las masas continentales de los dos hemisferios se hallaban
separadas por océanos, uno de los cuales se extendía longitu-
dinalmente, entre el Norte y el Sur, desde el Golfo de México
actual en dirección a Europa.[17]

Toda la tierra tenía entonces un clima casi idéntico, muy
húmedo, brumoso y con una temperatura casi tropical.[18] La
flora y la fauna eran las mismas en todos los continentes y
los océanos. Las plantas superiores no existían, siendo los
musgos y los helechos los principales elementos de la vegetación. La fauna no comprendía sino cierto número de tipos
marítimos especiales, principalmente moluscos y crustáceos,
entre éstos unos conocidos con el nombre de trilobites, característicos de la era primaria, a la cual se le suele llamar la
era de los trilobites. Los animales vertebrados solo estaban
representados por algún pez de tipo muy primitivo y algún
reptil muy raro. Los pájaros y los mamíferos no existían.[19]

16 E. de Martonne. *Traite de Geographie Physique*, Armand Colin, Pa-
    rís, 1915.
17 Ed. Suess. *Das Antlits der Erde* (La faz de la Tierra). Traducción fran-
    cesa bajo la dirección de Emm. de Margerie, Armand Colin, París,
    1909, tomo II, pág. 416.
18 *La Science Geologique* por L. de Launay, Armand Colin, París, 1913,
    pág. 463.
19 E. Haug. *Op. cit.*. V. 33, 79.

La era primaria fue un período de profunda agitación geológica durante el cual se produjeron grandes cambios en la faz de la tierra.

La era secundaria o mesozoica es un período de completa calma. En él siguieron subsistiendo las masas continentales del hemisferio septentrional, pero con una forma algo distinta y reducidas a dos continentes: el continente Norte-Atlántico, que comprendía gran parte de la América del Norte, Groenlandia y tierras hoy sumergidas en el Atlántico Septentrional, de las cuales Islandia es un resto, y el continente Sino-Siberiano formado por gran parte de la Siberia y por tierras que más tarde se hundieron en el Océano Pacífico. En el hemisferio del Sur, el antiguo continente de Gondwana se subdividió en otros dos: un continente Africano-Brasileño y otro Australo-Indo-Malgache, extendido por el Océano Indico, desde Australia hasta la isla de Madagascar al Este de África.[20] Los dos continentes del Norte se hallaban separados de los dos del Sur por un mar mediterráneo largo y estrecho, el cual se extendía desde las Antillas a Nueva Zelanda, a través del lugar que ocupa el centro del Atlántico actual, el Mediterráneo, Persia, India e Insulinda.

Este Mediterráneo Central de la era secundaria se conoce en geología con el nombre de Tethys.

En la era secundaria comenzaron a diferenciarse los climas; la atmósfera era más diáfana y poco a poco fueron distinguiéndose dos zonas climáticas.

Una de carácter tropical, mucho más ancha que la zona tropical actual, con una temperatura también un poco más elevada, y otra zona polar más reducida.

La temperatura de cada zona era muy constante; las estaciones casi no existían, pues sus efectos comenzaban a sen-

20   Ed. Suess y Emirru de Martonne, obras citadas.

tirse solo muy débilmente. La flora secundaria se distingue por la desaparición de muchos tipos de la era anterior y el desarrollo de numerosas plantas pertenecientes a las mismas especies que hoy existen. La fauna también se transformó. Entre los animales invertebrados fueron notables unos moluscos llamados ammonites, característicos de la era y los insectos que alcanzaban entonces gran talla y larga vida; entre los vertebrados, los numerosos, extraños y gigantescos reptiles marítimos, terrestres y voladores. Los primeros pájaros y los primeros mamíferos hicieron su aparición en la era secundaria.

La era terciaria, neozoica o cenozoica transcurrió en medio de grandes conmociones, las cuales determinaron cambios profundos en la faz de la tierra y fijaron el aspecto actual del globo casi totalmente.

Los antiguos continentes de la era secundaria se dividieron en fragmentos y se hundieron en el seno de las aguas; los continentes actuales se elevaron poco a poco del fondo del mar; se formaron al mismo tiempo las principales cadenas montañosas de Europa, Asia y América, tales como los Alpes, los Montes Himalayas, las Montañas Rocallosas y los Andes, y quedaron constituidos los océanos que hoy existen.

Las zonas climatológicas terciarias se asemejaban mucho a las actuales. La vegetación alcanzó un desarrollo extraordinario y abundaban los grandes mamíferos, muchos de los cuales se extinguieron y otros existen aún. La era merece el nombre de era de los mamíferos. Los animales característicos de la era anterior desaparecieron, entre ellos los ammonites y los grandes reptiles de la tierra, del mar y del aire.

La última era, que unos geólogos llaman era cuaternaria y otros período pleistoceno, se extiende desde el fin de la era terciaria hasta el principio de los tiempos históricos. Durante esta era se produjeron algunos cambios en las costas y los mares que ahora existen; ciertas regiones se elevaron y otras se hundieron por efecto de movimientos locales de la corteza terrestre. En lo tocante al clima, el rasgo característico de la era cuaternaria consiste en la alternación desigual de períodos muy fríos (glaciales), y períodos templados. Este hecho, aunque no es exclusivo de los tiempos cuaternarios, ha sido mejor estudiado en ellos que en las demás eras.[21]

Grandes masas de hielo se extendieron por el hemisferio septentrional, a partir de varios centros o núcleos situados en la zona fría y llegaron a cubrir con su manto continuo cerca de la séptima parte de los continentes actuales. En los Estados Unidos descendieron hasta más abajo de Nueva York; en Europa hasta cerca del Sur de Alemania. Los geólogos más prudentes conceden a los cambios del clima, de la llora y la fauna durante los períodos glaciales un valor puramente regional; la uniformidad de condiciones de vida de las eras primaria y secundaria fue sustituida por una gran diversidad en todas las regiones de la tierra. En el tiempo que media entre cada período glacial y el que le sigue, la flora y la fauna denotan la existencia de climas semejantes a los actuales con algo más de calor y sequedad. Ni la flora ni la fauna acusan la aparición de ningún grupo importante de vegetales o animales, pero en los terrenos cuaternarios se han encontrado los primeros restos auténticos del hombre.

Los más antiguos de dichos restos hasta el presente, han sido hallados cerca de Heidelberg, en Alemania, el año de 1908. La Geología iba a ceder muy pronto la palabra a la Historia.

Durante las edades geológicas, el territorio que hoy constituye la isla de Cuba hubo de sufrir muchas y muy profundas

---

21 *La Science Geologique*, por L. de Launay, pág. 474.

transformaciones. Como país aislado, como isla, Cuba no existía probablemente en la era primaria. En Cuba no han sido descubiertos hasta la fecha terrenos primarios, lo cual debe tomarse como indicio de que el territorio de la Isla estaba emergido en la citada era, ya que los terrenos se forman, como es sabido, mediante la acumulación de sedimentos en el fondo del Océano. El territorio de Cuba debió formar parte quizás, durante la era primaria, según las teorías geológicas más admitidas, de la región septentrional del vastísimo continente designado por los geólogos con el nombre de Gondwana, el cual se supone que comprendía, como ya se ha dicho, toda la región ocupada actualmente por el Mar de las Antillas, gran parte de la América del Sur, toda la zona del Atlántico extendida entre la América del Sur y el África, este último país y vastas regiones que hoy cubre con sus aguas el Océano Indico.[22] El territorio de Cuba se bailaba próximo a un océano situado hacia el Norte, cuyas aguas separaban las tierras de la Isla de las que hoy forman la región oriental de los Estados Unidos y el Canadá.

Los grandes cambios que alteraron la faz del planeta durante la era primaria afectaron probablemente al territorio de Cuba. En la era secundaria la región noroeste del continente de Gondwana, de la cual formaba parte Cuba, aparece hundida bajo las aguas del Océano. La isla descansaba entonces en el fondo del largo Mar Mediterráneo que los geólogos llaman Mediterráneo Central o Tetbys.[23]

Las olas de dicho mar cubrieron a Cuba durante toda la era secundaria. Los sedimentos marinos que se fueron depositando lentamente sobre el suelo de Cuba hundido en el

22 Ed. Suess. *Op. cit.*, pág. 416. L. de Launay. *Op. cit.*, plancha IV, entre las págs. 486 y 487.
23 Ed. Suess. *Op. cit.*, tomo I, págs. 425 y 488, figura 84, página 446. L. de Launay. *Op. cit.*, plancha V, entre las págs. 498 y 499.

mar, cubrieron con una gruesa capa el territorio primitivo de la isla. Los lechos así formados, constituyen los terrenos jurásicos y cretáceos, cuya existencia se ha comprobado por el descubrimiento de fósiles típicos como son los ammonites y los rudistas hallados en diversas partes de Cuba.[24] La permanencia del territorio de Cuba en el fondo del mar se prolongó durante la era secundaria y gran parte de la era terciaria, probablemente.

La inmersión de Cuba en la era terciaria se comprueba por la existencia de los terrenos terciarios, que son muy abundantes en la isla y se hallan, en todas las regiones de ésta, superpuestos a capas de terreno más antiguas. El grueso considerable de las capas terciarias, permite inferir que el territorio de la isla permaneció en el fondo del mar durante gran parte de la era a que corresponden. Al formarse las grandes cordilleras que actualmente existen (las Montañas Rocallosas, los Andes, los Alpes, los Montes Himalayas, etc.), en la misma era terciaria, el territorio de Cuba emergió del fondo del Océano formando parte de la llamada «Cordillera Antillana» hundida posteriormente en el mar y de la cual solo existen en la actualidad las cumbres más altas, representadas por algunas de las grandes Antillas y por algunas de las Antillas Menores. La Cordillera Antillana, según las opiniones más aceptadas entre los sabios, era un eslabón del gigantesco sistema de montañas que se extiende desde Alaska en la América del Norte hasta el Cabo de Hornos, en la América del Sur. El fragmento antillano de la gran cordillera Rocallosa y Andina formaba un arco de círculo, desde Guatemala a Venezuela; la parte convexa miraba hacia el Atlántico y la cóncava al Mar de las Antillas. La dirección general que se-

---

24 Carlos de la Torre, *Investigaciones Paleontológicas en las sierras de Viñales y Jatibonico*, La Habana, 1910. págs. 3 a 7 y 20 a 26.

guía la Cordillera Antillana está señalada por la Isla de Tri-
nidad junto a Venezuela, las Antillas Menores, Puerto Rico,
Santo Domingo, Cuba, Jamaica, las islas Caimán, el banco
Misteriosa, las islas Viciosas y Swan, hasta el fondo del Gol-
fo de Honduras. La Cordillera Antillana se prolongaba en
la América del Sur por la Cordillera Caribe, que se extiende
al Nordeste de Venezuela, hasta unirse con los Andes, en
Colombia; en el otro extremo del arco, se unía a la sierra del
Espíritu Santo, en Guatemala, quedando así enlazada con la
América Central, México y las Montañas Rocallosas de la
América del Norte.[25]

La cumbre más alta de la Cordillera Antillana estaba representada por la Sierra Maestra, probablemente, o por los
montes de Cibao en Santo Domingo.[26] Cuba formaba la parte
central de la cordillera, casi equidistante de los dos extremos
de ésta, por los cuales se unía a la América Central y a la del
Sur.

Los restos fósiles de grandes mamíferos edentados de naturaleza continental, correspondientes al final de la era terciaria, que han sido hallados en la Isla, son una prueba casi
innegable, entre otras igualmente significativas, de la doble
conexión de ésta con el Continente.[27] Cuba tenía entonces

---

25 Ed. Suess. *Op. cit.*. Vol. I, págs. 725 y siguientes. Vol. II, págs. 543 y
    siguientes. Vol. III, tercera parte, figuras 288, 289 y 292, págs. 1264
    a 1274 y 1285 a 1299. L. de Launay. *Op. cit.*. Plancha I, al final de
    la obra.
26 Rodríguez Ferrer opina que el pico de Turquino, situado en la Sierra
    Maestra era el punto culminante de la cordillera. Véase *Grandeza y
    Civilización de la grandiosa Isla de Cuba*, por don Miguel Rodríguez
    Ferrer, Madrid, 1876.
27 Carlos de la Torre. I. *Op. cit.*, págs. 8 a 19 y 26 a 32. II. Comproba-
    tion de l'existence d'un horizon jurássique dans la région occidentale
    de Cuba. III. Restauration of Megalocnus rodens, and discovery of
    a continental pleistocene fauna in Central Cuba. Extrait du Comp-

una fauna de mamíferos de talla considerable, perteneciente a familias extinguidas. El estudio de la flora cubana también refuerza la creencia de la unión de Cuba con la América del Sur y la América Central.[28]

En un período posterior aún no bien determinado de la era cuaternaria, con toda probabilidad, se produjo el hundimiento de la Cordillera Antillana, quedando fuera de las aguas únicamente las partes más elevadas de la misma, las cuales estaban representadas por las Antillas Mayores y algunas de las Antillas Menores. Cuba vino a ser el fragmento mayor de la cordillera que quedara sobre el océano, aunque quizá todo el territorio de la isla no se hallaba sobre el nivel del mar, sino las regiones montañosas de Oriente, las Villas y Pinar del Río. Las regiones llanas de Camagüey y de Colón es posible que estuviesen cubiertas por las olas. Más tarde, la Isla se ha elevado ligeramente unos cuantos pies sobre el nivel del mar en diversas ocasiones, cobrando las costas su forma actual y quedando unidas las tres porciones mencionadas del territorio.

Resumiendo cuanto queda expuesto, puede conjeturarse que Cuba formó parte del continente llamado Gondwana, durante la era primaria; que permaneció en el fondo del Mediterráneo Central o Tethys en la era secundaria y gran parte de la terciaria; que emergió del mar antes de la terminación de la era terciaria, formando parte de una cordillera unida por sus dos extremos al continente: a la América Central por Guatemala y a la del Sur por Venezuela; que comenzó a existir como isla —o como varias islas— al hundirse parcialmente la Cordillera Antillana en la era cuaternaria; y finalmente,

te Rendu du XIme. Congress Geologique International, Estocolmo, 1912.

28 *Flora de Cuba*, por M. G. de la Maza y Juan F. Roig. Estación Experimental Agronómica, La Habana, 1914. págs. 16 a 18.

que más tarde se ha elevado algunos pies sobre el nivel del mar, cobrando su forma actual.

Al quedar la Isla formada tal cual hoy la conocemos, quizá ya había aparecido el hombre sobre la tierra.

9. Los indios cubanos. Su procedencia

El hombre ha tratado en todas las épocas de conocer su origen y de explicárselo. Los pueblos más salvajes y primitivos tienen leyendas en las cuales se refieren minuciosamente cómo fueron creados sus primeros antepasados.

En etapas más avanzadas de la civilización, las religiones ofrecen versiones diversas acerca del origen del hombre, coincidiendo todas más o menos exactamente en atribuir la aparición de éste en la tierra a la voluntad de Dios, creador de la especie humana como de todos los demás seres que pueblan el Universo.

En los tiempos modernos la ciencia, por su parte, ha abordado también el problema, pretendiendo resolverlo conforme a sus métodos de investigación y de crítica. El gran desarrollo alcanzado en el siglo pasado por el grupo de disciplinas comprendido bajo la denominación común de Ciencias Naturales, sirvió de acicate a los pensadores, quienes concibieron teorías y propusieron explicaciones sobre el origen del hombre, basadas en nuevos hechos y descubrimientos.

Los trabajos del famoso naturalista inglés Carlos Darwin y del francés Lamarek, habían llevado a los naturalistas a la convicción de que los seres vivientes primeramente aparecidos en la tierra eran de forma muy sencilla y que de esos seres rudimentarios se derivaban todos los demás. Los tipos primitivos según las teorías propuestas, se modificaban paulatinamente, en virtud de la selección natural y de la influencia del ambiente, diferenciándose cada generación de la precedente en algunas particularidades de la estructura o de las funciones orgánicas.

La acumulación de las diferencias a través de las edades, llegaba a producir nuevos tipos muy distintos de los primitivos, pero entre todas las especies existía una relación de filiación, de descendencia. La transformación normal de las especies se rige, salvo excepciones poco frecuentes, por la gran ley de la diversificación progresiva, estructural y funcional.

Dicha ley determina que el cambio se produce siempre en el sentido de que las especies nuevas tienen una estructura orgánica más complicada y poseen funciones más complejas que las especies más antiguas; da pábulo a la creencia en un desarrollo progresivo continuo, en una evolución constante hacia tipos superiores —entendiendo por superiores los más complejos— y afirma la existencia de un vínculo de parentesco, cuyo origen explica, entre las especies más sencillas, y las que presentan en la actualidad el grado mayor de complicación. La teoría evolucionista proclama, por consiguiente, la unidad de todas las especies, y la descendencia de los tipos superiores de los inferiores. El cuadro completo de la creación, para los transformistas, no expresaría otra cosa que el árbol genealógico de los seres orgánicos: en la raíz, la ameba, el organismo más sencillo; en la cima, el hombre, el ser viviente superior por la complejidad de su organismo y de sus funciones. En la actualidad, los sabios más prudentes consideran la rigurosa filiación de las especies animales o vegetales un hecho casi tan oscuro como el origen de la vida en la superficie de nuestro planeta, fenómeno que escapa a toda explicación científica,[29] pero a fines del siglo pasado los descubrimientos de la geología y la paleontología parecían confirmar de una manera decisiva las ideas de los transfor-

29 L. de Launay. *Op. cit..* págs. 692 y 693.

mistas. La doctrina del transformismo se aplicó a la explicación del origen del hombre.

Numerosos investigadores se consagraron afanosamente a demostrar que el hombre tenía sus inmediatos antepasados entre los monos del Antiguo Continente, dándosele un valor probatorio a las semejanzas entre el gorila, el gibón, el chimpancé, etc., y los individuos de la especie humana. El parentesco directo del hombre con los grandes monos actuales no ha sido aceptado por la ciencia;[30] pero en el momento en que las generalizaciones demasiado prematuras de los primeros transformistas se desmoronaban bajo la piqueta de la crítica, la Antropología prehistórica aportaba nuevos datos y permitía plantear el problema del origen del hombre en otro terreno.

Los descubrimientos de fósiles humanos perfectamente auténticos se multiplicaron en Europa y América e hicieron concebir la esperanza de hallar entre esos fósiles los anillos de la cadena que, conforme a la opinión de los antropólogos, unía al hombre con sus antepasados del reino animal. Los fósiles humanos han sido objeto de un cuidadoso estudio comparativo aplicándose al examen de los mismos los últimos adelantos de la ciencia, sin obtener hasta el presente resultados satisfactorios en lo que concierne al origen de los primeros hombres.[31]

Los pacientes y penetrantes estudios de los sabios europeos, les han llevado a reconocer distintas razas o tipos diferentes de hombres prehistóricos en Europa: la raza que han llamado de Neanderthal, la de Grimaldi, la de Cromagnon y la de Chancelade. La primera está representada por el

---

30 *Les Hommes Fossiles*, par Marcellin Boule. Masson et Cié, París, 1921, págs. 90, 451 y 452.
31 M. Boule, *Op. cit.*, pág. 453.

hombre fósil hallado en Carnstad, Neanderthal, etc., y finalmente en la Chapelle-aux-Saints, Francia, admirablemente descrito este último por el profesor Boule. Los hombres de Neanderthal (nombre que se ha dado al tipo) eran pequeños de talla (1.45 m.), de cráneo ancho y voluminoso.

La cara era muy saliente y tenía, en relación con el cráneo, un desarrollo más considerable que ninguna raza actual. El arco de las cejas era muy prominente y formaba un borde ininterrumpido, aun en la parte superior de la nariz, de manera que puede decirse que en lugar de dos cejas tenían una sola. La nariz era ancha, ligeramente convexa.

Carecían de mentón y las mandíbulas eran salientes con los dientes inclinados hacia adelante. La frente mostraba una inclinación muy marcada hacia atrás y la parte superior del cráneo un pronunciado aplastamiento.

La actitud del hombre de Neanderthal era la de un viejo que camina con la cabeza hacia adelante, la espalda encorvada y las piernas semidobladas.

Por su volumen el cerebro era francamente humano, pero el aspecto tosco de las circunvoluciones indica que la inteligencia debía ser muy oscura. La región posterior del cerebro, asiento de los centros de las sensaciones, estaba muy desarrollada; pero los lóbulos frontales, donde se localizan las facultades intelectuales superiores, eran muy reducidos. La conformación de la tercera circunvolución frontal, centro del lenguaje articulado, indica un desarrollo muy rudimentario de esta región del cerebro, lo cual nos permite conjeturar que el idioma de la raza de Neanderthal era muy pobre. Esta antiquísima raza prehistórica parece haberse extinguido, sin dejar descendientes directos.

Posterior al hombre de Neanderthal, cuyos restos más antiguos han sido hallados cerca del Rin, en Alemania, es el hombre de Grimaldi, llamado así porque los restos fósiles del mismo fueron descubiertos por primera vez en las grutas de Grimaldi, no lejos de Mónaco. En el hombre de Grimaldi los antropólogos han reconocido una raza particular, que se asemeja al tipo negro.[32]

La raza de Chancelade, cuyos restos han sido hallados cerca de Lyon, Francia, representa hombres de corta talla, de características muy semejantes a las de los esquimales actuales.[33]

Los hombres de las razas de Chancelade y de Grimaldi vivieron en Europa durante el período pleistoceno superior y fueron contemporáneos del reno y de algunos grandes mamíferos ya extinguidos.

Primeramente habitaban junto a los ríos, donde hallaban caza y pesca abundantes; más tarde empezaron a guarecerse en las cuevas o cavernas que encontraban en las laderas de los valles. Se alimentaban de animales que lograban cazar o pescar, de yerbas y de frutas. Tal vez conocieron la manera de producir y utilizar el fuego; no usaban vestidos, pero sí diversos adornos. No conocieron los metales, y los pocos objetos de que se servían para los variados usos de la vida (cuchillos, raspadores, hachas, etc.) eran de piedra, partida a golpes.

La tercera raza prehistórica europea es la de Cromagnon, contemporánea de las dos razas de Chancelade y de Grimaldi. Los hombres de la raza de Cromagnon eran altos, corpulentos y fuertes, de cráneo grande, alargado y estrecho, de frente ancha, recta y espaciosa y de nariz delgada y prominente. Constituían un tipo humano muy semejante al nuestro, sin ningún vestigio de mono. Trabajaban la piedra

32 M. Boule, *Op. cit.*, págs. 272-283.
33 M. Boule, *Op. cit.*, págs. 291-298.

de sílex con gran habilidad, eran buenos observadores y se hallaban dotados de un notable sentido artístico.

Algunos antropólogos opinan que llegaron a Europa procedentes del África, a través de España; otros creen que el centro de dispersión o irradiación de esta raza fue Francia y que de dicho país se dirigieron a Bélgica, Holanda, Inglaterra, Italia, España y el Norte de África. En España se han encontrado numerosos restos de los hombres de Cromagnon y de la industria de los mismos. La raza de Cromagnon vivió en el Norte de África y en las islas Canarias, donde se conservó casi pura hasta la fecha del descubrimiento de América, representada por los antiguos guanches.[34]

El origen de estas tres razas europeas permanece sumido en la más profunda oscuridad. Entre los animales de la época terciaria, durante la cual aparecieron gradualmente todas las formas de los mamíferos, no se ha podido hallar en Europa ningún animal que pueda entrar claramente en el orden de los primates. El hombre prehistórico europeo no tiene, hasta el presente, antepasados inferiores que indiquen el vínculo de unión de la especie humana con los demás mamíferos de acuerdo con las teorías transformistas. En tal virtud, hay antropólogos que se inclinan a creer que las tres razas prehistóricas europeas proceden del Asia o del África.[35] Los restos fósiles de los primeros primates auténticos se han hallado en la América del Norte, aunque presentan características poco precisas; desaparecieron rápidamente de dicho continente y parece que emigraron a la América del Sur, donde quizá dejaron como descendientes remotos a los monos de cola prensil.

34 R. Altamira, *Historia de España y de la Civilización española*, tomo I, pág. 40, Barcelona, 1913.
35 M. Boule, *Op. cit.*, pág. 453 y siguientes.

Después se les encuentra en Europa, donde prosperaron los lemúridos. Estos emigraron a Asia, África y Madagascar, y allí viven aún muchos de sus descendientes.

Los gorilas, los chimpancés y demás monos del Antiguo Continente, no vivieron sino en edades geológicas muy posteriores a los hombres prehistóricos europeos, de manera que no puede existir ninguna relación de descendencia de dichos monos a los hombres de Neanderthal, Grimaldi, Cromagnon y Chancelade. Si existe entre las razas prehistóricas de Europa y los monos citados algún parentesco, se deberá a que unos y otros desciendan de algún antepasado común. Esta conjetura no se apoya en el descubrimiento de ningún vestigio auténtico de ese supuesto antepasado, el cual, si existió, debe hallarse, según las teorías mejor fundadas, entre los primates del período terciario.

Hasta el presente no existe el menor indicio de que los indios cubanos tengan relación alguna con las razas prehistóricas europeas. El origen de los primitivos habitantes de Cuba se debe buscar, por consiguiente, en otra dirección.

En la América del Sur, particularmente en la Argentina, se han descubierto fósiles que inducen a creer que el hombre vivió en las regiones del Río de la Plata en épocas remotísimas. Un sabio argentino, F. Ameghino, sustenta la opinión de que el hombre tiene un antepasado terciario, contemporáneo de los grandes mamíferos de la citada era, el cual habitó en la América del Sur; dicho continente es, a juicio del citado profesor, la cuna de la Humanidad. Entre los numerosos fósiles hallados en diversos lugares de la República Argentina, el señor Ameghino cree haber descubierto una serie de antepasados del hombre; y ha supuesto, además, la existencia de otros, formando con los tipos descubiertos y los tipos imaginados un cuadro de conjunto de la filiación del hombre. Las teorías de Ameghino suponen la existencia de un antropoide terciario, del cual descienden los monos antropomorfos y el hombre. El tronco terciario común dejó dos ramas antes de extinguirse, los antropomorfídeos y los homínidos. La primera rama se ha «bestializado», al evolucionar, dando origen al gorila, al chimpancé, al gibón, etc.; los homínidos, en cambio, se han «humanizado», derivándose de ellos el tetraprothomo (cuadrisabuelo del hombre), el triprothomo (trisabuelo del hombre), el diprothomo (bisabuelo del hombre) y el prothomo (abuelo o antecesor del hombre).[36] Algunos de estos tipos han sido imaginados por Ameghino, sin que se posean pruebas de la existencia de los mismos.

Las teorías de Ameghino tienen mucho de fantásticas y los especialistas no han llegado a un acuerdo respecto a la antigüedad que Ameghino atribuye a los fósiles descubiertos por él; pero cualquiera que sea el juicio definitivo de los antropólogos sobre el asunto, parece un hecho probado que el hombre de los primeros tiempos prehistóricos que habitó la región ocupada hoy por las pampas argentinas o las selvas brasileñas, se extinguió sin tener sucesores inmediatos, de una manera que no ha podido ser determinada, dejando tras de sí una inmensa solución de continuidad que la ciencia no ha llenado aún.

No existe dato alguno que autorice a creer, como creía Ameghino, que los indios americanos sean descendientes directos de aquel antepasado remoto de la especie humana. «Entre el hombre cuaternario y sus sucesores en América existe un vasto abismo.

36 F. Ameghino, *La antigüedad del hombre en el Plata*. Dos tomos, Buenos Aires, 1918. José Ingenieros, *Las doctrinas de Ameghino*, Buenos Aires, 1919.

Desaparecen para siempre los americanos primitivos, los contemporáneos de los grandes mamíferos, y con distinta condición de cosas, con especies animales semejantes a las actuales y con una conformación de tierras y mares no alterados en lo esencial hasta el presente, aparecen otros hombres y otras razas, los antepasados de los indios que poblaban la América en la fecha del Descubrimiento.» [37]

Ninguna relación de descendencia es posible establecer tampoco, por consiguiente, entre los indios cubanos y el hombre fósil americano descubierto en los terrenos terciarios o cuaternarios de la América del Sur. En la América del Norte no ha sido demostrada la existencia de razas tan antiguas como las europeas o las suramericanas.

Después de los tipos prehistóricos desaparecidos, los primeros hombres que poblaron la América pertenecían, con toda probabilidad, a la misma raza india o americana que los europeos hallaron en el Nuevo Mundo al ser éste descubierto por Colón. Según Ameghino, descendían directamente de los tipos prehistóricos; según otras autoridades, la raza americana emanó de la raza mongólica, separándose en lo absoluto de tal tronco étnico en la edad cuaternaria, sin que sea posible determinar si los antepasados mongólicos del indio americano, arribaron al Nuevo Mundo por la ruta de Islandia y Groenlandia, por el estrecho de Behring o por cualquiera otra vía desaparecida, ya que nuestro conocimiento de la exacta distribución de las tierras y los mares al comienzo de la era cuaternaria es muy inseguro.

La semejanza de los primitivos habitantes de Cuba con los del continente americano, en cuanto a las características

---

37 Carlos Navarro Lamarca, Etnografía Americana, Vol. XXIII de la *Historia del Mundo en la Edad Moderna*, publicada por la Universidad de Cambridge, pág. 37. Edición española, Barcelona, 1913.

físicas se refiere, es evidente; nunca ha sido puesta en duda hasta la fecha. A priori puede aceptarse que los siboneyes tenían una filiación común con las tribus indias que ocupaban toda la América en la época del Descubrimiento. Desgraciadamente, nuestros conocimientos tocante al particular no van más allá. Una completa oscuridad reina aún en torno de las cuestiones relativas a si los indios cubanos procedían del Norte, del Centro o del Sur de América, lo mismo que respecto a la determinación de la forma en que llegaron a Cuba. Las teorías geológicas admitidas como ciertas, enseñan que Cuba estuvo unida a la América Central y a la del Sur, hasta un período no bien determinado de la era cuaternaria.

Es posible que el hombre viviera ya en el continente americano en la fecha del hundimiento de la Cordillera Antillana, es decir, cuando Cuba quedó aislada de la tierra firme; por consiguiente, es posible también que fuese poblada por hombres descendientes de los seres prehistóricos que, según Ameghino, habitaron la Patagonia en las edades terciaria y cuaternaria. Lanzados ya al terreno de las hipótesis, pudiera conjeturarse que al hundirse la Cordillera Antillana y quedar formadas las Antillas Mayores y Menores, algunos grupos de los primitivos habitantes se hallaron aislados de sus hermanos de la tierra firme y continuaron evolucionando independientemente.

El aislamiento explicaría las diferencias observadas entre ellos y los pobladores del Continente. Semejante hipótesis nos llevaría a admitir la existencia del hombre en Cuba desde edades remotísimas; en realidad de verdad, no existen hechos que la justifiquen. Sin embargo, ciertas tradiciones caribes y haitianas parecen referirse a un cataclismo que determinó la separación de las islas del Continente.[38] *Lucuo*, creador del mundo, según los caribes de las Antillas Menores, ofendido con éstos, hizo descender los ríos sobre la tierra desde el cielo, y la tierra fue inundada, no salvándose más hombres que algunos en las montañas, los cuales eran los ascendientes de los indios que habitaban las citadas Antillas. Los haitianos se consideraban autóctonos y tenían también una leyenda que explicaba la formación de las Antillas. Según la tradición haitiana, había un hombre llamado Yaya, que tenía un hijo llamado Yayael. El hijo quiso matar al padre y éste lo desterró. Más tarde el padre mató al hijo y lo encerró en una güira, colgando a ésta del techo de la casa donde vivían. Los huesos del hijo muerto se convirtieron en peces grandes y pequeños, de diversas especies. Cuatro hermanos huérfanos, aprovechando la ausencia de Yaya, descolgaron la güira y empezaron a comer de los peces. Sorprendidos por el regreso de Yaya, dejaron caer la güira. Esta se rompió en varios pedazos, y el agua que contenía inundó toda la tierra, cubriendo los prados y la parte llana, menos las cumbres de las montañas, las cuales quedaron convertidas en islas. Haití era una de ellas.

A favor de la hipótesis de la existencia de los indios en el territorio de las islas, antes de que quedasen separadas del Continente, puede citarse el hecho de que en la parte occidental de Cuba habitaban algunos indios distintos de los demás por su idioma y su género de vida, los cuales vivían en un estado de salvajismo muy primitivo. Dichos indios, en el estado de atraso en que se hallaban cuando los españoles arribaron a Cuba, no disponían de los medios necesarios para salvar el menor de los estrechos que separan a Cuba de

38 A. Bachiller y Morales, *Cuba primitiva*. Segunda edición, pág. 76 y siguientes, La Habana, 1883.

las demás tierras vecinas; de manera que o se habían establecido en el territorio que ocupaban antes de que la Isla se aislara del Continente, o hay que suponer que habían sufrido un proceso de regresión, durante el cual olvidaron las artes de sus antepasados.

Lo más probable es que la Isla se poblara mucho después de su separación del Continente. La cadena de islas que enlaza a las Antillas Mayores con Venezuela consta de numerosos eslabones separados por distancias relativamente cortas, ninguno de los cuales resulta infranqueable aun para canoas del tipo más rústico. Es posible que indios procedentes del Sur fueran avanzando de isla en isla hasta poblar todas las Antillas Menores y después las Mayores. Esta explicación ha sido propuesta como la más sencilla y verosímil.

La población de Cuba no era homogénea al ser descubierta por Colón.[39] Las Casas distinguió tres tipos de indios en Cuba: los guanahatebeyes, del extremo occidental de la Isla, los cuales eran totalmente salvajes, hablaban una lengua particular no entendida por los demás indios, vivían en cuevas y no salían de éstas sino para pescar; «la población natural y nativa de la Isla, semejante a los lucayos, gente simplísima, bonísima, careciente de vicios, que se llamaban a sí mismos siboneyes, y finalmente toda la demás gente de que estaba poblada la Isla». Esta última gente (la que procedía de Haití) «por grado o por fuerza se apoderaron de aquella Isla (Cuba) y gente della y los tenían como sirvientes suyos».[40]

Los haitianos se habían establecido en Cuba como conquistadores algunos años antes del Descubrimiento.

39 Bartolomé de las Casas, *Historia de las Indias*, Madrid, 1875, tomo I, pág. 104.
40 Bartolomé de las Casas, *Op. cit.*, tomo III, págs. 4-64.

El mismo Las Casas, escribiendo en la Española, lo afirma así en varias partes de su obra y hasta fija la fecha de la invasión conforme a la creencia más generalizada entre los contemporáneos. «Las gentes que primero la poblaron —dice—[41] eran las mismas que tenían las islas de los Lucayos pobladas, gentes simplísimas, pacíficas, benignas, desnudas, sin cuidado de hacer mal a nadie... Después pasaron desta isla Española alguna gente... y llegados en aquélla, por grado o por fuerza en ella habitaron, y sojuzgaron por ventura los naturales della (Cuba), que como dije arriba llamábanse siboneyes... y según entonces creímos no había cincuenta años que los desta (Haití) hubiesen pasado a aquella isla (Cuba).» La semejanza del lenguaje de los siboneyes con el de otras tribus indias de las Antillas y de la América del Sur, es un hecho comprobado, pero no aporta ningún argumento nuevo sobre la procedencia de aquéllos. Indica simplemente quizás, una relación de parentesco entre todos los indios antillanos y ciertos pueblos de la América Meridional. Residentes en Cuba antes de separarse ésta del Continente o arribados a ella mucho más tarde, lo cual parece más verosímil, lo cierto es que la presencia de los aborígenes en la Isla debe remontarse a edades muy lejanas.

Asimismo debe admitirse que una vez establecidos en nuestro suelo, hubieron de quedar aislados casi por completo de la tierra firme y de las islas vecinas, hasta una época muy anterior a la llegada de Colón.

El aislamiento de los guanahatebeyes y siboneyes explica el bajo nivel de la civilización de unos y otros, comparada con la de los antiguos pueblos de México, Perú y la América Central, o con la de los haitianos, caribes y demás tribus semicivilizadas del Nuevo Mundo.

41 Bartolomé de las Casas, *Op. cit.*, tomo III, pág. 374.

10. Condiciones físicas, carácter y costumbres de los indios calíanos

El indio cubano, en general, era un sujeto de formas bien proporcionadas, de estatura mediana y de pelo espeso y negro tan abundante en la cabeza como escaso en la cara y demás partes del cuerpo. La piel era de color cobrizo, con variados matices. Tenían el cráneo bien conformado, ni largo ni ancho, la nariz aguileña y los pómulos no muy salientes. La constitución física era débil, particularmente los que vivían en las isletas próximas a Cuba, los cuales se alimentaban de pescado casi exclusivamente.

Las noticias auténticas que se poseen acerca del carácter y de las costumbres de los indígenas de Cuba son muy escasas. Las principales fuentes históricas de información directa, son tres: los escritos del Gran Almirante Cristóbal Colón, las obras de Fray Bartolomé de las Casas y la Historia General y Natural de las Indias, compuesta por el capitán Gonzalo Fernández de Oviedo. Colón, las Casas y Oviedo conocieron de cerca a los indios y escribieron sus impresiones personales respecto de los mismos. Los demás historiadores primitivos de las Indias, en lo que a los indios cubanos concierne, se basan en referencias y testimonio de otras personas.

La descripción más fiel e interesante de los indios de las Antillas Mayores, es, quizá, la de Colón, quien poseyó notables dotes de buen observador y excelentes cualidades literarias.[42]

---

42 Alejandro de Humboldt, *Cristóbal Colón y el Descubrimiento de América*, obra traducida por don Luis Navarro, Madrid, 1892, tomo II, págs. 155 y siguientes. Marcelino Menéndez Pelayo, *De los historiadores de Colón*, artículos publicados en la revista *El Centenario*, volumen II, pág. 433 y volumen III, pág. 55.

Dicha descripción consta en una carta fechada por el Gran Almirante, en Lisboa, el 14 de marzo de 1493, al tocar en la mencionada ciudad de regreso de su famoso viaje de descubrimiento. La carta iba dirigida a Rafael Sánchez, Tesorero del rey don Fernando, y en ella Colón le adelanta las primeras noticias relativas a los países que acababa de descubrir.

Se ha pensado que Colón temió ser víctima de una celada en Portugal, y quiso dejar una relación detallada de su visita a las nuevas tierras o que se propuso hacer que llegasen noticias suyas a la Corte antes de que Vicente Yáñez Pinzón, capitán de la otra carabela que regresaba del viaje y que se había separado del Almirante durante la travesía, se le adelantase. Los datos consignados por Colón se refieren a los indios de las Lucayas, de Cuba y de Haití, particularmente a los de este último lugar; pero como él no había tenido aún oportunidad de estudiarlos de cerca, trata únicamente de las características generales comunes a todos ellos. Los prejuicios, los encontrados intereses y las pasiones que más tarde influyeron en el ánimo de los conquistadores llevándoles a alterar la verdad en sus escritos, desvirtúan muchas de las obras que compusieron, pero esta primera descripción hecha por Colón, debe considerarse como el reflejo fiel de lo que vio y observó durante el famoso viaje de descubrimiento a través de las Antillas. Al principio Colón tropezó en Cuba con dificultades para comunicarse con los indios, porque éstos se daban a la fuga al aproximarse los españoles. Después de haber navegado muchas leguas a lo largo de la costa buscando inútilmente alguna ciudad o villa, envió dos emisarios al interior para averiguar si había rey o ciudades en el país.

«Anduvieron ellos —dice el Almirante— durante tres días y encontraron innumerables gentes y pequeñas poblaciones, pero sin gobierno alguno, por lo cual regresaron.» De Cuba especialmente, nada más dice la mencionada carta. En los párrafos relativos a Haití, Colón hace constar que los habitantes de las islas que habían visto iban siempre desnudos, tanto los hombres como las mujeres. No conocían hierro de clase alguna y carecían de armas, para las cuales eran ineptos, dice, no por deformidad del cuerpo, pues eran bien formados, sino por su timidez y por estar llenos de miedo. En vez de armas llevaban únicamente cañas secadas, en cuyo extremo fijaban un asta de madera también seca y adelgazada por la punta; pero aun de éstas apenas se atrevían a servirse... por ser naturalmente tímidos y miedosos.

Por lo demás, cuando se juzgaban seguros y habían perdido todo el temor, eran de gran manera sencillos y de buena fe y muy liberales de cuanto tenían. Nadie negaba lo que poseía a quien se lo pedía y aun ellos mismos invitaban a los españoles a pedirlo.

Todos se mostraban muy amables... No conocían idolatría alguna, antes bien creían firmísimamente que toda la fuerza, todo el poder y, en fin, todo lo bueno estaba en el cielo... No eran tampoco perezosos ni rudos, sino de grande y perspicaz entendimiento, y los que de entre ellos recorrían aquel mar daban noticia de todo de una manera sorprendente...

En cada isla había muchas canoas de sólida madera, semejantes en longitud y forma a las barcas españolas de dos remos, pero más veloces en la marcha. Las gobernaban únicamente con los remos y las había grandes, pequeñas y medianas. Muchas eran mayores que las galeras de diez y ocho bancos de remos; y con ellas recorrían todas aquellas islas, ejercían su comercio y hacían el tráfico entre ellos.

Algunas de las barcas o canoas que vio Colón llevaban setenta y ocho remos. En todas las islas no había diversidad en la figura, costumbres o lenguaje de las gentes, sino que todos se entendían unos a otros... En todas las islas cada uno se conformaba con una sola mujer, excepto los jefes, a los cuales les era lícito tener veinte.

Según parece, las mujeres trabajaban más que los varones. Colón no pudo entender bien si tenían bienes propios, pues vio que cada uno compartía con los demás sus cosas, como manjares, condimentos y otras semejantes. No encontró entre ellos monstruo alguno, según muchos creían, sino hombres respetuosos y afables. No eran negros como los etíopes, tenían los cabellos lisos y sueltos y no se exponían a los rayos solares porque la fuerza del Sol era muy grande ya que distaban 26 grados de la línea equinoccial.

El testimonio de Las Casas, como el de Colón, es muy valioso. Bartolomé de las Casas nació en Sevilla en 1474. Su padre acompañó a Colón en su segundo viaje, se estableció en la Española y volvió rico a Sevilla en 1498. Las Casas fue hombre de estudios; cursó Leyes y Teología en Salamanca y se graduó de Licenciado en dicha Universidad. En 1502 acompañó a don Nicolás de Ovando a la isla Española, de la cual éste había sido nombrado gobernador.

En la Española se hizo sacerdote diciendo su primera misa en 1510. En 1512 las Casas pasó a Cuba, y recorrió toda la isla en compañía del capitán Pánfilo de Narváez encargado de sojuzgar a los indígenas. Las Casas permaneció en la Isla cerca de tres años, hasta que inició, en 1515, sus trabajos en favor de la libertad de los indios. Conoció y trató de cerca durante más tiempo que cualquiera otro historiador de la época a los nativos de Cuba.

Se ha tachado a Las Casas de parcial a favor de los indios y se le ha acusado de exageración en el relato de las crueldades cometidas por los conquistadores; pero numerosos documentos de sus contemporáneos prueban que semejante acusación es injusta. El Provincial de los Dominicos de Santo Domingo, Pedro de Córdoba, y otros frailes de la misma Orden, pintaron los sufrimientos de los indios con tan negros colores como las Casas.[43]

Los indígenas de Cuba, según las Casas, eran de mansa condición y vivían pacíficamente.[44] Tenían pueblos hasta de 300 casas, en cada una de las cuales residían muchos vecinos.

Labraban algunas parcelas de tierra, lenta y penosamente, con toscos instrumentos de madera, obteniendo los frutos más necesarios para el sustento, tales como yuca, ñame y maíz. La caza de jutías, guabiniquinajes y algunas aves, junto con la pesca de tortugas, lizas, sábalos y otros peces, les proporcionaban los demás alimentos que necesitaban. Su industria se reducía a la construcción de rústicos bohíos, la fabricación de canoas de cedro o yagruma y de algunos útiles de uso doméstico y al tejido del algodón silvestre utilizado para construir hamacas y telas muy bastas. Además ejecutaban algunos trabajos de alfarería. Los hombres y las jóvenes solteras iban completamente desnudos, mientras que las mujeres casadas se cubrían de la cintura a la rodilla con una corta enagua de algodón, hojas de árboles o yerbas entretejidas. Eran muy aficionados al baile y al canto, probablemente de carácter religioso.

Las Casas refiere que el cacique Hatuey instó a sus guerreros de Cuba a hacerle fiesta y bailes al oro porque creía que dicho metal era el «Dios de los españoles». La fiesta y el baile debían servir para obtener del Dios que cuando los conquistadores viniesen a la Isla, les dijese o mandase que no hicie-

---

43 *Documentos inéditos*. Primera serie, tomo XI, págs. 211, y 243, tomo VII, pág. 397.
44 Bartolomé de las Casas, *Op. cit.*, tomo III, pág. 474.

ran daño a los siboneyes. Bailaban y cantaban hasta quedar completamente agotados. Duraban los bailes desde que anochecía, hasta el amanecer, siempre acompañados del canto. Mujeres y hombres danzaban juntos sin salirse del compás, con los movimientos ni con las voces.[45] Los cantos y bailes de los indios de Cuba eran más suaves, mejor sonantes y más agradables que los de Haití, según el testimonio del mismo Las Casas. M la letra ni la música de los cantos han sido conservadas, bien por la poca atención que prestaron a dichos cantos los contemporáneos, bien porque los indios tuviesen empeño quizá en que los enemigos de su raza y su religión, no llegaran a conocer sus tradiciones y sus misterios.

Los indios de Cuba no tenían templos, ídolos ni sacrificios, pero sí sacerdotes, hechiceros o médicos a los cuales daban el nombre de behiques. «Se cree —dice Las Casas— que hablaban los behiques con los demonios, o los demonios les declaraban sus dudas y les daban, a lo que pedían, respuestas. Los behiques hacían también de augures. Para comunicarse con los espíritus los behiques ayunaban tres y cuatro meses, y más, sin tomar otro alimento que el zumo de ciertas hierbas que solo bastaba para no «espirar y salírseles el ánima». Después que así quedaban flaquísimos y macerados, eran ya dignos y aptos, dice Las Casas, para que se les apareciese aquella visión infernal (el demonio) y con ellos comunicase, y apareciéndoles, notificaba si había de haber buenos o malos temporales, si enfermedades, si hijos les nacerían o vivirían los ya nacidos, y otras cosas que les preguntaban.» La poligamia parece que era corriente entre los caciques, y aunque los indios desconocían el sentimiento del pudor, no tenían las costumbres depravadas que Oviedo les ha atribuido. Eran muy curiosos, se sentaban en cuclillas y gesticulaban

45 Bartolomé de las Casas, *Op. cit.*, tomo III, pág. 465, Madrid, 1875.

97

extraordinariamente al hablar. Las noticias que Las Casas consigna en su Historia respecto de las costumbres y leyes de los indios son muy pocas. La causa de su silencio la explica él mismo, haciendo constar de una manera expresa, la ignorancia en que se hallaban él y sus contemporáneos, respecto de multitud de hechos relativos a los siboneyes. «Cerca de las costumbres y leyes que tenían, dice, como duraron poco por la causa que los desta isla Española, ni los primeros que allá fuimos, ni los que después aquella isla (Cuba) asolaron, no entendimos dellas nada.» El capitán Gonzalo Fernández de Oviedo fue autor, como ya se ha dicho, de una Historia general y natural de las Indias, cuya primera edición fue hecha en Salamanca en 1547. Oviedo realizó numerosos viajes a la América y vivió largos años en la Española; pero en Cuba solo estuvo de paso, durante breve tiempo, cuando ya los españoles hacía más de una década que se habían establecido en la Isla.

En algunos pasajes de su obra consigna que los datos relativos a Cuba se los han proporcionado vecinos de ésta con quienes había hablado. «La gente de la isla de Cuba o Fernandina, dice, es semejante a la desta Isla Española, aunque en la lengua difieren en muchos vocablos, puesto que se entienden los unos a los otros.» [46] El traje es el mismo conque nascen, e no son ellos ni las mugeres más vestidos de lo que está dicho. La estatura, la color, los ritos e ydolatrías, el juego del batey o pelota, todo esto es como lo de la Isla Española; pero en los casamientos son diferentes, porque cuando alguno toma mujer, si es cacique, primero se echan con ella todos los caciques que se hallan en la fiesta; e si es hombre principal el que ha de ser novio échanse primero todos los principales, e

---

46 Gonzalo Fernández de Oviedo, *Historia general y natural de las Indias*, tomo I, pág. 498.

si el que se casa es plebeyo, todos los plebeyos que a la fiesta vienen... En la manera de se gobernar por príncipes e caciques, assí mismo son de una forma, y en otras muchas costumbres, como se dijo de la Española, puesto que en algunas cosas pocas sean apartados e diferentes; pero en general son conforme y lo mismo en sus vicios y libídine, e poca verdad o ninguna, e ingratos; e no quieren ser más chrisptianos de los que estotros todos... Sus areytos e cantares son, como en esta Isla (Española)...

Sus camas son hamacas de la manera que lo tengo dicho, e sus casas de la misma forma hechas que otras quedan pintadas e relatado. El mayor pecado en aquella isla (Cuba) era hurtar, e assí castigaban tal delito como dixe atrás; y su religión de los indios de Cuba es adorar al diablo, dicho cemí. La luxuria con las mujeres tenían por gentileza... Casábanse en los grados que he dicho, e dexaban las mujeres por pequeñas causas, e las más de las veces ellas a ellos... Los reyes e caciques toman cuantas mugeres quieren, e los otros las que pueden dar de comer e sustentar»...

Oviedo, en verdad, parece que conoció poco o nada a los habitantes de Cuba, y se limitó a atribuirles los mismos usos y costumbres que en su obra describe como propios de los haitianos, haciendo constar que había algunas diferencias, para encubrir su ignorancia.

En cuanto a la práctica nupcial citada, no existe ningún testimonio que corrobore el de Oviedo, ni se encuentra ninguna alusión o referencia a la misma en los numerosos escritos de la época.

Es posible que se trate de alguna patraña inventada por alguno de sus informantes o por él mismo, deseoso de referir cosas sorprendentes y de atribuir a los indígenas costumbres repugnantes y depravadas.

Las Casas niega terminantemente la veracidad de las afirmaciones de Oviedo. «Oviedo —exclama— dice muchas cosas, como suele, que no vido, de costumbres malas de la gente de aquella isla, que ni yo supe, que fui de los primeros que estuve allí algunos años, ni jamás oí a hombre que lo alcanzase; porque como está dicho y se dirá, fue tan presta la destrucción de aquella isla (Cuba), que no fue posible a los indios usar cosa de las que dice, ni los españoles verlo para lo alcanzar, porque después que allí entramos nunca tuvieron un día de alivio, sino que toda su ocupación era en los trabajos que los mataban, y la hora que dellos cesaban no tenían otro cuidado que lamentar y gemir su desventura y calamidad.» Mediante un gran esfuerzo de imaginación y completando los datos de los historiadores con los que se recogen en cartas y papeles de la época, podemos representarnos, aunque siempre de una manera imperfecta, las condiciones de la Isla y de sus pobladores en una fecha inmediatamente anterior a la fundación de las primeras poblaciones por los españoles.

El territorio estaba cubierto casi totalmente de frondosísimos bosques, de un extremo a otro. Muchas de las plantas que hoy constituyen la nota dominante de ciertos paisajes, como los mangos, mameyes, naranjos, aguacates, entre los árboles; la caña, el plátano, la yerba de Para, la yerba de Guinea, el cafeto, la yerba de don Carlos, el marabú entre las plantas de menor talla, no existían entonces. La transformación de la flora en ciertas regiones ha sido tan completa, que independientemente de los demás cambios, los siboneyes no reconocerían el país en que vivieron solo por el diferente aspecto de la vegetación en muchas partes de la Isla. El ganado y los animales domésticos —mamíferos y aves— tan abundantes hoy en Cuba, no existían. Casi a la sombra de los bosques, junto a la orilla de los ríos o cerca de la costa, se hallaban las aldeas de los pobladores. Las chozas, de piso de tierra, tenían que ser necesariamente muy toscas, si se considera que para cortar las piezas de madera de que estaban formadas los indios no disponían sino del fuego y de hachas de piedra sin pulir. La mayor parte de los bohíos eran de forma circular, construidos con estacas clavadas en el suelo; los techos de estos bohíos eran cónicos y tenían cubierta de guano. Había también otros bohíos de figura rectangular, con «portales o colgadizos», y unas casas construidas también en forma de rectángulo, mucho mayores que las demás, en las cuales vivían muchas familias o quizá estaban destinadas a determinadas ceremonias. En el interior de las casas no había muebles. Los indios no se sentaban por lo común, sino permanecían en cuclillas durante sus conversaciones.

Todo el menaje de la casa se reducía a las hamacas de dormir y a algunas vasijas de barro.

De noche, las casas permanecían a oscuras, pero en el batey o plaza alrededor del cual estaban construidas, se mantenía encendida una fogata, desde la puesta del Sol hasta el alba. El aislamiento de las aldeas era casi completo; en la Isla no existían caminos y todas las comunicaciones se efectuaban principalmente por mar o por los ríos, en canoas formadas de troncos ahuecados de cedro o de yagruma, como queda dicho más arriba.

Los hombres que vivían en estos pueblecitos, tenían como principal preocupación, la de procurarse el sustento de cada día. Cultivaban algunas parcelas de terreno en las cercanías de sus bohíos, en las cuales cosechaban alguna yuca, maíz, boniatos, ñame, tabaco, piña, algodón y quizá algunas otras plantas.

El trabajo era lento y penoso. Un labriego provisto de una azada o una guataca realizaba, según Las Casas, una labor igual a la de treinta indios con sus coas y sus hachas de piedra. Las cosechas eran cortas y se consumían según iban siendo recolectadas.

Los siboneyes vivían al día y solo almacenaban pequeñas cantidades de algodón. La caza y la pesca proporcionaban el resto de los alimentos necesarios.

La preparación de éstos era muy grosera. Las aves, las jutías, los guabiniquinajes, las iguanas o lagartos, eran asados sin despojarlos de las plumas o la piel, ni de los intestinos. El ají era el principal condimento usado y el casabe hacía entre los indios las veces del pan en los países de la zona templada.

Los siboneyes eran sobrios y según el testimonio de los primeros navegantes y colonos que visitaron la Isla o se establecieron en ella, subvenían sin gran trabajo a las necesidades de su alimentación. El completo estado de desnudez en que vivían, gracias a lo cálido del clima y a que nunca habían visto personas vestidas, les evitaba el trabajo que en un clima frío les hubiera ocasionado el tener que proporcionarse trajes, calzado y algún abrigo para la cabeza.

El aislamiento en que se hallaban sus aldeas, esparcidas en un amplio territorio abundante en medios de vida para una población corta y de escasísimas necesidades, evitaba los conflictos y mantenía una paz inalterable, ya que las guerras siempre son provocadas por el propósito de despojarse los hombres unos a otros de lo que poseen, el suelo o los medios de subsistencia. Los indios, en verdad, nada tenían de lo que despierta la codicia, y por otra parte, sus escasísimas necesidades las satisfacían sin gran esfuerzo. No poseían ganados, animales domésticos ni tesoros de ninguna clase y los frutos que cultivaban no eran de los que pueden almacenarse ni trasladarse a grandes distancias. El mar los tenía alejados de los caribes y de otras tribus o pueblos habituados a vivir de depredaciones y pillajes.

La paz permanente en que vivían contribuía a reducir sus necesidades. No tenían que emplear una parte de su tiempo en fabricar armas, practicar ejercicios de combate o subvenir a las exigencias de una casta guerrera más o menos numerosa y parasitaria.

La alimentación, el alejamiento y el cuidado de proporcionarse algunos adornos, pinturas, collares de piedrecillas o de semillas de colores vivos, penachos de plumas, he ahí en síntesis los únicos asuntos que reclamaban alguna atención del indio que habitaba a la sombra de nuestros bosques.

Los vínculos de orden afectivo que unían entre sí a los habitantes de estos rústicos bohíos eran de diversas clases. En primer lugar, el de la familia.

Numerosos testimonios prueban que los indios cubanos eran afectuosos en la vida familiar. La mujer, a lo que parece, no ocupaba en la familia ni en el grupo social un lugar inferior al del hombre; no era una esclava, sino una igual o compañera de éste. En muchos casos se manifestaron más rebeldes y llenas de animosidad contra los conquistadores que los hombres. «Una mujer vieja de estos indios, decía un vecino de Cuba en 1534, daña y estraga más que muchos hombres por malos que sean.»[47] El amor de los hijos también parece haber sido vivo entre estos salvajes. El instinto maternal, tan fuerte aun entre los animales, no se hallaba contrarrestado por las dificultades de la vida; los hijos no eran una carga pesada e insoportable, y, por consiguiente, es posible que fuesen cuidados y tratados con cariño.

47 *Documentos inéditos*. Segunda serie, tomo IV, pág. 367.

Durante el primer período de la colonización, los casos en que los padres se entregaban a los españoles al ser apresados sus hijos, no fueron raros, y en multitud de ocasiones daban muerte a sus criaturas y se mataban ellos después si no podían redimirlas de las penalidades de la servidumbre. El suicidio de familias enteras fue muy frecuente y diezmó la población con rapidez. Muchos de estos actos de desesperación fueron profundamente conmovedores. En Bayamo, según escribió al rey un vecino digno de absoluto crédito, encargado en más de una ocasión de reprimir las revueltas de los indígenas, don Manuel de Rojas, Alcalde de Santiago de Cuba, Procurador de Bayamo y Gobernador de la Isla en dos ocasiones, ocurrió uno de esos tristes episodios, que puede citarse como ejemplo. Un cacique llamado Anaya fue separado junto con su mujer, de una hija de ambos, con la cual vivían. Los padres habían tratado de vivir por su propia cuenta, conforme a unas disposiciones dictadas en 1526, para la libertad de los indios que se sometiesen a ciertas pruebas de capacidad y llenasen ciertas exigencias de la ley. Al ser separada la hija de sus padres, trataron éstos en secreto de recuperarla y conservarla en su compañía, pero no pudiendo lograrlo «la llevaron al monte e la ahorcaron y ellos se ahorcaron a par de ella».[48]

En igual forma se suicidaron grupos enteros de familias.

Otros vínculos de orden moral y social, acaso tan fuertes como los lazos de la familia, eran el acatamiento y el respeto al jefe del grupo. Probablemente, cada pueblo tenía su jefe, designado con el nombre de cacique. La autoridad del cacique era quizá de carácter religioso, o se fundaba en alguna creencia o principio religioso. Aunque es posible que algunos pueblos de una misma región reconociesen la autoridad de un mismo cacique, hay muchas razones para creer que cada

48 *Documentos inéditos*. Segunda serie, tomo IV, pág. 348.

caserío tenía su jefe y vivía independiente de los demás. La vida del indio cubano se desarrollaba casi exclusivamente dentro del territorio inmediato a su bohío y de las zonas de caza y de pesca más cercanas, pero a veces realizaba en sus canoas excursiones distantes a lo largo de las costas o a las islas próximas. Los viajes a la Florida y a Yucatán parece que fueron más raros. De la vida religiosa de los indios de Cuba, solo tenemos las noticias que nos ha trasmitido Las Casas, citadas más arriba. De su vida intelectual casi no quedan rastros.

Solo sabemos que hablaban una lengua de tipo inferior, común a casi todos los antillanos, que gesticulaban mucho al hablar y que eran crédulos, confiados y supersticiosos. La monotonía de su existencia era poco favorable para despertar y vigorizar las facultades intelectuales del indio cubano. La simplicidad de la vida de éste en un ambiente favorable, dulcificó sus costumbres. La ferocidad fue algo totalmente desconocido entre ellos. No teniendo que luchar contra las inclemencias de la Naturaleza, las fieras ni los hombres, no es extraño que fueran de mansa condición. Es muy posible que en justicia merecieran por su inocente salvajismo los elogios de Las Casas, en opinión del cual «estas gentes fueron sobre todas las del mundo por su mansedumbre, simplicidad, humildad, paz y quietud».

Sería un gran error, sin embargo, creer que Cuba era la Arcadia feliz antes de la conquista y que, como se ha escrito, los indios vivían en casas más confortables que las de nuestros campesinos, rodeadas de jardines y plantíos. Lo cierto es que la población india se hallaba a bajísimo nivel y carecía de cuantos elementos de bienestar contribuyen a hacer la vida cómoda y agradable. Su simplicidad no debe estimarse como una virtud ni como el resultado de un propósito consciente, sino como demostración del salvajismo en que vivían.

La mayor parte de los colonos que se establecieron en Cuba, consideraron a los indígenas como gente sin iniciativa, incapaces de acomodarse a condiciones de vida distintas del estado salvaje en que vegetaban y de subvenir a sus propias necesidades bajo un régimen semejante al de las sociedades europeas. La Historia general y natural de las Indias, compuesta por Oviedo, en la cual se inspiraron muchos escritores posteriormente, ha contribuido, en gran parte, a que los indios hayan pasado a la posteridad como un pueblo sin vigor físico ni energía moral; pero debe reconocerse que su flojedad, su indolencia y su espíritu pacífico han sido exagerados. Los primeros colonos juzgaron a los indios desfavorablemente en sus escritos, quizá de mala fe, puesto que les convenía pintarlos como incapaces, a fin de justificar ante la Corte española el régimen de las encomiendas, y quizá porque no podían comprender el alma del indio, totalmente diversa de la de ellos, hombres de inmensa ambición, sedientos de riquezas, de gloria y de aventuras, avezados a afrontar impávidamente los más grandes peligros y a concebir y llevar adelante las más atrevidas empresas, venciendo todos los obstáculos y sobreponiéndose a las más terribles penalidades con indomable energía.

La creencia de que el indio no resistió al conquistador ni luchó por conservar su libertad es errónea y dimana quizá de la excesiva mansedumbre que les atribuyó Las Casas.

Los siboneyes lucharon aunque sin éxito, bajo la dirección de Hatuey, Caguax, Guama y otros caciques.

Su resistencia fue débil e ineficaz, porque no eran un pueblo guerrero y carecían de medios de subsistencia, de organización y de armas; pero su hostilidad al dominador no cesó sino con la absoluta libertad que les fue concedida treinta o cuarenta años después de la conquista. Aun entonces muchos seguían rebeldes en los montes a pesar de que el número total de la población india solo llegaba a tres o cuatro mil individuos entre hombres, mujeres y niños.

Desde que don Diego Velázquez desembarcó en la Isla en 1511 Hasta que el gobernador Licenciado Gonzalo Pérez Ángulo pregonó en 1552 la absoluta libertad de los indios, no hubo paz completa en Cuba.

Los indios estaban dominados, pero no sometidos.

Unas veces se declaraban en abierta rebeldía; otras, acudían al suicidio para librarse de sus dominadores, conforme a creencias o principios religiosos que los contemporáneos no llegaron a conocer bien; y finalmente, emigraban a las tierras vecinas huyendo de sus poderosos enemigos. Los españoles no los consideraron como una raza estúpida y degenerada. Las leyes de la época sancionaban los matrimonios entre españoles e indios[49] y no hacían ninguna distinción entre los mestizos de blanco e indio y los blancos.

Un hombre con sangre india en sus venas no era un sujeto considerado como inferior en el orden legal ni social, y podía tener acceso a todos los cargos públicos, vedados a los hombres mestizos de la raza de color, a los descendientes de judíos, de herejes, etc.

Esto prueba que en el terreno de los hechos, los indios merecieron a sus dominadores mayor aprecio del que éstos demuestran en algunos de sus escritos.

---

49 *Bosquejo histórico de los derechos de la mujer casada en la legislación de Indias*, por José M. Ots de Capdequí, Madrid, 1920, pág. 91.

11. Organización social de los indios cubanos

Los datos históricos relativos a la organización social de los indios de Cuba son muy reducidos. Colón, Las Casas y otros escritores de la época del Descubrimiento y la Conquista conocieron directamente las costumbres de los indígenas, como ya se ha dicho, pero solo prestaron atención al aspecto físico de los mismos, a las ocupaciones, los adornos, las fiestas y demás particulares interesantes por su novedad y su exotismo.

Escribieron como viajeros observadores y curiosos que relatan sus impresiones para el gran público, o en relación con sus miras políticas, económicas o religiosas, pero no con el propósito de estudiar a fondo la organización social de las comunidades indias.

Semejante género de investigaciones era desconocido en aquella época; así es que no debe extrañarse que los primeros cronistas dejasen en la oscuridad aspectos fundamentales de la organización social, acerca de los cuales solo pueden aventurarse hoy conjeturas establecidas sobre bases muy inciertas y movedizas.

Al intentar representarnos la organización de los indios cubanos, debemos comenzar por recordar que la Sociología descriptiva distingue formas primarias o sencillas de organización social (sencillas por el corto número de los asociados y por la simplicidad de las relaciones que entre éstos existen), tales como la familia, la horda, el clan y la tribu, y formas mucho más complejas integradas por las primeras, como son los pueblos, las naciones y los estados. El crecimiento y la asociación de las comunidades de la primera categoría determina la aparición, formación y constitución de las segundas, en virtud de un proceso evolutivo muy semejante en sus grandes líneas.

La población india de Cuba no constituía un Estado; esto es un hecho inconcuso, porque jamás ha sido señalada la existencia de un vínculo jurídico o político que uniese entre sí a todos los habitantes diseminados por el territorio. Tampoco puede admitirse que formara una comunidad nacional en el sentido propio del término. Tenían los indios costumbres semejantes, hablaban el mismo idioma, no había entre ellos diferencias de raza y habitaban un territorio de límites geográficos bien definidos; pero a pesar de poseer todos estas características objetivas de la nación, el pueblo que ocupaba la Isla al ser descubierta no constituía una nación verdaderamente tal, porque carecía, en su conjunto, de la conciencia de su pasado, de su destino común y de las similitudes esenciales de los individuos que lo formaban.

La nación, la patria, es un ser espiritual, una personalidad moral, una entidad histórica. No existe sino desde el momento en que una larga evolución social en un ambiente semejante, determina en los individuos la aparición de modos comunes de pensar, de sentir y de obrar. Estos modos o peculiaridades mentales semejantes, transmisibles por la herencia, la imitación y la enseñanza, si se consideran independientemente de los individuos en quienes se manifiestan, constituyen una conciencia colectiva, un alma común, cuya existencia real es innegable. Esta especie de alma nacional permanece, mientras los individuos pasan; es anterior y superior al alma de cada individuo. Los pensamientos, los sentimientos y las decisiones del alma colectiva se imponen con fuerza a cada miembro de la comunidad y determinan su manera constante de pensar, de sentir y de obrar. Cuando los individuos llegan a tener conciencia de su profunda semejanza espiritual, la nación queda definitivamente formada, y un nuevo sentimiento refuerza los vínculos de solidaridad: el patriotismo.

Es un hecho indudable, por consiguiente, que todos los miembros de una comunidad nacional se hallan unidos por vínculos de orden espiritual muy fuertes; donde estos vínculos no existen, no puede sostenerse que exista la nación. Ningún cronista o historiador ha señalado la existencia de tales vínculos entre los indios cubanos. Tampoco se descubren trazas de semejantes lazos morales en las observaciones consignadas en las cartas, informes y demás documentos escritos por las primeras autoridades o los primeros conquistadores y vecinos de Cuba. El patriotismo fue un sentimiento que los indios de Cuba no llegaron a conocer.

Las formas elementales o primarias de la organización social de los indios cubanos, únicas existentes entre éstos, no han sido estudiadas con un criterio científico, a la luz de los progresos de la Sociología.

Es singularmente difícil, debido a la carencia de los antecedentes necesarios, determinar el verdadero carácter de sus instituciones, comenzando por la más sencilla de todas, la familia. Nada sabemos concretamente de las ceremonias nupciales, excepto la práctica, posiblemente incierta, descrita por Oviedo.

Semejante costumbre revelaría la existencia de un comunismo sexual muy primitivo que no es corriente ni entre las especies animales.

Los etnólogos distinguen dos formas de constitución familiar: la familia matronímica, en la cual la madre es la autoridad principal, y la familia patronímica, en la que dicha autoridad la ejerce el padre.

La familia matronímica es, en opinión de algunos etnólogos, la forma primitiva de organización familiar; otros niegan que este hecho tenga la regularidad de una ley. Cuando las condiciones de vida de la familia en su ambiente habitual son difíciles, o existe la necesidad de defenderse contra enemigos fuertes y temibles, la mujer no puede subvenir por sí al cuidado del grupo familiar, produciéndose entonces como un hecho necesario, una rápida evolución hacia la familia en que el padre es el jefe; pero si el clima es suave, abundantes los medios de subsistencia y no existen enemigos poderosos, el tipo de familia matronímica puede existir y conservarse durante cierto tiempo. Sea o no cierta esta teoría, a la cual se la han hecho graves objeciones, debe admitirse que en Cuba no existía la familia matronímica en la época del descubrimiento de la Isla. Ninguna autoridad histórica atribuye a la mujer una posición superior a la del hombre dentro del hogar y no ea posible dudar de que semejante hecho habría llamado extraordinariamente la atención de los primeros pobladores europeos y lo habrían consignado en sus obras.

No obstante, debe notarse que en los pueblos indios, además de las casas pertenecientes a una, dos o tres familias, existían hogares muy grandes, en los cuales vivían numerosos individuos. Las Casas habla de algunos en que cabían quinientas personas, cifra que como todas las que da en sus obras quizá sea exagerada.

La existencia de la casa común, llamada entre los indios iroqueses de la América del Norte, la casa grande, ha sido señalada en las tribus matronímicas.

Dicha casa estaba presidida por una matrona, la cual vigilaba toda la economía doméstica y organizaba e inspeccionaba el trabajo. Ignoramos si la casa grande de Cuba tenía una organización semejante.

La verdadera situación de la mujer en la familia india de Cuba se desconoce exactamente, pero no era la de una sierva, antes bien, parece haber sido igual a la del hombre como ya se ha dicho. No obstante, tal vez las más penosas faenas estaban a su cargo, porque los trabajos domésticos eran la principal ocupación de aquellas gentes. La existencia de vínculos morales entre el marido y la mujer, así como entre los padres y los hijos, no parece dudosa.

Las Casas relata hechos que así lo demuestran. Colón en su primer viaje se apoderó en el Puerto de Mares, al Norte de Cuba, de varias mujeres indias con sus hijos, a fin de llevarlos consigo a España, acción que Las Casas le censura acremente. Al siguiente día, en el momento de zarpar las carabelas, se presentó un indio en una canoa, marido de una de las indias secuestradas, pidiendo la libertad de su mujer y de sus tres hijos, dos niñas y un niño, o que lo llevasen prisionero a él también. Don Manuel de Rojas, ya citado, escribía al Rey en 1534 que algunas revueltas de los indios bayameses se debían a abusos cometidos con sus mujeres, y que algunos indios sujetos a la servidumbre de las encomiendas, al concedérseles la libertad cumpliendo lo dispuesto en las ordenanzas dictadas varios años antes, habían renunciado a la misma al no ser declaradas libres también sus mujeres. Los procuradores de los Ayuntamientos cubanos se opusieron en 1528 a que se enviasen muchachos indios a estudiar a España como había dispuesto el rey, fundándose en que la orden real iba a ser mal interpretada por lo indígenas y podía provocar revueltas. Oviedo afirma que los indios de Cuba eran polígamos como los de la Española, pero Las Casas nada dice acerca del particular.

El grupo social inmediatamente superior a la familia, según los sociólogos, es la horda, la cual no viene a ser otra cosa que un grupo más o menos numeroso de familias, descendientes de un tronco común.

La horda, por consiguiente, es el resultado del crecimiento y multiplicación de una familia en un ambiente favorable, abundante en subsistencias.

En la horda, todos los miembros son parientes por la sangre. Si el parentesco se define por la línea de la madre, la horda es matronímica; si se determina por la línea del padre, es patronímica. Hay etnólogos que sostienen que la horda primitiva es matronímica, y más tarde evoluciona hacia la forma patronímica, como ya se ha dicho al tratar de la familia.

Oviedo nos dice que en Haití y en Cuba, por lo tanto, el parentesco se determinaba por la línea materna. Este hecho indica quizá, lo mismo que la existencia de la casa grande, mencionada por Las Casas, un vestigio o una supervivencia de la primitiva organización matronímica de las familias y las hordas cubanas. Cada horda matronímica, en opinión de los etnólogos, se designa con un objeto natural, especie de planta o animal, considerado como del género femenino y del cual se supone que el grupo proviene. Este objeto, así mirado, se conoce con el nombre de tótem, quizá el cemí de los indios cubanos, y es objeto de un culto, en el concepto de protector de la horda. Si la horda es patronímica se denomina con el nombre de su antepasado, supuesto o real. La creencia de que los miembros de la horda descienden del tótem, da a la relaciones de parentesco un carácter sagrado, y obliga a los hombres a buscar sus esposas fuera de la horda a que pertenece, porque todas las mujeres de ésta son sus hermanas. De aquí una práctica que acaba por transformar la horda, el rapto, muy generalizado en los pueblos primitivos, según enseña la etnología. Entre las tradiciones de los haitianos, recogidas por el padre Ramón Pané, de orden de

Colón, hay varias referentes a raptos de mujeres de unas hordas a otras.[50]

Guagogiana o Guagoniana, un personaje legendario de Haití, se llevó todas las mujeres del país, a Matinino (Martinica) a unas ofreciéndolas joyas y regalos, a otras por, la fuerza. Los haitianos quedaron sin mujeres, pero volvieron a tenerlas empleando medios que a través de la fábula, revelan los procedimientos del rapto realizado con violencia.

En Cuba no se han mencionado tradiciones semejantes a éstas. Oviedo afirma que los haitianos no podían casarse con mujeres de su linaje dentro del cuarto grado, lo cual es prueba de que las elegían en su propio grupo social. En Cuba prevalecía la misma regla según el cronista citado. De manera que las costumbres de raptar las mujeres, propia de las hordas de tipo más primitivo, no existía ya en la Isla. Las tradiciones referidas constituían, sin duda, un recuerdo, convertido en un mito o leyenda, de tiempos muy lejanos, en los cuales los antepasados de los haitianos y quizá de los cubanos se proporcionaban sus mujeres raptándoselas a los grupos vecinos.

Los miembros de una horda tienen un doble parentesco: el natural o sea el parentesco de la sangre y el religioso, como descendientes del tótem, que se consideran. Todos los sujetos que se reconocen como parientes de un mismo tótem llevan una marca o mutilación especial que los distingue. Cualquiera individuo que ostente la marca del tótem de un grupo es considerado como miembro de éste, como hermano de los demás, aplicándosele todas las reglas domésticas. De esta manera, la horda se amplía, los hermanos y hermanas llegan a ser cada vez más numerosos, el parentesco natural es substituido paulatinamente por un parentesco artificial de

50 Bachiller y Morales, *Cuba primitiva*, pág. 168.

carácter fundamentalmente religioso.[51] La horda constituye entonces un clan. Dentro del clan, el parentesco sigue siendo el lazo que mantiene y conserva la unión del grupo; pero borrada la filiación de cada familia, dicho parentesco acaba por tomar la forma de un vínculo religioso. La evolución de la familia y la horda, al clan, se produce, entre otras causas, por la costumbre de raptar las mujeres y de adoptar miembros extraños. La ceremonia de adopción tiene carácter sagrado y se efectúa de diferentes maneras. En Cuba se menciona una práctica que se refiere probablemente al hecho sociológico de la adopción de hermanos de otras hordas y clanes.

Un indio cambiaba su nombre por el de otro indio perteneciente a una comunidad distinta de la suya y en virtud de este sencillo expediente, pasaba a ser miembro del grupo a que pertenecía el sujeto cuyo nombre adoptaba. Estos indios se llamaban guaitiaos, que quiere decir amigos, hermanos.[52] En un clan, el jefe varón de una familia del grupo, notable por cualquiera circunstancia, asume la jefatura total de la comunidad y es el tipo de la autoridad y del poder. Dicha autoridad acaba por basarse en preceptos religiosos y se hace hereditaria. La etnología y la sociología han determinado cuáles son los principios fundamentales del clan. Este ejerce una vigilancia sobre las casas, mantiene los derechos y deberes, interpreta las leyes del matrimonio y las de adopción; es un propietario colectivo, rige las operaciones del cultivo comunal, de la pesca, la caza, y de las industrias propias del grupo; distribuye los artículos de consumo común y regula las relaciones personales, las fiestas comunes y las ceremonias religiosas.

---

51 F. E. Giddings, *Op. cit.*, pág. 340 y siguientes.
52 Bachiller y Morales, *Op. cit.*, Guiteras. *Op. cit.*, pág. 52. Las Casas, *Op. cit.*, tomo III, pág. 47.

Las funciones de los caciques o jefes de los indios cubanos, tales como han sido descritas por algunos observadores, parecen convenir con las de los clanes. La autoridad del cacique era semipaternal y semireligiosa. Sin embargo no se puede confiar mucho en versiones de cronistas como Oviedo, Herrera, Pedro Mártir y otros que escribían sobre Cuba según lo que sabían de Haití y de otras regiones, las cuales habían alcanzado un grado más alto de la evolución sociológica. Las Casas, más prudente respecto al particular, dice que ignoraba todo lo relativo a las leyes de los indios cubanos y que lo que con más seguridad podía juzgar era que puesto que se hallaban «en sus pueblos con sus señores pacíficos y ordenados... o eran con justicia por sus mayores gobernados, o que de su propia y natural condición vivía cada uno sin ofensa y daño a los demás».[53] Un clan consta generalmente de una aldea, o de varias aldeas próximas. A veces un clan numeroso se subdivide en dos clanes hermanos y forman una fratría; pero si la evolución se continúa, los clanes llegan a formar comunidades más amplias. En efecto, según los etnólogos, un grupo de clanes puede unirse mediante ciertos vínculos y entonces constituye una organización más elevada y compleja: la tribu.

Las condiciones que pueden impeler rápidamente los clanes a unirse en tribus son muy variadas.

La inundación, el fuego, la sequía, el refugio invernal, los cambios en las fuentes de los alimentos, han sido señalados como causas que obligan a los clanes a vivir en una mayor proximidad y a establecer ciertas relaciones amistosas entre ellos, lo cual viene a ser el primer paso para la constitución de la tribu.

53 Las Casas, *Op. cit.*, tomo III, págs. 477 y 478.

Pero la causa más poderosa, la que precipita la organización de los clanes en tribus, es la necesidad de defenderse de la agresión de un enemigo extraño, la guerra. La familia primitiva es una organización económica principalmente, responde a la necesidad de la ayuda mutua para procurarse el alimento y criar a los hijos; los clanes y las fratrías son organizaciones jurídicas y religiosas, llamadas a regular las relaciones de numerosos individuos no unidos por el parentesco natural de la sangre, que viven juntos en un territorio de escaso radio; la tribu es una organización esencialmente militar, creada por el choque de grupos que se disputan la posesión de un territorio, una fuente de abastecimientos, etc.

Cuando no existe la necesidad permanente de defenderse de un enemigo poderoso, o cuando la extensión del territorio y las condiciones de vida del mismo permiten a los clanes vivir aislados de sus vecinos, la formación de las tribus no se produce sino en virtud de un proceso muy lento de integración.

Tal parece haber sido el caso de Cuba. Es muy dudoso que los indios cubanos tuviesen en la fecha en que la Isla fue descubierta y colonizada por los españoles, formas de organización social superiores al clan o a la fratría. La existencia de confederaciones, reinos o territorios extensos sometidos a una autoridad común, no parece comprobada en Cuba por ningún dato verídico. En Haití sí los había sin duda alguna. Ciertos cronistas antiguos atribuyeron a Cuba una organización semejante a la de Haití, pero nada justifica esa generalización, fundada en noticias vagas y observaciones muy imperfectas.

Todos los documentos de la época de la conquista de Cuba, inducen a creer que los caciques indios eran jefes locales, de pueblos. Don Diego Velázquez, al encomendar indios a los primeros vecinos españoles, «señaló a cada cristiano un pueblo de indios», por no repartir los indios de un cacique entre varias personas, sino que los de un cacique «sirviesen juntos en una parte, porque no se agraviasen».[54]

Los indios encomendados a cada español no pasaban de trescientos, lo cual prueba que la autoridad del cacique se extendía a un corto número de individuos.

Velázquez menciona varias regiones en la Isla y al referirse a cada una de ellas habla de los «caciques» de las mismas en plural, como si fuesen muchos, sin indicar que entre ellos hubiese jerarquía.

Las regiones o «provincias» que cita, parecen tener un valor geográfico sencillamente. Los caciques eran muy numerosos en la Isla, varios centenares quizá y nada nos autoriza a pensar que no fueran totalmente independientes unos de otros. Es posible que existiesen tantos caciques como pueblos o aldeas había en la Isla. La lectura de los documentos de la época no permite descubrir el menor indicio de que entre los caciques de Cuba existiesen jerarquías diversas, como las había en Haití. Ninguna prueba auténtica nos puede servir de base para sostener que Cuba se hallaba dividida en provincias extensas, regidas por jefes o reyezuelos. Los mapas que se han trazado haciendo aparecer esas provincias o cacicazgos, son producto de la fantasía de los autores de los mismos solamente.

Lo más creíble es que en Cuba no había verdaderas tribus formadas por clanes confederados y sometidos a una autoridad central, aunque quizá en las regiones más pobladas se iniciaba ya la organización de los clanes en tribus, contribuyendo a ello las fiestas religiosas llamadas areitos.

54 *Documentos inéditos*, Primera serie, tomo XI, pág. 412.

La falta de tribus, organización ésta de carácter eminentemente militar, que sigue en el orden de la evolución histórica de la sociedad al clan, explica por qué los indios cubanos ofrecieron una resistencia muy débil a los conquistadores. La población indígena no había alcanzado aún aquel grado de evolución en el cual es posible la defensa colectiva contra el enemigo, organizando grupos numerosos de combatientes.

Los indios constituían una masa amorfa, cuyos elementos componentes carecían de toda conexión o vínculo social que les permitiera coordinar una acción defensiva. Dicha masa se desmoronó al primer choque con un enemigo poderoso. En Haití y Puerto Rico, el contacto de la población indígena con los guerreros caribes, había determinado la formación de tribus más o menos aguerridas, razón por la cual los conquistadores hallaron mayor resistencia en dichas islas. La organización tribal quizá se había iniciado ya en Cuba, en la región oriental vecina a Haití y en las zonas más densamente pobladas, donde la selva tropical no aislaba totalmente unos grupos de otros.

Un hecho que puede considerarse fuera de toda discusión, es que los indios cubanos se hallaban en las primeras etapas de la evolución social. Por sus adelantos materiales no se encontraban a un nivel superior al de los más antiguos hombres prehistóricos europeos de la era cuaternaria, y por su organización social se hallaban retrasados miles de años respecto de nuestros antepasados europeos al arribar éstos a la Isla.

II. Descubrimiento de Cuba. Exploración de sus costas
1492-1511

12. Descubrimiento de Cuba por Cristóbal Colón
El descubrimiento de la América por Cristóbal Colón no es
un hecho de la historia particular de Cuba, sino uno de los
más grandes acontecimientos de la historia de la humanidad.
Las causas que lo prepararon y lo produjeron, los antecedentes relativos a la familia de Colón, a los primeros años
de la vida de éste, a sus condiciones personales y, en general,
todos los particulares concernientes a la biografía del famoso
descubridor del Nuevo Mundo, han merecido la atención de
notables historiadores desde 1492 a la fecha. Pacientes y eruditos investigadores se han dedicado con el mayor empeño a
escudriñar en los archivos y a coleccionar y dar a la publicidad cuantos documentos pueden arrojar alguna luz sobre
la vida de Colón y la génesis de sus ideas, ofreciéndolos a la
insaciable curiosidad de los estudiosos y de los lectores sencillamente aficionados a la historia. La crítica histórica, por
su parte, ha sometido todos los materiales acumulados por
los eruditos a un análisis meticuloso, encaminado a compu-
tar exactamente las fechas, a comprobar la autenticidad de
los documentos y a determinar el crédito que merecen éstos,
habida cuenta de las circunstancias, el lugar, el momento y la
época en que fueron redactados, así como de las condiciones
personales de sus autores. El fruto de todos estos trabajos de
investigación y de crítica constituye un conjunto enorme de
obras de inmenso valor histórico, el estudio de las cuales se
hace indispensable a quienes deseen conocer a fondo el gran
marino genovés y los antecedentes del descubrimiento que
hizo para siempre famoso el nombre de Colón.

Los historiadores no han logrado llegar a un acuerdo todavía respecto de varios particulares importantes de la vida del descubridor de América. El Almirante, según parece probado, nació en Génova o en un pueblecillo de las cercanías de Génova, punto éste en el cual las opiniones coinciden; pero la diversidad de pareceres comienza a manifestarse respecto de la familia de Colón.[55] Algunos de sus biógrafos opinan que el Almirante descendía de una familia de marinos, varios de cuyos miembros figuraron al servicio del rey de Francia en el siglo XV, entre otros, los almirantes Colón el viejo y Colón el joven. Otros historiadores niegan esta descendencia y son de parecer que el parentesco de Colón con los almirantes citados debe relegarse a la categoría de leyenda.

Colón el viejo, dicen, fue un corsario francés llamado Guillermo de Casanova, de apodo Coulón, y Colón el joven un griego cuyo nombre era Jorge Bissipat, corsario también al servicio de Francia. Colón, afirman estos escritores, desciende de un sujeto llamado Juan Colombo, de profesión desconocida, el cual vivía en el pueblecillo de Quinto, cercano a Génova, en la primera mitad del siglo XV. Juan Colombo tuvo varios hijos y uno de ellos, Domingo Colombo, de oficio tejedor de lana, fue el padre del descubridor de América. Además de esas dos antiguas y contrapuestas versiones, recientemente se ha dado a conocer otra.[56] El historiador de la ciudad gallega de Pontevedra, don Celso García de la Riega, ha sostenido, apoyándose en documentos encontrados por él en los archivos de dicha ciudad, que Colón pertenecía a una familia gallega, avecindada en Pontevedra por el año de 1428. Según el señor de la Riega, quizá Colón descendía

55 Humboldt, *Cristóbal Colón y el Descubrimiento de América*, traducción de don Luis Navarro, Madrid, 1892, tomo II, pág. 259.
56 *La verdadera patria de Colón*, por F. de Antón del Olmot, *La España Moderna*, año 22, 1.º de julio de 1910, n.º 258, pág. 5.

de judíos por la línea materna, circunstancia que tal vez le movió a ocultar su origen, cuando sus familiares emigraron a Génova durante el siglo XV.

Sean cuales fueren los antecedentes de la familia de Colón, parece un hecho fuera de duda que éste se dedicó al mismo oficio de su padre hasta la edad de 19 o 20 años y que no efectuó los estudios que se le han atribuido por algunos biógrafos en la Universidad de Pavía. Su primer viaje por mar lo realizó en 1473 o en una fecha muy próxima. En 1476 consta que se hallaba establecido en Lisboa, ciudad que era en aquella época uno de los más importantes centros de expediciones marítimas y de estudios geográficos.

Los marinos portugueses figuraban entre los más experimentados y emprendedores del mundo, y luchaban tenazmente por llevar adelante la exploración de la costa africana del Atlántico, hasta alcanzar el extremo meridional de la misma, guiados por la idea de descubrir la ruta que debía conducirlos al emporio comercial de la India. Colón residió algún tiempo en Lisboa y en la isla de Madera, se casó con la hija de un marino y vivió en constante trato con navegantes muy avezados a los viajes por el Atlántico.

El mismo realizó varias expediciones marítimas por las costas de Guinea y otros lugares frecuentados por los portugueses. Durante estos viajes y su estancia en Lisboa y en la isla de Madera, adquirió las primeras noticias, vagas e inciertas, de la existencia de tierras situadas al Oeste del Atlántico, noticias que hubieron de despertar extraordinariamente su interés, dedicándose desde entonces a reunir informes acerca de dichas tierras y de la manera de llegar a ellas. Al mismo tiempo que adquiría con sus viajes una gran experiencia de la navegación por el Atlántico y reunía todos los antecedentes que hallaba a su alcance respecto de las supuestas tierras situadas al Oeste, dedicaba una parte de su tiempo a leer y a anotar diversas obras de geografía y cosmografía, como las tituladas *Imago Mundi*, del Cardenal de Cambray Pedro de Ailly, la Historia Rerum, de Pío II, la Relación de Marco Polo, la Geografía de Ptolomeo, la Historia Natural de Plinio, y otras más.

Como resultado de sus estudios llegó a la convicción de que la tierra era esférica y aceptó la opinión expresada por uno de sus autores favoritos, el Cardenal de Ailly, respecto a las dimensiones del planeta.

En su libro *Imago Mundi*, un ejemplar del cual, cuidadosa y extensamente anotado de puño y letra de Colón, se conserva en la Biblioteca Colombiana de Sevilla, el Cardenal, siguiendo a los geógrafos antiguos, atribuye a la esfera terrestre un diámetro mucho menor del que realmente tiene. La creencia en la esfericidad de la tierra y en el diámetro reducido de ésta, unida a los demás antecedentes que Colón logró reunir sobre la existencia de tierras al Oeste del Atlántico, le hicieron concebir el proyecto de atravesar dicho océano hasta topar con las citadas tierras, las cuales él suponía habrían de ser las de la India o estar próximas a ella.

Por aquellos años un médico y cosmógrafo de Florencia, Paolo del Pozzo Toscanelli, había concebido un proyecto igual y se lo había comunicado a un canónigo portugués llamado Fernán Martínez, el año 1474, en una carta acompañada de un mapa. Los primeros biógrafos de Colón habían sostenido, sin que nadie lo pusiese en duda, que el Almirante tuvo conocimiento de dicha carta y del mapa que la acompañaba, y que deseoso de adquirir más amplios conocimientos del asunto, escribió a Toscanelli dándole cuenta de su proyecto de navegación atlántica y pidiéndole su consejo. Toscanelli contestó a Colón impartiéndole una completa aprobación al proyecto del marino genovés y enviándole nuevos datos y noticias que poseía. Un historiador moderno, en un trabajo publicado en 1911,[57] ha puesto seriamente en tela de juicio no solo la correspondencia de Colón con Toscanelli, sino hasta el hecho de que el primero conociera las opiniones expresadas por el segundo en 1474. Aconsejado o no por Toscanelli, lo indudable es que por el año de 1483 Colón había madurado completamente su proyecto y se dispuso a realizarlo. El primer monarca a quien acudió en demanda de recursos, fue al Rey de Portugal don Juan II, de quien no obtuvo el apoyo que hubo de solicitar, quizá porque toda la atención de los portugueses se hallaba fija en el África. Fracasado este primer intento, Colón se dirigió a España a fin de proponer a los reyes Fernando e Isabel la realización de su atrevida empresa, al mismo tiempo que su hermano Bartolomé Colón marchaba a Inglaterra y Francia con el propósito de recabar de los monarcas de dichos países apoyo para su proyectado viaje.

Hay historiadores que nos dicen que al partir Colón de Portugal se encaminó a la ciudad española de Huelva, donde tenía algunos familiares a los cuales pensaba tal vez confiar su hijo Diego, cuya madre había muerto en Portugal. Antes de llegar a Huelva, Colón visitó el puerto de Palos de Moguer, cercano a dicha ciudad, quizás en busca de informes y noticias relativos a sus proyectos, puesto que Palos era un puerto concurridísimo en el cual vivían marinos muy experimentados y conocedores del Atlántico.

También visitó el convento de la Rábida, de frailes franciscanos, donde encontró una acogida cordial, en virtud de la cual resolvió confiar el cuidado de su hijo a los frailes del

---

57 H. Vignaud, *LHistoire Critique de la grande entrepise de Cristophe Colombs*. Dos volúmenes, París, 1911.

citado convento, desistiendo de su primera idea de entregarlo a sus parientes de Huelva. De la Rábida Colón fue a Sevilla.

En esta ciudad conoció a su compatriota el banquero italiano Juanoto Berardi, quien le protegió y le facilitó la manera de conocer a varios personajes de la corte.[58] Se le prestó poca o ninguna atención, excepto por el contador mayor Alonso de Quintanilla, quien lo presentó al cardenal Mendoza, hombre de gran influencia en su época; Mendoza se interesó a favor de Colón y le presentó, a su vez, a los reyes.

La reina Isabel no quiso resolver sin oír el dictamen de personas autorizadas, y sometió los planes de Colón a una junta presidida por Fray Hernando de Talavera. Después de largas deliberaciones, en el curso de las cuales Colón no se mostró muy explícito, la junta emitió un dictamen desfavorable al marino y declaró impracticables los proyectos de éste.

El fallo no desalentó a Colón. Ayudado por Quintanilla, fray Diego de Deza, fray Antonio de Marchena y otros personajes, logró que los reyes no rechazaran por completo el proyecto; pero como los monarcas dilataban la realización del mismo, Colón, cansado de esperar, abandonó la Corte y se retiró al puerto de Santa María, donde halló la protección del Duque de Medinaceli. El duque se dispuso generosamente a costear el viaje y solicitó permiso para hacerlo de la reina Isabel; pero ésta, en vez de concedérselo, resolvió llamar a Colón y reanudar las interrumpidas negociaciones para efectuar la expedición.

Los proyectos del marino fueron sometidos por segunda vez a un junta mucho más numerosa que la anterior y aunque el viaje fue considerado como practicable, las exigencias de Colón fueron tan onerosas que de nuevo todo quedó en suspenso. Colón pedía una remuneración pecuniaria, el pago de

---

58 E. Altamira, *Op. cit.*, tomo II, pág. 382.

los gastos de la expedición y que se le confiriesen los cargos de almirante, virrey y gobernador perpetuo de las tierras que descubriese. Por esta época Bartolomé Colón tampoco había obtenido éxito en su empeño de conseguir interesar a favor de los planes de Colón a los reyes de Inglaterra y de Francia.

Después de su segundo fracaso, Colón se dirigió a la Rábida, donde aún seguía su hijo al cuidado de los frailes. El guardián del convento, fray Juan Pérez, le acogió benévolamente y le escribió a la reina Doña Isabel intercediendo a favor de Colón y abogando por la realización del proyecto de éste. La contestación de la reina fue favorable y Colón partió a entrevistarse con los monarcas por tercera vez. Nuevas dificultades se presentaron, pero en esta ocasión fueron resueltas satisfactoriamente, gracias a la intervención del tesorero del rey don Fernando, don Luis de Santángel, quien aportó la mayor parte de la suma necesaria para sufragar el costo del viaje.

El 17 de abril de 1492 se firmaron las capitulaciones, o sea el acuerdo entre los reyes y Colón, y el 12 de mayo partió éste para el puerto de Palos, lugar donde debía organizarse la expedición.

Durante sus anteriores visitas a Palos y a la Rábida, Colón había entablado relaciones de amistad con el rico armador y experto marino Martín Alonso Pinzón, quien había llegado a compartir sus ideas sobre la posibilidad del viaje y le había brindado su concurso personal y económico, asociándose a la empresa.

Al llegar Colón al citado puerto con las capitulaciones ya firmadas, sus relaciones con Martín Alonso Pinzón se enfriaron y tropezó con grandes dificultades para disponer de buques y de marineros, a pesar de las cédulas u órdenes reales. Se ha indicado como probable causa del disgusto de Pinzón, el mal efecto que le produjeron las grandes ventajas que Colón se había asegurado exclusivamente para sí en las capitulaciones y el olvido a que había relegado los compromisos contraídos con su colaborador y principal asociado para el viaje en proyecto. En virtud de las órdenes terminantes de los reyes, fueron embargadas y puestas a la disposición de Colón tres pequeñas carabelas, pero no había marineros que quisieran enrolarse como tripulantes. La mediación amistosa de fray Juan Pérez logró que Colón y el armador de Palos llegasen a un nuevo acuerdo, cuyos términos no se ha logrado conocer con exactitud.

Después de la avenencia entre los dos marinos ya no hubo dificultades. En vez de las tres carabelas embargadas logróse disponer de otras menores: la Pinta cedida por sus propietarios Gómez Rascón y Cristóbal Quintero, quienes se alistaron entre los expedicionarios; la Niña aportada por un sujeto de apellido Miño, y la Santa María ofrecida por el piloto Juan de la Cosa, su propietario, que llegó a ser famoso, no solo como piloto sino como cartógrafo y autor de un célebre mapa de las Indias impreso en el año 1500.

Gracias al prestigio y a la autoridad de Pinzón entre los marinos, reclutáronse con facilidad unos noventa tripulantes que, unidos a veinte o treinta personas más, formaron el total de la expedición. Casi todos los marineros eran de Palos y otros lugares inmediatos de la costa. Colón tomó el mando de la Santa María, llevando como maestre de la nave al propietario de ésta, Juan de la Cosa, y como pilotos a Sancho Ruiz y Bartolomé Roldán; viajaban también a bordo de esta carabela el médico Alonso de Moguer, el secretario archivero Rodrigo Escobedo y el alguacil mayor Diego de Arana. Martín Alonso Pinzón tomó el mando de la Pinta, teniendo como pilotos a su hermano Francisco Martín, y a Cristóbal García Sarmiento.

La dirección de la Niña fue confiada al tercero de los Pinzones, Vicente Yáñez, el cual llevaba como piloto a Pedro Alonso Niño, marino de Moguer. Terminados los preparativos, la escuadrilla se dio a la vela el 3 de agosto de 1492 con rumbo a las Canarias. Seis días más tarde arribó a dichas islas, en las cuales permaneció Colón cerca de un mes, mientras reparaba algunas averías de la Pinta y completaba el equipo de sus naves. Por último, el día 6 de septiembre levantó anclas y se lanzó audazmente a través del Atlántico con rumbo al Oeste. A los 36 días de una navegación feliz, cuando ya muchos de los expedicionarios empezaban a desalentarse, arribaron las carabelas a una isla del archipiélago de las Lucayas, en la madrugada del 12 de octubre. El Nuevo Mundo acababa de ser descubierto y la exactitud de las concepciones de Colón quedaba plenamente comprobada. La isla descubierta se hallaba poblada por gentes de una raza hasta entonces desconocida por los europeos. Colón, creyendo que se hallaba en la India, designó con el nombre de indios a los aborígenes de las nuevas tierras, denominación que ha prevalecido hasta nuestros días. Los naturales de la isla descubierta llamaban a ésta Guanahaní; pero Colón, movido por sus sentimientos piadosos, determinó darle el nombre de San Salvador. Los habitantes de Guanahaní dieron a entender a Colón por señas que en dirección al Sur se hallaban tierras muy extensas, por lo cual el Almirante decidió continuar el viaje en el rumbo citado, no sin antes apoderarse de varios indígenas a fin de que le sirviesen de guías e intérpretes.

Quince días más tarde, después de haber descubierto otras islas de las Lucayas o Bahamas, Colón visitó las costas de Cuba, al atardecer del sábado 27 de octubre de 1492. Al siguiente día pisó las playas de la Isla por primera vez y tomó posesión formal de ella, designándola con el nombre de Juana, en honor del príncipe don Juan, heredero en aquella fecha de los derechos a la corona de Castilla.[59] El lugar donde el Almirante tomó tierra el citado día 28 de octubre de 1492 no ha podido ser fijado con exactitud.

El historiador americano Washington Irving y el sabio alemán Alejandro de Humboldt opinan que Colón desembarcó en el río Máximo, al fondo de la Boca de las Carabelas, junto a la península de Sabinal;[60] los historiadores españoles Muñoz y Fernández de Navarrete y el capitán Becher de la marina inglesa creen que el desembarque tuvo lugar en la bahía de Nipe; el historiador chileno Varnhagen sostiene que fue en Gibara; el escritor alemán Rodolfo Cronau se inclina a pensar que Colón arribó a Puerto Padre,[61] y finalmente otros escritores han señalado los puertos de Naranjo y de Sama, al Oeste del Cabo Lucrecia.[62] El historiador cubano Pedro J. Guiteras sigue el parecer de Fernández de Navarrete y designa a Nipe como lugar primeramente avistado por Colón,[63] mientras que los señores Vidal Morales y Carlos de la Torre parecen compartir la opinión de Irving y Humboldt.[64]

Colón llevaba un diario de viaje en el cual anotaba prolijamente las observaciones que le parecían interesantes y los sucesos dignos de ser recordados, pero dicho diario se ha perdido. Solo se conservan unos fragmentos y extractos en la Historia de las Indias, de Las Casas. Dichos fragmentos son muy confusos y no permiten determinar con exactitud la

59 Las Casas, *Op. cit.*, tomo I, pág. 319.
60 *Cristóbal Colón y el Descubrimiento de América*, por A. de Humboldt, tomo II, pág. 138. Traducción de don Luis Navarro, Madrid, 1892.
61 *América. Historia de su descubrimiento*, por Rodolfo Cronau, tomo I, pág. 273.
62 Navarro Lamarca, *Op. cit.*, pág. 180.
63 Guiteras, *Op. cit.*, tomo I, pág. 122.
64 *Nociones de Historia de Cuba*, por Vidal Morales, págs. 11 y 12, La Habana.

posición de los lugares que se nombran, dejando el campo libre a las hipótesis y conjeturas. Es posible que un minucioso reconocimiento de la costa Norte de Cuba, desde Camagüey a Maisí, con el diario de Colón a la vista, permita identificar algunos de los puertos o ríos citados en el mismo y reconstruir el itinerario seguido por el Descubridor a lo largo de la costa, pero hasta la fecha no se ha realizado ese trabajo de exploración. Las conjeturas de los historiadores se han basado en la interpretación de los textos más que en observaciones geográficas directas.

13. Reconocimiento de las costas de Cuba

Los primeros reconocimientos efectuados en las costas de Cuba fueron realizados por Colón. La costa del Norte fue explorada por éste desde un lugar no bien determinado aún de la provincia de Camagüey hasta el Cabo de Maisí, en el famoso viaje de descubrimiento; la del Sur fue reconocida desde Maisí hasta la bahía o puerto de Cortés, junto a la península de Guanacahabibes, en el segundo viaje de Colón a las Indias. El bojeo de la costa septentrional ha sido descrito por el padre Las Casas y su relato es la fuente casi única de que disponen los historiadores. Al tomar tierra en Cuba, el domingo 28 de octubre de 1492, en las primeras horas de la mañana, Colón entró en un río muy hermoso y sin peligro de bajos ni otros inconvenientes. En la boca del río había doce brazas de profundidad y era bien ancha para voltear.

Tenía dos montañas hermosas y altas, una de ellas con otro montecillo en la cima. Al entrar en el puerto para anclar, Colón vio dos canoas con indios, los cuales huyeron rápidamente. Junto a las márgenes del río había dos casas, en las cuales se hallaron redes, anzuelos de hueso, fisgas y otros útiles de pescar, así como un perro que no ladraba. Dichas casas eran grandes, con cabida para muchas personas. Colón remontó el río en una barca y quedó admirado de la belleza del paisaje. El lunes determinó continuar la exploración de la costa navegando hacia el Oeste.

A una legua del punto del primer desembarque vio un río, al cual llamó río de la Luna, y al oscurecer descubrió otro mucho mayor, que designó con el nombre de río de Mares. Junto a este río había un poblado indio, cuyos habitantes huyeron todos al aproximarse las barcas que el Almirante envió a tierra.

Los bohíos no se hallaban dispuestos en calles, sino esparcidos irregularmente sobre el terreno. Los españoles encontraron en ellos útiles de pescar, estatuítas en figura de mujeres y cabezas bien labradas de madera, perros que no ladraban y algunas aves domésticas. El río tenía en la parte del Sureste dos montañas redondas y al Oeste-noroeste un hermoso cabo llano que avanzaba notablemente en el mar.

El martes 30 de octubre salió Colón del puerto y río de Mares y después de navegar quince leguas vio un cabo cubierto de palmas, al cual bautizó con el nombre de Cabo de Palmas. Los indios de Guanahaní que llevaba en las carabelas informaron a Colón que detrás del Cabo de Palmas se hallaba un río y que a cuatro días de marcha hacia el Oeste encontraría la tierra llamada Cubanacán. «Este martes (30 de octubre), dice Las Casas, el Almirante anduvo toda la noche barloventeando con los navíos; al aclarar vio un río, el cual no pudo reconocer por tener poco fondo en la entrada. Más adelante descubrió un cabo rodeado de bajos y una pequeña bahía. El viento no le permitió remontar el cabo y como la costa tomaba el rumbo Nor-noroeste y se percibía a distancia otro cabo más saliente aún que el anterior, determinó regresar al río y puerto de Mares.

El 31 de octubre arribó al citado puerto de Mares y al siguiente día, muy temprano, envió las barcas a tierra. Los habitantes del lugar huyeron nuevamente, pero más tarde algunos de ellos se acercaron a un indio de Guanahaní enviado a tierra y después de informarse del carácter pacífico de la expedición y de los propósitos amistosos de los españoles, comenzaron a salir de los bosques en gran número. Quince o diez y seis canoas llenas de indios se aproximaron a las carabelas con ovillos de algodón hilado y otros artículos de comercio, probablemente con la mira de canjearlos. Algunos tripulantes de las carabelas saltaron a tierra, estableciéndose francas relaciones de amistad entre españoles e indios.

Colón determinó enviar dos mensajeros españoles acompañados de dos indios de Guanahaní al interior, donde supuso que existirían poblaciones de importancia, pues creía hallarse en las costas del Japón o Cipango. Los comisionados fueron Rodrigo de Jerez y el intérprete Luis de Torres. Se internaron unas doce leguas en la Isla; no encontraron sino pequeños grupos de bohíos semejantes a los de la costa y regresaron al punto de partida a las tres o cuatro jornadas de viaje. La población mayor a donde fueron conducidos contaba con unas cincuenta casas y mil vecinos. En cada bohío, según observaron, vivían muchos indios.

El 12 de noviembre, antes de partir del puerto de Mares, Colón se apoderó de cinco indios que habían venido a ver las carabelas. Además, una barca enviada a tierra apresó a siete mujeres y a tres niños.

El apresamiento de los indios tenía por objeto hacer que éstos aprendiesen el idioma español y sirviesen de intérpretes más adelante. Las mujeres fueron presas a fin de que hiciesen compañía a los hombres y éstos tolerasen mejor la cautividad. El marido de una de las indias, padre de los tres niños, alcanzó en la noche la carabela capitana y solicitó que se le permitiese acompañar a su mujer y a sus hijos. Era un hombre de unos cuarenta y cinco años, según cuenta el Almirante.

Del puerto de Mares navegó Colón hacia el Este, en busca de una isla llamada por los indios Babeque, en la cual, según éstos, abundaba el oro. A las ocho leguas más abajo descubrió un río y cuatro leguas más adelante otro, de más caudal que todos los anteriores; le llamó río Sol. Seis leguas después alcanzó un cabo, al cual puso el nombre de Cuba. El martes 13 de noviembre pasó frente al cabo citado anteriormente y entró en un gran golfo, cinco leguas al Sursureste; al extremo del golfo, a otras cinco leguas de distancia divisó otro cabo, pero determinó alejarse de la costa, en dirección de Babeque o Bohío, navegando unas 56 millas. Por la noche se acercó nuevamente a tierra; vio muchos ríos y puertos con entradas no muy claras, y penetró por un canal hondo de un cuarto de milla de ancho. Dentro halló tantas islas que no las pudo contar; todas eran grandes y altas, cubiertas de palmas y otros árboles. Desde dos días antes la tierra a lo largo de la cual navegaba, tenía montañas elevadísimas. «Maravillóse sobremanera —dice el padre Las Casas—, en ver tantas islas y tan altas; y certifica a los Reyes que las montañas que desde antier ha visto por esta costa de Cuba, y las destas islas, le parece que no las hay más altas en el mundo... y que duran muy mucho al Sur y se ensanchan a toda parte». Colón puso al mar donde se hallaban las islas el nombre de Mar de Nuestra Señora, y «al puerto que está cerca de la boca de la entrada de ellas» Puerto del Príncipe. Colón exploró aquel mar de islas en barcas o botes, consignando entre sus observaciones que la marea se hacía sentir con mayor intensidad que en todos los lugares visitados hasta entonces. El lunes 19 de noviembre partió del puerto del Príncipe, alejándose siete leguas hacia el Nornoroeste, desde donde alcanzó a ver la isla de Babeque a unas quince leguas de distancia. Luchó con vientos contrarios y cuando se hallaba a veinticinco leguas del citado puerto del Príncipe y a doce de la isla Isabela, determinó volver al puerto sin arribar a la mencionada isla, por temor de que se le escapasen los indios de Guanahaní, ya que la Isabela solo distaba ocho leguas de la tierra de sus prisioneros. El miércoles 21 de noviembre, antes de haber logrado regresar al puerto del Príncipe, se le separó Martín Alonso Pinzón, con la carabela Pinta, alejándose en dirección a Babeque. El viernes, sin haber logrado aún tomar tierra, vio un cabo hacia el Este; los indios le dijeron que era Bohío, probablemente la isla de Haití. El sábado 24 de noviembre pudo tomar tierra al fin en un puerto que está junto al del Príncipe, «en que cabrían todas las naves de España, y podrían estar seguras de todos los vientos sin amarras ni anclas.» Este puerto, al cual puso el nombre de Santa Catalina, «estaba junto a la boca de la entrada de las muchas islas, que llamó Mar de Nuestra Señora». «Vieron en él un río poderoso y de más agua que hasta allí habían visto». Explorando Colón este puerto en barcas, «» vio otro en que cabrían cien naos sin amarras ni anclas». Las sierras inmediatas eran altísimas y estaban cubiertas de grandes pinares. El lunes 26 de noviembre zarpó Colón del puerto de Santa Catalina y navegó a lo largo de la costa, muy cerca de ésta en dirección al Sureste. Vio varios cabos, designando a dos de ellos con los nombres de *Cabo Pico* y *Cabo Campana*. En una distancia de ocho leguas, señaló nueve puertos y cinco ríos.

Detrás del Cabo Pico, dice, se hallan dos isletas, cada una con un perímetro de dos leguas y dentro de ellas tres puertos y dos grandes ríos. La tierra seguía siendo de elevadas montañas. No vio población alguna, pero sí señales de que el país estaba habitado, pues en el interior se divisaban humaredas, probablemente señales de los indios con las cuales éstos se anunciaban unos a otros la presencia de las carabelas.

Al ponerse el Sol llegó al Cabo Campana. El martes 27 de noviembre vio una gran bahía y junto al Cabo Campana un puerto y un río. En un espacio de cinco leguas al Sureste, señaló seis ríos. En las márgenes del último de estos ríos, cerca de la desembocadura, halló una población, la mayor que hasta entonces habían visto los expedicionarios. Numerosos indios desnudos, armados de flechas y dando grandes voces se aproximaron a la playa, manifestando la intención de oponerse al desembarque de los españoles. Colón dispuso que fuesen a tierra los botes y al aproximarse las barcas a la orilla todos los indios se dieron a la fuga dejando el lugar desierto. Al mediodía continuó Colón navegando en dirección a un cabo que se divisó hacia el Este, a distancia de ocho leguas. A una media legua del río mencionado últimamente, halló un puerto singularísimo según la expresión de Las Casas, unas tierras hermosas a maravilla y una vega montuosa dentro de aquellas montañas. Se observaban en la tierra grandes fogatas, poblaciones y terrenos cultivados. El Almirante saltó a tierra quedando encantado de la belleza del lugar. El 28 de noviembre continuaban las carabelas en este puerto por el mal tiempo, y algunas partidas de españoles penetraron algo en el interior del país, hallando todas las casas abandonadas por sus habitantes. En dos lugares distintos descubrieron dentro de las casas unas calaveras colocadas en cestos de paja colgados de un poste. Colón creyó que eran objeto de algún culto o veneración especial. En esta parte del litoral encontraron canoas enormes, con capacidad para ciento cincuenta personas, hechas de un solo madero ahuecado. Colón permaneció en el último puerto mencionado, al cual llamó Puerto Santo, desde el 27 de noviembre hasta el martes 4 de diciembre. El lunes, la víspera de partir de Puerto Santo, determinó reconocer un cabo que había al Sureste, a un cuarto de legua de distancia. Al pie del cabo desembocaba un río, de cien pasos de anchura, junto a cuyas márgenes hallaron numerosas y bien labradas canoas, conservadas bajo techo, para preservarlas de la lluvia. Acompañado por varios hombres armados, llegó Colón hasta una pequeña meseta bien cultivada, dando de súbito sobre una población que en ella había. Los habitantes huyeron, pero uno de los indios de Guanahaní les informó de las intenciones pacíficas de los españoles, con lo cual regresaron muchos a sus casas. El Almirante les regaló cascabeles, sortijas de latón, cuentas de vidrio y otros pequeños objetos, acabando de tranquilizarlos. Al retirarse Colón en los botes, un indio se adelantó hasta cerca de una de las barcas y dirigió al Almirante un discurso amenazador; los demás indios de vez en cuando levantaban las manos al cielo y lanzaban un grito o alarido con toda la fuerza de sus pulmones. Uno de los intérpretes de Guanabaní presa de gran temor, aconsejó a Colón que se alejara inmediatamente, pues los indígenas se proponían matarlos a todos.

Estos indios estaban pintados de rojo, llevaban penachos de plumas en la cabeza e iban armados de chuzos y flechas. El indio de Guanahaní advirtió a gritos a sus hermanos de raza del terrible poder de las armas de los españoles y entonces aquéllos se alejaron acobardados.

Colón, lejos de retirarse, se dirigió nuevamente a tierra, cambiando algunos objetos con los indígenas. Vio una casa mucho mayor que las demás, dividida en secciones, de cuyo techo colgaban multitud de caracoles y otros objetos. Creyó que era un templo, pero los indios le informaron que no. Uno de ellos subió a lo alto de aquella extraña habitación y ofreció a Colón cuantos objetos éste quiso aceptar.

En opinión del Almirante, estas gentes no eran distintas de las que hasta entonces había visto en la Isla.

El martes 4 de diciembre, dejaron las carabelas a Puerto Santo, siempre en dirección al Sureste.

A las dos leguas hallóse un río y un cabo, al cual llamó Colón Cabo Lindo. Después vio otro río y como a cuatro leguas otro, de los mayores que había visto hasta entonces en Cuba. Durante la noche se mantuvo a la altura de Cabo Lindo, por ver la tierra «que iba hacia el Este», dice Las Casas. El miércoles 5 de diciembre, al salir el Sol, vio otro cabo al Este, a dos y media leguas de distancia. Más allá de este Cabo la costa se volvía al Sur hasta otro cabo muy hermoso y alto, probablemente el de Maisí, que distaba siete leguas del anterior. Desde este lugar divisó las costas de Haití, con rumbo a las cuales se dirigió, después le haber navegado ciento veinte leguas a lo largo de la costa de Cuba, según sus cálculos.

La exacta determinación de los lugares visitados por Colón en su largo recorrido por la costa septentrional de Cuba, interesa más a la Geografía histórica que a la Historia propiamente dicha, pero aun cuando se trate de hechos de muy secundaria importancia, es imposible sustraernos al deseo de conocer de una manera precisa el itinerario del gran navegante.

La diversidad de los pareceres acerca del particular se debe no solo a la poca claridad y precisión del relato de Las Casas inspirado en el «diario» de Colón, sino a la falta de examen directo del litoral y a la deficiencia de los mapas consultados por los diversos autores. Considerando que Colón menciona constantemente la existencia de lomas junto a la costa o muy próximas a ella, parécenos insostenible la opinión de Irving y de Humboldt, es decir, la del desembarque en la boca del río Máximo. En las cercanías del citado río no existen montañas, ni en varias leguas al Oeste del mismo, dirección en la cual debía hallarse el río y el Puerto de Mares, según el diario de Colón, puerto este último en que el Almirante señala también la existencia de lomas próximas al Sureste.[65]

Lo más probable es que Colón tocara por primera vez en alguno de los puertos que se encuentran de Puerto Padre al Cabo Lucrecia, bien en Sama, Naranjo, Gibara, Puerto Padre, Malagueta, u otro, conforme han indicado algunos historiadores. Las condiciones del puerto de Manatí convienen en muchos particulares con las del puerto de Mares, de Colón.

El Cabo de Palmas quizá fuese la Punta del Ganado, al Oeste de Nuevas Grandes y los dos cabos que Colón no llegó a remontar, la Punta de Prácticos al Este de Nuevitas y el Cabo de Maternillos al Oeste.

De la misma manera nos parece infundada la opinión de Fernández de Navarrete compartida por Guiteras, de que Nipe fue el primer lugar avistado por Colón.

En verdad resulta difícil comprender en qué se funda Fernández de Navarrete, quien se limita a afirmarlo, sin tratar de justificar su parecer. El mismo Fernández de Navarrete opina que el puerto de Mares es Nuevitas, lo cual resulta insostenible aceptando a Nipe como lugar del primer desembarque. Según el 4 'diario» de Colón, del lugar donde pisó tierra de Cuba por primera vez al puerto de Mares, solo emplearon las carabelas algunas horas del día 29 de octubre, y

---

65 El mapa de Cuba arreglado por Humboldt en 1827 es muy defectuoso, tanto en el contorno de la costa como en lo tocante a la orografía.

es imposible creer que en tan corto tiempo pudieran dichas naves hacer el recorrido de Nipe a Nuevitas, tanto más cuanto que Colón marchaba con lentitud, reconociendo la costa detenidamente.

Es igualmente inadmisible que navegando a pleno día no viese ninguno de los numerosos puertos que hay de Nipe a Nuevitas, o que viéndolos no los consignara en su «diario «, cuando él, a fuer de buen marino, concedía gran importancia a todos los detalles de la costa. Al tratar del puerto de Mares, dice don Martín Fernández de Navarrete que las lomas señaladas por Colón al Sureste son las del Mañueco.[66] No existen, que sepamos, lomas de ese nombre, siendo lo más probable que el historiador español se refiera al cerro de Dumañuecos; pero éste se halla al Sureste no de Nuevitas, sino del puerto de Nuevas Grandes.

La misma incertidumbre reina respecto del resto del itinerario seguido por Colón. Guiteras opina que el Mar de Nuestra Señora, donde Colón señaló la existencia de numerosas islas, es el puerto de Sagua de Tánamo y que Puerto Santo es la actual bahía de Baracoa. Respecto del primer extremo creemos que se equivoca y aun estimamos dudoso que Puerto Santo y Baracoa sean el mismo lugar. Comparando detenidamente el mapa de Cuba más completo que poseemos[67] y construido en una escala mayor con la relación de Las Casas, nos sentimos fuertemente inclinados a creer que es posible identificar algunos de los lugares visitados por Colón después que zarpó del puerto de Mares, el lunes 12 de noviem-

66 Martín Fernández de Navarrete, *Colección de los viajes y descubrimientos que hicieron por mar los españoles desde fines del siglo XV*. 5 volúmenes, Madrid, 1825-37, tomo I, pág. 43.
67 *Mapa militar de la Isla de Cuba*, preparado bajo la dirección de los mayores W. C. Langfitt y Masón M. Patríele, del Ejército de los Estados Unidos. Junio de 1906 a julio de 1908. Escala: 1 Setenta hojas.

bre. Dicho día partió del puerto de Mares (quizás sea Manatí o Sabanalamar) y navegó 18 leguas al Este hasta un cabo que llamó Cuba (Cabo Lucrecia). El martes por la mañana pasó frente a dicho cabo y vio un gran golfo al Sureste, de unas diez leguas de ancho (el recodo que forma la costa de Cabo Lucrecia a Sagua de Tánamo, al fondo del cual se encuentran los puertos de Bañes, Nipe, Levisa y Cabonico); después se alejó de la costa para volver a ésta nuevamente por la noche.

El 14 vio numerosas islas (las que separan los cuatro puertos últimamente citados y las que se hallan dentro de éstos) algunas muy altas, llamando al mar en donde se hallaban Mar de Nuestra Señora (a juicio nuestro, el golfo ya citado anteriormente). Las tierras inmediatas tenían montañas altísimas (las lomas de Cabo Lucrecia y las Sierras de Nipe de 3 pies de altura).[68] El puerto que, según el «diario», estaba a la entrada del mar de las muchas islas y que Colón llamó del Príncipe, debe ser Bañes; el que está «junto al del Príncipe en que cabrían todas las naos de España y podrían estar sin amarras», sin duda es Nipe, al cual dio el nombre de Santa Catalina; el «río poderoso» que halló al explorar en barcas el puerto de Nipe, debe ser Mayarí, y el otro puerto que vio también al efectuar dicha exploración, «puerto en que cabrían cien naos sin amarras ni anclas» y qué tenía cerca montañas altísimas con grandes pinares, todo hace pensar que sea Cabonico. Estas conjeturas se basan en el hecho innegable de que en ninguna otra parte de costa septentrional de Cuba existen tres grandes puertos juntos, con islas numerosas, un gran río en uno de ellos y montañas elevadísimas muy próximas, con bosques de pinos.[69]

68 Véase el mapa citado.
69 Véase el mapa militar.

El lunes 26 de noviembre zarpó Colón del puerto de Santa Catalina (Nipe) con rumbo al Sureste. En una distancia de ocho leguas señaló nueve puertos y varios cabos, entre ellos dos importantes que llamó Cabo Pico (Punta de Toa) y Cabo Campana (Punta de Mangle o de Guarico). Los puertos sin duda fueron Sagua de Tánamo y las pequeñas bahías que hay hasta la Punta de Mangle o de Guarico. Detrás de Cabo Pico vio dos islas (Cayo Toa, cuya forma y dimensiones son las mismas que Colón consigna en su diario) y, junto al Cabo Campana, un puerto y un río.

A cinco leguas de distancia, siempre en dirección al Sureste, junto a un río (el Toa) halló una población mientras navegaba con rumbo a un cabo que se divisaba a ocho leguas de distancia (quizá Punta del Fraile, al Este de Baracoa). Media legua más allá del río descubrió «el puerto singularísimo» mencionado en el relato de Las Casas (Baracoa probablemente, aunque la descripción del puerto, que «parecía una escudilla» provoca algunas dudas), al cual llamó Puerto Santo. Cerca de una punta al Este del puerto, distante media legua, desembocaba un río (el Macaguanigua de los indígenas). El resto del recorrido corresponde a la parte de la costa comprendida de Baracoa a Maisí.

Durante su largo recorrido por la costa septentrional, Colón solo menciona los siguientes poblados indios: el de puerto de Mares, el que visitaron en el interior Diego de Jerez y Luis de Torres, los de los ríos Sol y Toa, los de Puerto Santo. Este dato es muy significativo, puesto que demuestra la escasa densidad de población de la Isla.

El primer reconocimiento de la costa del Sur de Cuba lo efectuó el mismo Colón el año de 1494.

El 24 de abril del citado año partió con tres carabelas de la Isabela, primera población fundada por los españoles en el

Nuevo Mundo, con rumbo a Cuba, dispuesto a explorar su costa meridional; cruzó frente al cabo de Maisí, que llamó Alfa y Omega, y poco después fondeó en Guantánamo, donde permaneció corto tiempo. El 3 de mayo se alejó de Cuba, en dirección a Jamaica, isla que descubrió el día 5 del propio mes, para volver de nuevo a Cuba el 18 y doblar el Cabo Cruz, con rumbo al lugar que hoy ocupa Manzanillo.

Entre Cabo Cruz y la boca del Cauto vio un poblado indígena, cuyos habitantes le informaron de la prolongación de la costa hacia el Oeste. Prosiguió el viaje a través de los innumerables islotes de un archipiélago al cual puso el nombre, que aún conserva, de Jardines de la Reina, y después de sufrir grandes penalidades y correr graves riesgos arribó a la costa en algún sitio no bien determinado entre Casilda y Cienfuegos, el 3 de junio. Una vez que tomaron algún descanso y que adquirieron nuevas noticias respecto a la extensión de Cuba, entre los habitantes de la población india donde habían desembarcado, los expedicionarios continuaron la marcha sin cambiar de rumbo, internándose en el archipiélago de los Canarreos. La travesía a través de los innumerables cayos e islotes del citado archipiélago fue tanto o más penosa y expuesta a peligros que la ruta por entre los Jardines de la Reina. Cuando pudieron salir del laberinto de islas y aproximarse a la costa, la hallaron cubierta de pantanos y bosques, totalmente deshabitada. Más allá de Batabanó comenzaron a distinguir las lomas de Pinar del Río y vieron columnas de humo que denunciaban la presencia de habitantes en el interior de las tierras. Al fin lograron comunicarse con algunos de éstos, pero se encontraron con que el intérprete, que era un* indio de Guanahaní, de los tomados en el primer viaje, no entendía el idioma de sus hermanos de raza residentes en la región frente a la cual navegaba la escuadrilla. El hecho produjo gran sorpresa a Colón y a su gente porque hasta entonces todos los indios que habían tenido trato con ellos se entendían perfectamente unos a otros. El 12 de junio se hallaron las carabelas en la bahía de Cortés. Colón creyó entender por señas de los indios de aquella costa, que la tierra se prolongaba indefinidamente al Oeste y resolvió emprender el viaje de regreso a Santo Domingo. Las carabelas hacían agua por varias partes del averiado casco, el velamen estaba casi destrozado, los víveres escaseaban y la marinería había llegado al último límite de resistencia física, después de una penosísima navegación de tres meses. El notario público, Juan Pérez de Luna, redactó un acta en la cual todos los expedicionarios hicieron constar, bajo juramento, que aquella tierra no tenía fin y que era un continente, sin que fuese posible dudarlo. Cumplida esta formalidad, el 13 de junio se emprendió el viaje de regreso a la Española. El mismo día descubrieron la Isla de Pinos, a la cual Colón dio el nombre de Evangelista.

Intentó el Almirante bordear la Isla de Pinos por el Sur y penetró por la ensenada de Siguanea, hallando cerrado el paso. Cambió de ruta y se dirigió al Norte de la citada isla, viéndose obligado a aventurarse de nuevo en el archipiélago de los Canarreos, donde los marinos volvieron a sufrir grandes penalidades. El 7 de julio, después de haber logrado salir al mar abierto, fondearon los buques en la boca de un río de la región india Cueiba, a fin de proveerse de agua y leña y de reponerse de las fatigas del largo y penoso viaje. Los naturales acogieron a los navegantes con gran cordialidad y les proporcionaron pescado, caza, diversos frutos comestibles y casabe. El 16 levantó anclas la escuadrilla con rumbo al Cabo Cruz, frente al cual estuvieron en inminente peligro de naufragar, durante una terrible tempestad. El 18 lograron guarecerse en un lugar de la costa y finalmente el 22 se alejaron en dirección de Jamaica. Colón no había de volver a pisar jamás las playas de Cuba. La exploración de la costa del Sur ejerció alguna influencia en los destinos de la Isla. El recuerdo penosísimo que el viaje dejó en el ánimo de cuantos sufrieron las penalidades del mismo, persistió largo tiempo. Cuba fue considerada como un país lleno de pantanos y casi inhabitable, donde no se hallaba oro por ninguna parte. Estas ideas se divulgaron en Santo Domingo y en España y dirigieron la atención de los españoles a otras regiones más favorecidas, manteniéndolos alejados de Cuba durante diez y ocho o veinte años.

14. Bojeo de la Isla por Sebastián de Ocampo

Las costas de Cuba no volvieron a ser exploradas hasta 1508. En el citado año, el gobernador de la Española, fray Nicolás de Ovando, dispuso que el marino Sebastián de Ocampo reconociese detenidamente todo el litoral de la Isla. Ocampo era un hidalgo gallego; había estado al servicio de la reina Doña Isabel, y vino a las Indias en el segundo viaje de Colón. Volvió a España y fue condenado a muerte por homicidio de un tal Juan Velázquez, pero los Reyes Católicos le conmutaron dicha pena por la de destierro perpetuo en la Española.[70] Es muy probable que antes de Ocampo algunos marinos circunnavegaran a Cuba en cualquiera de los numerosos viajes que por entonces realizaron los primeros pobladores de la Española, ávidos de descubrir nuevas tierras. Así lo afirma el cronista Pedro Mártir de Anglería, y un célebre mapa compuesto por Juan de la Cosa lo comprueba, puesto que data del año de 1500 y en él Cuba aparece como una isla, cuya forma se aproxima vagamente a la verdadera.

70 Fernández de Navarrete, *Op. cit.*, tomo III, pág. 520.

Ocampo partió de la Española con dos navíos; remontó la costa del Norte hasta su extremo occidental, dobló el cabo de San Antonio, y regresó por el Sur, dejando comprobado de una manera definitiva que Cuba no formaba parte del Continente.[71]

El piloto gallego solo ha dejado algunas escasas noticias de su viaje, referentes a La Habana y a Jagua, hoy Cienfuegos, dos de los más notables puertos de Cuba visitados por él. En La Habana carenó sus naves y, en recuerdo de esta operación, designó el lugar con el nombre de Puerto de Carenas. Los datos relativos a Cienfuegos son algo más explícitos.

Ocampo permaneció en el puerto varios días, agasajado por los naturales, quienes tenían en las orillas de la bahía grandes criaderos de lizas, en estanques poco profundos cuyas paredes estaban formadas de cañas enterradas en el cieno.

Los informes de Ocampo al regresar de su expedición, la cual duró ocho meses, desvanecieron la opinión desfavorable que imperaba en la Española tocante a Cuba. No solo se tuvo la certidumbre de que ésta era una isla, sino se adquirió también el convencimiento de que la tierra era sana y fértil, y estaba habitada de un extremo a otro por indios pacíficos e industriosos. Las Casas nos dice que el Comendador Ovando habría mandado algunos españoles a poblarla inmediatamente, si no hubiera sido relevado del gobierno de la isla vecina por el almirante don Diego Colón quien arribó a la Española y asumió el mando como sucesor y heredero de su padre, el Gran Almirante, en julio de 1509.

Ninguna otra expedición se envió a Cuba hasta 1511, pero antes de dicha fecha, el litoral del Sur fue recorrido por una numerosa partida de españoles desde Cienfuegos al Cabo

71 Bartolomé de las Casas, *Op. cit.*, tomo I, pág. 21 C.

Cruz. Mandaba el grupo, del cual formaba parte Alonso de Ojeda, célebre personaje de la época del descubrimiento, un tal Bernardino de Talavera, sujeto de baja condición y pésimos antecedentes, que fue condenado a muerte y ahorcado en la Española poco tiempo después. Talavera vivía lleno de deudas en la villa de Yaquimo en Santo Domingo, y se hallaba a punto de ir a la cárcel. Púsose de acuerdo con otros tramposos y adeudados como él, que no podían salir de aquella isla, y con algunos pobladores que vivían alzados por sus delitos; entre todos, formando un total de setenta hombres, se apoderaron de un navío cargado de casabe, tocino y otros artículos, que estaba fondeado cerca del cabo Tiburón, a dos leguas de Salvatierra de la Sabana. Hiriéronse a la mar y se dirigieron a la colonia de San Sebastián de Urabá, que Alonso de Ojeda y Juan de la Cosa acababan de fundar en el golfo de Darién.

La situación de la colonia era muy crítica. Los indios de la región atacaban sin cesar a los colonos; habían dado muerte a Juan de la Cosa y a muchos españoles, y mantenían estrechamente sitiados a los restantes. La llegada de Talavera produjo gran regocijo entre los atemorizados colonos y Ojeda decidió aprovechar el barco de éste para dirigirse a la Española en busca de recursos. Talavera y su gente no quisieron quedarse en Urabá y, como temían regresar a la Española, se dirigieron a la bahía de Jagua al Sur de Cuba. Durante la travesía Talavera se negó a seguir prestando obediencia a Ojeda y lo redujo a prisión. Al arribar a la costa de Cuba entre Casilda y Cienfuegos, abandonaron el barco que habían hurtado y pretendieron dirigirse por tierra hacia el Este con la mira de aproximarse a Jamaica. Pronto pudieron convencerse de que la actitud de los indios cubanos respecto de los españoles se había transformado de benévola en hostil. Muchos indios fugitivos de Haití habían esparcido en Cuba noticias relativas a las crueldades cometidas con los naturales por el gobernador Ovando en la Española, la muerte en la horca o la hoguera de muchos caciques y el establecimiento del sistema de los repartimientos y las encomiendas. Bien fuese por esos motivos o porque la partida de Talavera no podía dejar de provocar desconfianzas y de cometer excesos, el hecho es que los indios atacaron a los harapientos aventureros poniéndolos en gran peligro. Lo apurado del trance los obligó a poner en libertad a Ojeda, quien valía más para la guerra, según Las Casas, que la mitad de todos ellos juntos. Ojeda logró rechazar los indígenas y se dirigió al Este, sin atreverse a alejarse de la costa, tanto por la esperanza de recibir el auxilio de algún barco que cruzara por aquellas aguas, como por el temor de perecer a manos de los naturales si se aventuraban en el interior del país. Pronto se vieron expuestos a perecer de hambre y de fatiga en las extensas ciénagas que ocupan todo el litoral desde el río Jatibonico del Sur a la boca del Cauto. La energía indomable de Ojeda logró sobreponerse a las horribles penalidades de aquella marcha a través de pantanos cubiertos de yerbazales impenetrables, y al cabo de cerca de un mes, arribó con la mitad de sus compañeros a un poblado indio de la región de Cueibá.

El resto de la partida había perecido en los pantanos o quedaba abandonado a su suerte algunas jornadas más atrás. Descalzos, con las ropas y las carnes destrozadas, los famélicos sobrevivientes de aquella peligrosa aventura inspiraban profunda lástima.

Compadecidos los indios, los acogieron benévolamente en sus bohíos, les proporcionaron alimentos y enviaron varias partidas a recorrer la ciénaga y traer a cuestas a los rezagados que no podían valerse. Ojeda regaló al cacique del pueblo indio donde habían sido tratados de manera tan hospitalaria, una imagen de la Virgen María que siempre llevaba consigo, y antes de alejarse de aquellos sitios, él y sus compañeros ayudaron a los naturales a construir un rústico oratorio. Repuestos de las fatigas y guiados por algunos indios, lograron llegar cerca del cabo Cruz. En una canoa Ojeda envió un mensajero a Juan de Esquivel notificándole la precaria situación en que se hallaba. Esquivel, aunque Ojeda era enemigo personal suyo, envió inmediatamente una carabela en su socorro y al arribar a Jamaica lo trató con la mayor consideración. Las autoridades de la Española no tardaron en reclamar a Talavera, el cual fue conducido a aquella isla y ajusticiado algún tiempo después.

Las penalidades sufridas por los españoles que tomaron parte en esta expedición, contribuyeron a aumentar la mala fama de Cuba, como país pantanoso y casi inhabitable, al mismo tiempo el viaje demostró que los indios de ciertas regiones se hallaban ya en una disposición abiertamente hostil a los conquistadores. En los mismos sitios donde Colón y Ocampo habían sido recibidos con agasajos y fiestas, Talavera y su gente fueron rechazados a pedradas y flechazos. Tanto por una razón como por la otra, el viaje de Ojeda desvaneció la buena impresión producida por el de Ocampo, algunos meses antes. Cuba siguió abandonada y los españoles no pensaron en venir a establecerse en una tierra que consideraban pobre e inhospitalaria.

De las mismas costas del golfo de Darién partieron poco después de Talavera y Ojeda dos expediciones más que tocaron en Cuba con muy diversa suerte, una de ellas al mando de un tal Valdivia y otra que llevaba a su frente a Martín Fernández de Enciso. La gente que dejó Ojeda en la colonia de San Sebastián, al mando de Francisco Pizarro, al ver que aquél no regresaba y que ellos estaban expuestos a perecer de hambre o a mano de los indios, se trasladó a Santa María de Darién, armaron una carabela y confiando el mando de la misma al citado Valdivia, lo enviaron a la Española en busca de socorros. Pasaron los meses y no se tuvo noticias de Valdivia ni de sus compañeros. En 1512 una expedición al mando de Rodrigo de Colmenares y otro marino de apellido Caicedo, que fue en auxilio de los colonos de Darién, tocó en la costa occidental de Cuba. Colmenares y su gente adquirieron informes de que Valdivia había naufragado en aquella costa; vieron los restos destrozados de la carabela y dos indios les refirieron que todos los españoles habían sido muertos por los naturales.[72] Es probable que estos náufragos a quienes dieron muerte los indios, sean los mismos a que se refiere el conquistador de Cuba Diego Velázquez en una carta dirigida al rey en 1513.[73] Velázquez refiere que un español llamado García Mexía, rescatado de manos de los indios de La Habana, le contó que él y treinta y cinco compañeros más abandonaron la colonia de Urabá en un buque con rumbo a la Española y naufragaron cerca del cabo de San Antonio, en el extremo occidental de Cuba. Nueve hombres murieron de hambre y los demás fueron pereciendo uno tras otro mientras trataban de avanzar a lo largo de la costa hacia el Este, excepto el mismo García Mexía y dos mujeres, que quedaron prisioneras en poder de los indios. El bachiller Enciso estuvo más afortunado. Al partir de Darién con dirección a la Española tocó en Cuba, en la región india de Macaca, cerca del cabo Cruz, donde fue muy bien acogido por un cacique que se había hecho bautizar adoptando el nombre de Comen-

---

72 *Fuentes históricas sobre Colón y América. Pedro Mártir de Anglería.* Libros rarísimas que sacó del olvido traduciéndolos y dándolos a luz en 1892, el doctor don Joaquín Torres Asencio, tomo II, pág. 123.
73 *Documentos inéditos.* Primera serie, tomo XI, pág. 425.

dador, en honor del Comendador de Lares, Fray Nicolás de Ovando, gobernador de la Española, según la práctica usada entre los indígenas de adoptar el nombre de la persona a quien se proponían demostrar una profunda amistad.

Valdivia y sus desgraciados compañeros no fueron las únicas víctimas de la animosidad que los indios de Cuba comenzaban a sentir contra los españoles, motivada tanto por las noticias difundidas en la Isla por los fugitivos de la Española, Jamaica y las Lucayas, como por las tropelías cometidas en las costas cubanas por los tripulantes de las naves que frecuentemente tocaban en las mismas. El 1.º de marzo de 1511, Diego de Nicuesa, a quien los reyes de España habían otorgado una concesión para conquistar una extensa zona en Tierra Firme, fue expulsado de Santa María la Antigua en el golfo de Darién por Vasco Núñez de Balboa, quien le obligó a embarcarse junto con diez y siete compañeras en un viejo buque casi desmantelado. Nicuesa partió para la Española y jamás se tuvo noticia de la suerte que corrió el desgraciado gobernador; pero por aquellos años corrió el rumor de que había naufragado en las costas de Cuba y había sido muerto por los indios.[74] El mismo fin tuvieron nueve españoles de una expedición de Ocampo que tocó en Cienfuegos en 1512, los cuales perecieron a manos de los indígenas en un lugar del interior de Camagüey o de la costa meridional de dicha región.[75]

Los indios de Cuba por los años de 1510 a 1511 estaban ya en la misma disposición de ánimo respecto de los españoles que algunos años antes. En muchas regiones de la Isla eran

74 Las Casas, *Op. cit.*, tomo III, págs. 346 y 484.
75 *Carta de don Diego Velázquez al rey. Documentos inéditos.* Primara serie, tomo XI, pág. 414.

abiertamente hostiles a éstos y no temían atacarlos cada vez que se les presentaba una ocasión favorable.

III. Conquista de Cuba por los españoles. 1511-1514

15. Designación de Diego Velázquez para emprender la conquista de Cuba. Carácter de éste

La conquista de Cuba por los españoles fue comenzada por iniciativa de don Diego Colón, hijo del descubridor del Nuevo Mundo. Cuando comenzó bacía siete años que doña Isabel la Católica había muerto y gobernaba a España como rey de Aragón y Regente de Castilla el rey don Fernando. Según las capitulaciones firmadas por los Reyes Católicos en 1492, Colón debía ser nombrado Almirante, Virrey y Gobernador de las tierras que descubriese. De conformidad con esas estipulaciones, el marino genovés fundó los primeros establecimientos españoles en Santo Domingo, organizó el gobierno de los mismos y ejerció las funciones de Virrey o Gobernador General, hasta que fue reducido a prisión, despojado de su autoridad y remitido encadenado a España por el juez don Francisco de Bobadilla, enviado por los Reyes a la Española en 1500 con amplios poderes para conocer de las frecuentes y reiteradas quejas que algunos vecinos formulaban ante la Corte, contra el gobierno del Almirante.

Colón fue puesto en libertad inmediatamente de llegar a España, y reclamó que se le reintegrase en la plenitud de sus derechos y funciones.

El rey don Fernando dio largas al asunto y el Almirante murió en Valladolid el 20 de mayo de 1506, sin haber logrado de la Corona que se le restituyera en la posesión de su cargo. Bobadilla, llamado a la Corte para dar cuenta de sus gestiones en la Española, fue sustituido por Fray Nicolás de Ovando, Comendador de Lares, quien ejerció el mando en la citada isla desde 1502 hasta 1509. En julio de 1509 arribó a la Española don Diego Colón para tomar las riendas del gobierno. Un año antes había iniciado un pleito contra la Corona, reclamando el cumplimiento estricto de las capitulaciones; pero mientras se tramitaban las diligencias judiciales del mismo, había obtenido, gracias a la influencia de que gozaba en la Corte por su matrimonio con doña María de Toledo, de la poderosa familia de los duques de Alba, que el rey don Fernando le nombrara Virrey de la Española, si bien el nombramiento le había sido conferido no como un derecho sino como una merced, revocable a voluntad del monarca.

Don Diego Colón creía tener y en verdad tenía derecho a la gobernación de todas las tierras descubiertas por su padre. No obstante, el rey le había privado del gobierno de Puerto Rico, otorgándoselo a Juan Ponce de León y había hecho concesiones a Alonso de Ojeda y Diego de Nicuesa en la costa de Veragua. En tal virtud, don Diego temía que le arrebataran también sus derechos sobre Jamaica y Cuba. A fin de evitarlo, tan pronto como asumió el mando en la Española, se apresuró a ordenar la conquista de ambas islas para incorporarlas a su virreinato.

Los temores de don Diego no carecían de fundamento.

Después del viaje de circunnavegación de Ocampo, el rey don Fernando se manifestaba muy interesado en adquirir noticias auténticas de Cuba, relativas particularmente, a la existencia de oro en la Isla. El año de 1509 ordenó a su Tesorero en la Española, Miguel de Pasamonte, que averiguara si había oro en Cuba (mayo 3, Valladolid). En las instrucciones comunicadas a don Diego Colón en la misma fecha, al conferirle el cargo de Virrey y Gobernador, el monarca le hizo igual recomendación; y finalmente, pocos meses más tarde, desde la Corte se le reiteró a Pasamonte la orden de que enviara a Cuba personas hábiles y experimentadas que investigaran si había oro y trataran bien a los indios (noviembre 14, Valladolid).[76]

El primer propósito de don Diego Colón fue enviar a Cuba a su tío Bartolomé Colón, que había ejercido el cargo de Adelantado o Gobernador de la Española, mientras su hermano, el Gran Almirante, desempeñaba el de Virrey,[77] pero pronto cambió de parecer; envió a Bartolomé Colón a España a gestionar diversos asuntos ante el rey, y designó para llevar a cabo la exploración y conquista de la Isla al capitán don Diego Velázquez. La razón del cambio se desconoce. Puede conjeturarse que se debió al deseo de don Diego Colón de atraerse a Miguel de Pasamonte, Tesorero del Rey en la Española, amigo f favorecedor de Diego Velázquez y al propósito de no dar armas a sus enemigos en la Corte, quienes le tachaban de proteger a sus familiares en perjuicio de los españoles. Los vecinos de la Española se hallaban divididos en dos bandos: los partidarios de los Colones, y los enconados enemigos del Almirante y de su familia, quienes se llamaban a sí mismos «partidarios del Rey». Estos partidarios del Rey tenían por jefes en la Corte al Secretario del monarca, don Lope Conchillos, y al Obispo de Burgos, don Juan Rodríguez de Fonseca; en la Española los acaudillaba el citado Tesorero Miguel de Pasamonte. Don Diego Velázquez era amigo de Pasamonte, había acumulado una fortuna considerable, gozaba de una reputación de guerrero experto y valeroso y, además, disfrutaba de muchas simpatías entre los españoles avecindados en Santo Domingo.

Ciertos documentos prueban que por el año de 1511, don Diego Colón procuraba atraerse a Pasamonte y contempo-

76 *Documentos inéditos.* Segunda serie, tomo VI, pág. 1, números 271, 272 y 273.
77 *Documentos inéditos.* Segunda serie, tomo I, pág. 6.

rizar con él.[78] En tales circunstancias, el nombramiento de Velázquez tenía una doble ventaja: por una parte evitaba las murmuraciones a que había dado lugar el rumor de la designación de Bartolomé Colón, hombre hábil y enérgico pero cuya condición de extranjero era poco grata a los españoles, y por otra parte se complacía a Pasamonte y quizá se le atraería al partido del nuevo Virrey junto con uno de los vecinos más ricos e influyentes de la Isla. Las previsiones de don Diego quedaron comprobadas; el rey, que manifestó sorpresa y disgusto al enterarse de que Bartolomé Colón había estado a punto de ser designado para la conquista de Cuba, aprobó en cambio, de muy buen grado, el nombramiento de Velázquez. Don Diego Velázquez, primer gobernador de Cuba, nació en Cuéllar, provincia española de Segovia.[79] En su juventud fue soldado y combatió en Italia en las filas de los famosos tercios de infantería del Gran Capitán don Gonzalo Fernández de Córdoba. Vino a las Indias en el segundo viaje de Colón y se estableció en la Española. Durante el gobierno de Fray Nicolás de Ovando en la citada isla, desempeñó importantes cargos y fue uno de los jefes militares que más se distinguieron en las correrías que Ovando realizó contra los indígenas. Llegó a ser teniente o segundo de Ovando en la región occidental, la más próxima a Cuba, ganó mucho crédito como fundador de las villas llamadas Xaraguá, Salvatierra de la Sabana, Yáquimo, San Juan de la Maguana y Azua. Cuando se le designó para conquistar a Cuba contaba probablemente de 45 a 50 años de edad y era el vecino más rico de la Española. «Todos le querían —dice Las Casas— por su condición alegre y humana.» Gozaba de gran popularidad por

78 *Documentos inéditos*. Segunda serie, tomo I, págs. 6 y 7.
79 Jacobo de la Pezuela, *Diccionario geográfico estadístico e histórico de la Isla de Cuba*, tomo IV, pág. 644, Madrid, 1866.

la llaneza y jovialidad con que solía tratar a sus inferiores, sin menoscabo de su dignidad ni dejar de imponer el respeto debido a su persona y elevada jerarquía.

No obstante, era muy celoso de su autoridad y en el ejercicio de sus funciones de gobernador exigía que se le tratase con gran reverencia y se le guardasen todas sus prerrogativas. Ninguno —agrega Las Casas— se sentaba ante él, aunque fuese muy caballero.

Era hombre muy gentil de cuerpo y de rostro, pero con la edad perdió algo de la arrogancia de su porte.

Poseía mediana instrucción y un gran sentido práctico, cualidad esta última que unida a su experiencia de la Española le mantuvo bastante alejado del espíritu aventurero de la época. Se le tenía por persona de «entendimiento grueso», acaso porque era parsimonioso, prudente y lento en concebir y resolver.

El odio y la crueldad, tan comunes en su tiempo, no le cegaron al extremo de extraviar su juicio ni nublar su razón. De carácter enérgico y tenaz, cuando «era menester o cuando se enojaba, temblaban todos ante él; pero duraba poco su enojo y pasado el primer ímpetu, lo perdonaba todo, como hombre no vindicativo, sino que usaba de benignidad. «Tal era en sus rasgos generales según sus contemporáneos, el hombre a quien se confió la misión de comenzar la colonización española en Cuba.

16. Organización de la expedición e instrucciones del rey don Fernando

No se conocen las condiciones acordadas entre don Diego Colón y don Diego Velázquez al ser comisionado este último para la conquista y colonización de Cuba. Dichas condiciones se hicieron constar en un documento o asiento al cual el rey don Fernando otorgó su sanción;[80] pero hasta la fecha se desconocen los términos del mismo. Velázquez asumió el título de Adelantado de Cuba, equivalente al de teniente gobernador de don Diego Colón en la Isla, y se comprometió a costear de su peculio particular los gastos de la expedición, bajo la promesa de que le serían reintegradas por la Corona todas las sumas que gastase.[81]

El futuro gobernador de Cuba residía entonces (1510) en Salvatierra de la Sabana, villa que vino a ser el cuartel general de la expedición. Organizóse ésta sin dificultad gracias a la riqueza y buena reputación del jefe, y a fines de 1511, partió Velázquez para Cuba al frente de unos trescientos españoles.

La cifra total de los expedicionarios era considerablemente mayor, porque muchos españoles se hicieron acompañar de varios sirvientes indios. Entre los acompañantes de Velázquez se contaban algunos que llegaron a adquirir gran renombre como Hernán Cortés, Bernal Díaz del Castillo, Diego de Ordaz, Pedro de Alvarado y otros.

Las noticias que se poseen acerca de la fecha exacta de la partida de los expedicionarios, del lugar del desembarque y de los sucesos ocurridos durante los primeros meses del arribo a Cuba, son muy vagas e incompletas. El relato de Las Casas, muy parco en detalles, es sumamente conciso tocante a estos puntos[82] y los demás historiadores primitivos no son más explícitos. Don Diego Velázquez, en carta dirigida al rey don Fernando el año de 1514,[83] le refiere importantes sucesos relativos a la conquista de Cuba, pero posteriores todos ellos a los primeros meses del desembarque en Cuba. Los hechos correspondientes a esos primeros meses citados,

80 *Documentos inéditos*. Segunda serie, tomo I, pág. 11.
81 *Documentos inéditos*. Segunda serie, tomo I, pág. 21.
82 Bartolomé de las Casas, *Op. cit.*, tomo IV, págs. 1 y siguientes.
83 *Documentos inéditos*. Primera serie, tomo XI, págs. 412.

probablemente fueron relatados también por Velázquez en su correspondencia con el Rey y con el Tesorero Pasamonte, pero las cartas del Gobernador de Cuba anteriores a 1514 no han sido halladas aún en los archivos de España o no se han dado a la publicidad.[84]

Los datos más fidedignos de que disponemos, nos permiten conjeturar que Velázquez partió de Salvatierra de la Sabana, población situada al Norte de Santo Domingo, en la parte occidental de la isla, a fines de 1511. El lugar del desembarque fue un puerto llamado de Palmas, en la costa del Norte de Santiago de Cuba, no lejos del cabo de Maisí; en cuanto a la base de operaciones en Cuba, quedó establecida en el puerto de Baracoa, punto muy ventajoso por su proximidad a Salvatierra.

La conquista de Cuba no tuvo el carácter sangriento que le imprimió Nicolás de Ovando a la de Santo Domingo. Al emprenderla, los españoles conocían por experiencia propia que la destrucción de la población indígena, realizada en grande escala por Ovando, era un grave error desde el punto de vista económico. La Española estaba arruinada y empobrecida en virtud del aniquilamiento de los nativos.

La falta de braceros era casi completa. La explotación de las minas y el cultivo de los campos no podían continuarse sino importando esclavos negros o con indios apresados en las Lucayas, las Antillas Menores y la Tierra Firme. Ambos expedientes eran costosos y ofrecían dificultades graves. Los pocos indios que existían aptos aún para el trabajo, cons-

---

84 El historiador cubano don Pedro J. Guiteras, nos ofrece una versión de lo acaecido durante los primeros meses de la llegada de Velázquez a Cuba, pero su relato, muy ampuloso, más parece obra de ficción que de realidad. Además, Guiteras no consigna las fuentes en que se basa. (Véase la *Historia de la Isla de Cuba*, por don Pedro J. Guiteras, tomo I, Libro cuarto, capítulo III, págs. 247 y siguientes.)

tituían un verdadero tesoro que los colonos se disputaban por todos los medios, manteniendo constantemente perturbada aquella isla. Velázquez, minero y propietario de varias haciendas en Santo Domingo, conocía muy bien, sin duda, el valioso partido que podría sacarse a la población india, obligándola a trabajar en condiciones apropiadas. Los funcionarios españoles que dirigían en la Corte las cuestiones de Indias, parece que hubieron de darse cuenta tara bien del alcance económico del problema. Así lo demuestra el hecho de que el rey don Fernando en diversas reales cédulas de 1511 a 1515 recomendara insistentemente al Gobernador de Cuba que «tratara bien a los indios» porque faciéndose esto con mucho cuidado e solicitud y amor, nuestro Señor enderezará a lo que toca a las haciendas de todos en general y de cada uno en particular, para que sean aumentadas y multiplicadas».[85]

A pesar de que la recomendación anterior parece enderezada a tratar de alcanzar la protección divina, no es posible creer que el rey fiaba solo a la intercesión de la voluntad de Dios, el acrecentamiento de su hacienda. Por muy piadoso que se sintiera don Fernando al dictar las anteriores disposiciones, no perdió de vista el lado práctico y terrenal del asunto, el cual le preocupaba tanto, quizás, como «el descargo de su conciencia». En tal virtud —aunque tal vez esperara sinceramente recibir el premio de sus buenas intenciones a favor de los indios— no dejaba de recomendar de un modo claro y expreso el empleo de medios y recursos muy al alcance de la voluntad humana, para obtener, con el trabajo de los indígenas, el aumento de las rentas de la Corona: así lo demuestran las últimas líneas de una real cédula de 12 de diciembre de 1512, en las cuales ordena a Velázquez que «guardando la

85 *Documentos inéditos*. 2.ª serie, tomo I, pág. 31.

forma susodicha en el tratamiento e conversión de los dichos indios» procure «aprovechar las cosas de nuestra facienda en esa dicha isla lo mejor que ser pueda que en ello placer y servicio recibiré».

De conformidad con las órdenes reales y muy particularmente con sus propias convicciones, en los planes de Velázquez no entraba el exterminio de los indios, sino el dominarlos por medios pacíficos si era posible, a fin de utilizarlos con mayor provecho en la explotación de las riquezas de la nueva colonia.

Sus miras eran las propias de un colono ganoso de aumentar su fortuna mediante el trabajo de los indios, hábilmente dirigido y aprovechado. En su juventud había sido soldado como ya hemos dicho y aún poseía dotes de mando, capacidad y bríos para organizar y dirigir una campaña; pero a la edad ya algo avanzada que contaba, sus inclinaciones de carácter belicoso habían perdido gran parte de su fuerza.

La afición a la vida aventurera y trashumante, propia de su época, si alguna vez la tuvo, ya había desaparecido en él, y al obtener la comisión de conquistar a Cuba, su ambición fundamental consistía probablemente, en llegar a ser un gobernante revestido de gran autoridad, con jurisdicción propia, respetado y obedecido sin vacilar por sus riquezas, su reputación y su influencia.

17. Resistencia de los indios; lucha contra Hatuey en los alrededores de Baracoa y muerte del cacique

La voluntad individual no siempre logra llevar adelante sus decisiones y Velázquez, a pesar de sus propósitos de emplear procedimientos suaves con los indios, tuvo que iniciar su gobierno combatiendo con éstos. Los indígenas de la región oriental de Cuba siempre fueron más belicosos que los del resto de la Isla; además se hallaban en constante comunicación con los de la Española y tenían noticias del peligro que les amenazaba desde que comenzó a organizarse la expedición de Velázquez. Muchos de los indígenas de la isla vecina se habían refugiado en Cuba, y después de haberse fugado de sus amos españoles, se hallaban dispuestos a apelar a todos los medios, antes que verse obligados nuevamente a trabajar en las minas o en los lavaderos de oro. Entre estos refugiados de la Española, se contaba un cacique de la región de Guanabá, vecina a Cuba, llamado Hatuey, el cual parece haber sido un hombre muy inteligente entre los de su raza y de gran temple de alma. Los españoles de Santo Domingo ocuparon en dicha isla el territorio de Hatuey, le hicieron una guerra feroz, le despojaron de cuanto poseía y finalmente le obligaron a huir a Cuba, recurso extremo al cual hubo de apelar para salvar la vida y escapar de la servidumbre. En consecuencia de estos hechos, el cacique llegó a odiar profundamente a los cristianos y a ser un enemigo irreconciliable de los mismos.

Gracias probablemente a la energía de su carácter y al ascendiente que le daba en ¿re los suyos la superioridad de su inteligencia, Hatuey acabó por erigirse en jefe de la región cubana de Maisí. Estableció su residencia en un poblado cerca de la boca del río Toa, y en él se hallaba quizá cuando supo que los españoles se preparaban a pasar a Cuba. Difundida en la Isla la noticia de la próxima arribada de los españoles, Hatuey no tardó en persuadir a los indios de Maisí de la necesidad de resistir a los conquistadores y de expulsarlos de la Isla si intentaban permanecer en ella. Los indios de Cuba, por otra parte, no se encontraban ya en la misma disposición de ánimo hacia los españoles que cuatro o seis años atrás. Al tocar Colón, Ocampo, Enciso y otros navegantes en las costas de Cuba, los naturales los habían considerado como seres bajados del cielo, y habían acogido favorablemente las primeras tentativas realizadas por algunos frailes para difundir entre ellos los principios de la religión cristiana; pero su actitud se había modificado profundamente en sentido adverso, y aun tocante a las predicaciones de los frailes, llegaron a abrigar la creencia de que solo respondían al propósito de preparar el camino a los españoles para que pudieran apresarlos y matarlos a mansalva.

«Y ansi se platicaba mucho entre ellos —dice un documento de la época— que las cruces que les enseñaban a hacer en la frente y en los pechos, no significaban otra cosa sino los cordeles que les habían de echar a las gargantas para llevarlos a matar sacando el oro, que era el Dios de los cristianos, que así lo decían los indios, que aquel era su Dios, y por eso lo querían tanto.» [86]

Antes de comenzar la lucha, Hatuey trató de granjearse el favor del supuesto Dios de los conquistadores y celebró en honor del mismo grandes fiestas o areitos, destinados a la vez, probablemente, a reunir y enardecer su gente. Cumplidas estas ceremonias, dispuso que todo el oro que se encontrara fuera arrojado al mar o a lo hondo de los ríos a fin de que no hallándolo los conquistadores por ninguna parte, no tuviesen interés en permanecer en el país. Sus órdenes fueron ejecutadas prontamente y el cacique se encontraba en condiciones de hacer frente a Velázquez, cuando éste desembarcaba en el puerto de Palmas. Los hombres con que contaba Hatuey carecían de organización y probablemente no eran mucho más numerosos que los de Velázquez. Se hallaban desprovistos de toda clase de armas defensivas, y entraban

86 Cartas que escribieron varios Padres de la Orden de Santo Domingo, residentes en la Isla Española, a Mr. Xevres. *Documentos inéditos*. 1.ª serie, tomo VII, pág. 427.

en combate con sus «barrigas desnudas», según la gráfica expresión de Las Casas. Su principal y casi única arma ofensiva era la flecha, formada por una varilla de madera aguzada por uno de sus extremos. La disparaban con un arco, y lanzada a más de cincuenta o sesenta metros casi no producía daño alguno a los españoles.

Al dirigirse a. Cuba desde la villa de Salvatierra, la misma razón de proximidad que determinó el establecimiento de Hatuey en Maisí, la parte más cercana a Santo Domingo, llevó a Velázquez a elegir como punto de desembarque la playa de Baracoa. De acuerdo con la manera de proceder que se había impuesto, de evitar choques con los indios, no quiso ocupar el pueblo indio establecido en el lugar citado, pero como no le convenía alejarse más al Oeste, escogió un sitio inmediato para fundar una población que sirviera de cabecera o asiento a su gobierno y de cuartel general a su gente. Una suerte de fatalismo geográfico le arrastraba a chocar con Hatuey y sus indios, desde el momento mismo en que ponía el pie en las costas de Cuba; de manera que al mismo tiempo que echaba los cimientos de la población, tuvo que comenzar la lucha con el cacique. En contra de lo que comúnmente se ha creído, todas las ventajas estaban de parte de los españoles. La superioridad de las armas de éstos era absoluta. Combatir con piedras y débiles flechas de madera, contra hombres provistos de coraza y armados de espadas, lanzas y arcabuces era casi una locura. Además, los caballos y los perros bravos de los cristianos eran más temibles aún para los casi indefensos indios, que no tenían medios eficaces de resistirlos, aparte del espanto que la sola presencia de tales animales les producía. Los indios, reconociendo su desventaja, evitaron desde el primer momento los combates cuerpo a cuerpo, en los cuales Hatuey no contaba a su favor ni con la superioridad numérica quizás. En efecto, el cacique obraba independientemente, sin haber concertado una acción común con los demás jefes indios de Oriente, quienes no parece que le prestaran el menor apoyo. Obligado por la inferioridad de sus medios de combate, Hatuey organizó una especie de lucha de guerrillas contra sus poderosos enemigos. Sus indios hacían cara a los españoles «con gran grita», disparaban unas cuantas flechas y se desbandaban tan pronto como sus enemigos les hacían fuego con sus arcabuces, los asaeteaban con sus ballestas o lanzaban sobre ellos sus jinetes y sus terribles y feroces mastines. Los españoles experimentaban grandes fatigas persiguiendo a los indios, pero en las escaramuzas que sostenían con ellos recibían poco o ningún daño: algunas contusiones y heridas leves cuando más. Las Casas escribe que él no tuvo conocimiento de que ningún español fuese muerto en los choques siguientes al desembarque de Velázquez.

Al cabo de dos o tres meses de ser perseguidos constantemente hasta en sus más ocultas guaridas, descubiertas siempre por los perros amaestrados de los españoles, muchos de los compañeros del cacique habían sido muertos o apresados. El resto se dispersó por los bosques y montañas de Oriente, y Hatuey, seguido de unos pocos de sus parciales, logró escapar a la región de Macaca, según parece, entre Manzanillo y la Sierra Maestra. Los alrededores de Baracoa quedaron tranquilos por el momento, pero si Hatuey seguía siendo un peligro para la paz de la colonia. La tenacidad y el ascendiente del cacique podían encender en cualquier instante la lucha y provocar nuevos y más graves choques con los indios, si lograba organizarlos y comunicarles el coraje de que se hallaba poseído.

Conocedor Velázquez de que los indígenas eran incapaces de ofrecer la menor resistencia sin la dirección de sus caciques, trató de apoderarse de Hatuey por todos los medios. Los indios que caían prisioneros eran interrogados con amenazas, y sometidos a diversos tormentos para que declarasen el refugio del cacique fugitivo; muchos se negaban obstinadamente a traicionar a su jefe, pero al fin los soldados de Velázquez lograron sorprender y aprisionar al valeroso indio. Juzgado como rebelde y declarado culpable de un delito de lesa majestad, se le condenó a ser quemado vivo, bárbara pena muy común en la época, de la cual se había hecho y se hacía muy frecuente uso en la Española. Hatuey arrostró la muerte impávidamente, y dio pruebas de una entereza de ánimo verdaderamente extraordinaria, en condiciones que han hecho su nombre para siempre famoso en la Historia de Cuba. Atado al poste del suplicio, un piadoso fraile franciscano, probablemente Juan de Tesin, que acompañaba siempre a Velázquez, trató de lograr que se hiciera cristiano y se bautizara antes de morir. A fin de persuadirlo, le aseguró que habría de alcanzar una vida inmortal y gozar eternamente del reino de Dios. El cacique pareció vacilar un momento ante los ruegos y las razones del religioso; pero después, con reconcentrada amargura, hubo de preguntarle qué ventaja reportaba ser cristiano ya que éstas eran gente cruel y perversa; y, finalmente al conocer de labios del sacerdote que los cristianos buenos iban también a la gloria, negóse resueltamente a bautizarse, manifestando que ni en el cielo quería encontrarse otra vez con sus mortales enemigos.

Quemado el Hatuey, dice Las Casas, como las gentes de por allí lo tenían por hombre y señor esforzado, de miedo puro que se les arraigó en las entrañas, debajo de la tierra, si pudieran meterse, trabajaran por huir de las manos de los cristianos; y así no había ya hombre por toda aquella provincia, que llamaban Maisí, que parase ni se juntase con otro, por hacer menos rastro y no ser tomados, y algunos se venían a dar a los españoles, llorando, pidiendo perdón y misericordia, y que los servirían porque no les hiciesen mal».[87]

18. Política pacifista de Velázquez; penetración en Maniabón y Bayamo

Después del suplicio de Hatuey, Velázquez puso en práctica su propósito de obtener la sumisión de los indios por medios pacíficos. Esta determinación era muy prudente. Los Españoles necesitaban indispensablemente de los indígenas para obtener sus provisiones. Si éstos abandonaban el cultivo y se alejaban a los montes o se fugaban a las tierras vecinas, podía producirse un hambre general, como ya se había experimentado en la Española en circunstancias semejantes. Velázquez, como ya hemos dicho, no abrigaba la intención de exterminar a los indios, sino el propósito de utilizarlos como braceros en los trabajos que se proponía emprender en breve. Sus proyectos eran los de un verdadero colonizador.

Deseaba establecerse en la Isla de un modo permanente e intentaba emprender importantísimas obras: erigir pueblos, fomentar la crianza de ganado y otros animales útiles, desarrollar la agricultura y explotar la minería. Para llevar a vías de hecho estos planes, consideraba indispensable el trabajo personal de los indios, razón por lo cual se proponía no solo evitar la destrucción de éstos sino retenerlos en sus poblados, apaciguarlos, evitar crueldades inútiles que los exasperasen y, finalmente, someterlos a un régimen tan suave como fuera compatible con la obligación que había de imponerles dé servir a los españoles.

87 Las Casas, *Op. cit*., tomo IV.

La resistencia de Hatuey fue un grave obstáculo para lo que pudiéramos llamar el desarrollo de su política, la cual tenía necesidad de imponer también a sus propios subordinados. En tal virtud, se propuso terminar la lucha rápidamente, empleando a la vez la severidad y la clemencia. Por una parte, hacía morir a Hatuey en el suplicio y distribuía como esclavos entre sus captores a los indios rebeldes, y por otra, pregonaba que los que permanecieran tranquilos en sus pueblos no serían molestados, y ordenaba a sus subordinados bajo la amenaza de ser castigados severamente, que no usasen de sus armas contra los indios sino en «caso de absoluta necesidad cuando fueren agredidos y que respetasen cuanto perteneciera a los indígenas.[88]

Aun llevaba Velázquez pocos meses en Baracoa dirigiendo personalmente los primeros trabajos de la colonización, cuando recibió un considerable refuerzo procedente de la vecina isla de Jamaica. Consistía éste en un grupo de treinta arqueros españoles mandados por Pánfilo de Narváez. Cada uno de los arqueros venía acompañado de varios indios jamaiquinos sirvientes suyos, avezados a la vida aventurera de sus amos, de manera que la tropa se componía en realidad de un número cuatro o cinco veces mayor de individuos. Velázquez conocía a Narváez y le apreciaba por su reconocido valor; le hizo una excelente acogida y le confirió un mando importante.

Narváez era «persona autorizada, alto, pelirrojo, honrado, inteligente, de agradable conversación y buenas costumbres, para pelear con indios esforzados y quizá para con otras gentes, pero como militar adolecía del grave defecto de ser

---

88 *Documentos inéditos.* 1.ª serie, tomo XI, pág. 413. Bartolomé de las Casas, *Op. cit.*, tomo IV, pág. 33.

poco prudente y muy descuidado.[89] Poco después de Narváez arribó también a Baracoa el padre Las Casas, procedente de la Española. Velázquez era amigo del ilustre sacerdote y le había rogado que viniese a Cuba a auxiliarle en su empresa.

Los trabajos de la nueva colonia se proseguían sin descanso y la construcción de la primera población cubana progresaba con rapidez. Se iniciaba el laboreo de las minas, la cría de ganados y de puercos comenzaba a desarrollarse con sorprendente buen éxito y se plantaban los primeros sembrados. Estas labores parece que eran realizadas por los mismos españoles, indios traídos de Santo Domingo, y prisioneros tomados entre las gentes de Hatuey. Los colonos contaban con que Velázquez les repartiese al llegar a Cuba gran número de indios, de conformidad con las prácticas seguidas en la Española, pero el Gobernador no dictó ninguna disposición al efecto; bien porque carecía de facultades para hacerlo o por razón de que no estimaba prudente aún soliviantar a los indios y encender el fuego de la rebeldía en toda la Isla. Esta tardanza en repartir los indios produjo un gran malestar entre los vecinos de Baracoa y comenzaron a elevarse quejas en contra de Velázquez.

Pacificado el territorio de Maisí, el Gobernador decidió extender sus actividades a otras partes de la región oriental, a fin de ir obligando paulatinamente a los indios que las ocupaban a aceptar la dominación española. Esta primera ampliación de la esfera de acción de los conquistadores, se efectuó en dos direcciones distintas: a lo largo de la costa Norte en dirección a Camagüey, y hacia el interior del país, más allá del macizo montañoso de Baracoa, rumbo a la parte llana de Bayamo y Manzanillo. Dos tenientes de Velázquez tomaron la dirección de los grupos de españoles destinados

89 Las Casas, *Op. cit.*, tomo IV, pág. 5.

a desarrollar los planes del jefe: Francisco de Morales y Pánfilo de Narváez. Morales fue enviado a la región india de Maniabón, al Norte de Holguín, entre Nipe y Camagüey, y Narváez a la de Bayamo, en el valle del Cauto. Morales era el segundo de Velázquez en el gobierno de Cuba. Había sido nombrado para el cargo que ejercía por don Diego Colón, y aunque estaba a las órdenes del gobernador, éste carecía de facultades para relevarlo del cargo o privarlo del mando. Morales no compartía las ideas de Velázquez respecto a la manera de tratar a los indios. Escudado en su elevada posición, seguro de no poder ser removido y de contar con el apoyo de muchos vecinos de Baracoa, se erigió en jefe de los descontentos de la administración de Velázquez.

Desentendiéndose abiertamente de las instrucciones de éste y procediendo conforme a sus propias determinaciones, siguió en Maniabón, la región de su mando, una línea de conducta muy distinta de la que le había sido trazada por Velázquez. Realizó numerosos actos de violencia y de crueldad con los naturales sin motivo ni causa aparente; se apoderó de cuanto halló a su paso y obligó a los indios a trabajar como esclavos, distribuyéndolos entre sus soldados.

Debido a la impetuosidad de su carácter o a causa de la inmoderada avaricia de Morales, algunos españoles parece que también fueron víctimas de sus demasías. Los indios, exasperados por el proceder de Morales, se sublevaron y dieron muerte a algunos de los hombres que acaudillaba éste.[90] Velázquez no toleró estas transgresiones de su teniente y procedió enérgicamente contra él: lo procesó, lo separó del mando y lo envió preso a la Española.

90 *The Early History of Cuba*, por Miss I. A. Wright. Macmillan Co., Nueva York, 1916, pág. 40.

El rey don Fernando, enterado de lo ocurrido, no solo apoyó al gobernador de Cuba, sino que en real cédula de 10 de diciembre de 1412 le ordenó que castigara a Morales severamente «en su persona y bienes» «conforme a justicia», a fin de que «semejantes casos no queden sin mucha punición y castigo, de manera que a él sea castigo y a los otros ejemplo».

La pena según se disponía en la real cédula debía ser pública, «para que los indios e otras personas que del han sido agraviados e maltratados, vean la pena que él executa por los excesos que cometió y por el mal tratamiento que a ellos hizo».[91]

Es muy posible que en el castigo de Morales pesasen otros factores además del mal trato a los indios.

Velázquez, sin duda, se aprovechó de las demasías realizadas por su teniente para librarse de un segundo que le había sido impuesto, en menoscabo de su autoridad y de su deseo de obrar independientemente en los asuntos de su gobierno.

Los descontentos no cejaron en sus empeños a pesar del castigo impuesto a Morales, y noticioso de que en la Española acababa de establecerse la Audiencia, tribunal de justicia ante el cual se podía acudir en queja contra los gobernadores, decidieron secretamente enviar un memorial de agravios contra Velázquez. Hernán Cortés, célebre más tarde como conquistador de México, y que a la sazón era uno de los secretarios del Gobernador, se prestó a llevar en persona el documento a Santo Domingo y a entregarlo a los jueces u oidores. Velázquez se informó a tiempo de lo que se tramaba, ordenó la prisión de Cortés y estuvo a punto de ahorcar a su infiel secretario.

91 *Documentos inéditos*, 1.ª serie, tomo I, pág. 32.

El conflicto quedó zanjado por el momento gracias al proceder enérgico del Gobernador, pero las causas del descontento siguieron subsistiendo.

Mientras se desarrollaban estos acontecimientos Narváez había penetrado en la región de Bayamo, una de las más pobladas de la Isla. Componíase la tropa de su mando de unos veinticinco o treinta españoles y probablemente de triple o cuádruple número de indios jamaiquinos. Según las instrucciones que llevaba, debía procurar que los indios aceptasen la soberanía del rey de España «por bien y si no por guerra». Narváez fue recibido con aparentes muestras de paz; pero como entre aquellos indígenas habían corrido ya las noticias del suplicio de Hatuey y de la muerte de muchos de sus hermanos de Maisí, a lo que se agregaba que las gentes de Narváez los importunaban sin cesar exigiéndoles alojamiento y provisiones, y ponían a cada hora «los ojos a las mujeres y las hijas y por ventura las manos», resolvieron acabar de una vez con los españoles. Reunidos en gran número, concertaron bajo la dirección de sus caciques, un ataque nocturno para sorprender y aniquilar a Narváez, cuya gente lograron tomar desprevenida mientras dormía en los bohíos donde se había alojado. Narváez fue herido de una pedrada y estuvo a punto de ser muerto; no obstante, el ataque fracasó, debido al auxilio que según se colige prestaron a los españoles los asistentes jamaiquinos que les acompañaban. Por otra parte, los indios, en el primer momento de la sorpresa, dieron quizás por segura la victoria y se abalanzaron a apoderarse del equipaje y de la ropa de sus contrarios, antes de exterminarlos. La situación de Narváez después de este combate nocturno no debe haber sido muy satisfactoria, pues al comunicarle a Velázquez lo ocurrido, éste se apresuró a acudir al lugar del suceso con fuerte golpe de soldados.

Los indios, temerosos de las represalias, huyeron en masa a Camagüey. En los bohíos solo quedaron algunos viejos y enfermos imposibilitados de andar.

La fuga de los indígenas trastornaba los planes de Velázquez y causó gran contrariedad al Gobernador, quien permaneció en la zona de Bayamo procurando apaciguar los indios de las regiones vecinas, y envió a Narváez en seguimiento de los fugitivos, con la esperanza de que pudiera darles alcance e inducirlos a regresar a sus hogares, bajo promesa formal de no castigarlos por los hechos pasados.

Mientras Velázquez se hallaba en el valle del Cauto reconociendo el terreno y aguardando el regreso de Narváez, tuvo noticias de que un buque es pañol había arribado a la bahía de Jagua. Las invasiones de jurisdicción eran comunes entre los conquistadores de aquella época y habían sido causas de sangrientas tragedias entre los mismos españoles en la Tierra Firme. Velázquez, celoso de que nadie se instalara en el territorio de su gobierno, despachó inmediatamente una canoa de indios con una orden para el jefe del barco, conminándolo, quien quiera que fuese, a comparecer ante él, como suprema autoridad de la Isla. La nave en cuestión procedía de Darién y estaba mandada por Sebastián de Ocampo, el mismo que había recorrido las costas de Cuba en 1508. La arribada de Ocampo había sido forzosa.

Su barco se hallaba en pésimas condiciones, expuesto a hundirse a cada momento, y el capitán había recalado al puerto más cercano que conocía, en el cual había sido recibido muy amistosamente por los naturales algunos años antes. Al llegar a su poder la orden de Velázquez, abandonó su buque ya inservible, dejó cuatro marineros al cuidado de ciertos efectos y se dirigió con el resto de la tripulación en varias canoas al lugar donde el Gobernador le llamaba.

En la travesía algunos de sus hombres se le separaron voluntariamente o se quedaron rezagados.

Informado Velázquez de la causa del arribo de Ocampo, le trató con la mayor cordialidad, y hubo de lograr que el marino y su gente pasaran a engrosar las fuerzas de que disponía en la Isla.

Aun continuaba Velázquez en espera del regreso de Narváez, cuando recibió aviso de la llegada a Baracoa de Cristóbal de Cuéllar, Tesorero de la Isla.

Traía éste varias comunicaciones para Velázquez y venía acompañado de su hija doña María de Cuéllar, prometida esposa del Gobernador. Velázquez se dispuso a partir para Baracoa y dejó provisionalmente al frente de los soldados que ocupaban la región de Bayamo a su sobrino Juan de Grijalva. El padre Las Casas, cuya prudencia y buena disposición hacia los indios eran una garantía para el Gobernador, quedó en calidad de consejero y asesor de Grijalva, quien no debía resolver ningún asunto importante sin oír el parecer del ilustre sacerdote.

Narváez retornó a Bayamo poco después de la marcha de Velázquez y asumió el mando que le fue entregado por Grijalva. Había seguido a los indios hasta los límites de Camagüey sin lograr alcanzarlos y mucho menos detenerlos. Al llegar a la citada provincia, no se atrevió a penetrar en ella porque los indígenas eran numerosos en aquella parte de la Isla y se hallaban muy alterados. La preocupación de los españoles iba en aumento ante el temor de que el país siguiese desierto, cuando con gran sorpresa de Narváez y Las Casas, los indígenas de Bayamo comenzaron a regresar a sus hogares implorando perdón y ofreciendo acatar la autoridad de los cristianos.

Algunos portaban regalos para el capitán español y para Las Casas, al cual comenzaban ya a considerar como su generoso protector. Narváez y el sacerdote, vivamente satisfechos con el retorno de los naturales, disiparon los temores de éstos, les otorgaron el perdón pedido y les ordenaron que volviesen a sus caseríos, asegurándoles que no serían molestados por nadie.[92]

La fuga en masa de los naturales de Bayamo y el regreso de éstos a sus hogares entregándose en manos de sus enemigos son dos hechos dignos de ser notados. En primer lugar, induce a creer que la población de la Isla no era muy numerosa, como generalmente se ha supuesto; además, permiten comprender una de las razones por las cuales los indios fueron fácilmente sojuzgados por algunos centenares de europeos. Bayamo era una de las regiones indias más densamente pobladas y, no obstante, todos sus habitantes pudieron escaparse sin que los españoles lograran darles alcance en su huida de cincuenta a sesenta leguas. Esto parece indicar que el país estaba casi desierto y que los fugitivos no constituían un grupo muy numeroso. En cuanto al regreso, demuestra la falta de vínculos de solidaridad entre las diversas porciones de la población indígena. Los fugitivos de Bayamo no solo no encontraron buena acogida en Camagüey, sino que se vieron obligados a volver a sus tierras. El hecho se explica sin dificultad.

Según Las Casas,[93] las cosechas de los indios bastaban escasamente para cubrir las necesidades del momento. No almacenaban provisiones, en parte porque carecían del sentido de la previsión, propio del hombre civilizado, y causa también de que los frutos que cosechaban, boniatos, yuca, ñame,

92 Bartolomé de las Casas, *Op. cit.*, tomo IV, pág. 17.
93 Bartolomé de las Casas, *Op. cit.*, tomo IV, págs. 17 y 18.

etc., no reunían condiciones para ser guardados en depósitos largo tiempo. Si un año no se sembraba o la cosecha era mala o escasa, sobrevenía el hambre necesariamente.

Los indios camagüeyanos no tenían medios de subsistencia en abundancia para sostener a los que llegaron huyendo de la cólera de Narváez. Por temor al hambre y quizás también a malquistarse con los españoles, acogieron mal a los bayameses, se negaron a permitirles que permanecieran mucho tiempo en Camagüey y finalmente, los colocaron en la dura necesidad de volverse a las tierras que habían abandonado y de entregarse a merced de sus enemigos.

Afortunadamente para la gente de Bayamo, los españoles dependían de los indios en lo tocante a la subsistencia, y les importaba más lograr que los indígenas se dedicaran a cultivar sus campos, que tomar venganza de la sorpresa intentada contra Narváez.

19. Primer repartimiento de indios y plan general de conquista

Al partir de Bayamo, Velázquez, como ya se ha dicho, se había dirigido a Baracoa. Inmediatamente de su arribo a la villa celebró su boda, con fiestas y diversiones varias; pero muy pronto hubo de sufrir serios disgustos y contrariedades. Su esposa murió repentinamente dejándolo viudo a los siete días de casado, y muchos vecinos de Baracoa volvieron a agitarse en contra suya y a reproducir las quejas contra su administración. Varios de ellos amenazaron con abandonar la Isla si no se les asignaban indios enseguida, para dedicarlos al trabajo de sus haciendas, y hasta llegaron a solicitar licencia para volverse a sus antiguas propiedades de la Española.

Para conjurar el peligro, o bien porque estimara que podía sin graves inconvenientes comenzar a obligar a los indios a servir a los españoles, Velázquez «trabajó en les señalar algunos indios, conque se comenzasen a aprovechar».

Al efectuar este primer repartimiento o encomienda de indios, Velázquez procedió con mucha cautela, quizá porque carecía de facultades legales para hacerlo y temía aún provocar agitaciones entre los indígenas. A cada vecino —esta denominación se aplicaba a los españoles a quienes se habían distribuido tierras en la Isla— le fue asignado un número de indios para que los utilizasen en la labranza de sus haciendas, proporcional a la calidad del colono y a la estimación o la simpatía que le profesaba Velázquez.

A fin de respetar en lo posible las costumbres y las instituciones de los indígenas, todos los indios de un caserío sujetos a un cacique, debían servir a un mismo colono y como los trabajos habían de efectuarse en las inmediaciones de Baracoa, fue menester hacer venir indígenas de casi toda la región de Oriente citándolos previamente. Estos indios, según Velázquez, «no fueron dados ni encomendados a los colonos por vía de repartimiento, sino para que mediante una demora de un mes, se aprovechasen dellos en sus granjerias, y conucos y labranzas; y cumplida la dicha demora les pagasen su trabajo, les dieran licencia para volver a sus tierras y los proveyeran de comida para el viaje, sin quedar a los dichos cristianos opción para adelante».[94]

Velázquez, según sus informes al Rey, logró que los caciques acudieran de buena voluntad con los indios de su mando respectivo. Conforme a los planes que ya tenía trazados, los distribuyó entre los vecinos, cuidando de efectuar personalmente y por medio de delegados suyos, varias inspecciones semanales a cada hacienda, a fin de comprobar si se les daba o no el buen trato que tenía mandado. Entre los trabajos que

---

94 *Documentos inéditos.* 1.ª serie, tomo XI, pág. 416.

realizaron los indígenas, se hallaba comprendido el cultivo de varias haciendas separadas por Velázquez como pertenecientes al Rey, y a varios personajes influyentes de la Corte y de la Española.

El Gobernador tenía ya una larga experiencia en los asuntos de Indias, y no se descuidaba en adoptar las medidas necesarias para conquistarse y asegurarse el apoyo de los poderosos funcionarios que manejaban dichos asuntos. Además, esperaba interesarlos en los repartimientos de tierras e indios, como medio eficaz de obtener el cargo de repartidor que tenía solicitado y la sanción favorable del procedimiento.

Apaciguado el descontento de los españoles con el trabajo efectuado por los indios, organizado el gobierno general de la colonia y el local de Baracoa, y asegurada la provisión de abundantes «mantenimientos», gracias a las siembras realizadas, Velázquez resolvió completar la exploración y conquista de la Isla, extendiendo su dominación desde Camagüey al Cabo de San Antonio.

En la concepción general del plan para someter todos los caciques y obligarlos a reconocer y acatar la autoridad de que había sido investido, Velázquez demostró poseer un conocimiento muy completo de la geografía general de Cuba, y aptitudes muy señaladas de organizador y buen capitán. La conquista del territorio, desde Oriente a Pinar del Río, tuvo el carácter de un reconocimiento por patrullas de gente armada, más bien que el de una campaña propiamente dicha; pero no es posible dejar de reconocer que fue muy bien dispuesto desde el punto de vista militar, como se verá más adelante. En las instrucciones muy estrictas que trasmitió a sus subordinados, demostró el firme propósito de persistir en su política de benevolencia con los indios. Su tenaz empeño de atraerse los indios mediante procedimientos pacíficos a fin de evitar la despoblación de la Isla por el aniquilamiento o la fuga de los naturales,. revela un sentido de previsión y unas dotes de buen gobierno muy superiores a los de casi todos sus contemporáneos.

Debemos reconocer que las razones que le impulsaban a obrar de esta manera eran de carácter principalmente egoísta, pero esta consideración no disminuye sus méritos como gobernante.

Además, no es posible saber si pesaba en su ánimo también el recuerdo de los horrores que había presenciado y cometido él mismo en la Española durante su juventud, moviéndolo a ser más compasivo y humano con los naturales. Sería pretender rebajar sin fundamento la figura moral de Velázquez, atribuir solo a miras egoístas un proceder que bien pudo fundarse también en un sentimiento de humanidad.

El avance de los españoles hacia el Oeste, fue dispuesto por Velázquez en tres direcciones distintas.

Una fuerte columna de infantes y jinetes mandada por Pánfilo de Narváez, con el padre Las Casas como asesor y consejero, debía partir de la zona de Bayamo, con rumbo al Sur de Camagüey y continuar avanzando lentamente a lo largo de la Isla hasta el puerto de La Habana.[95] Narváez y Las Casas cuidarían de explorar el territorio y de hacer reconocer a los caciques la soberanía del rey de España. Del puerto de Sagua de Tánamo partiría otro grupo de españoles a bordo de un bergantín. Este navegaría rumbo al Oeste, a lo largo de la costa, reconociéndola minuciosamente; procuraría mantenerse en frecuente comunicación con la gente de Narváez y en caso de adelantarse a ella, debía fondear en el puerto de La Habana y aguardar allí a los que iban por tierra.[96]

95 *Documentos inéditos*, 1.ª serie, tomo XI, pág. 413.
96 *Documentos inéditos*, 1.ª serie, tomo XI, págs. 417 y 418.

La tercera partida de españoles, a cuyo frente iría el Gobernador en persona, debía salir de Baracoa, doblar el Cabo de Maisí y avanzar en canoas por la costa del Sur. Velázquez, al tomar el mando de esta parte de la expedición, se proponía visitar todos los lugares importantes del litoral, obligar a comparecer ante él a los caciques de los pueblos comarcanos e imponerles del deber en que estaban de acatar su autoridad.

Durante el avance, marcharía paralelamente a la columna de Narváez a fin de auxiliarle si fuere menester y de transmitirle las instrucciones que tuviera por conveniente.[97] La ejecución de este plan se llevó a cabo sin la menor alteración y sin graves inconvenientes.

Los datos que poseemos de los sucesos acaecidos durante el recorrido de los tres grupos de expedicionarios, carecen a veces de precisión y no permiten identificar todos los lugares visitados. No obstante, Las Casas y Velázquez han dejado relaciones de los hechos en que tomaron parte o de que tuvieron noticias, las cuales bastan para completar un cuadro general de la conquista y fijar el carácter de ésta.

20. Marcha de Narváez y Las Casas desde Bayamo a La Habana

Narváez y Las Casas fueron los primeros que abrieron la marcha hacia el Oeste desde el valle del Cauto, en el cual quedaron, según órdenes de Velázquez, cien infantes y veinte jinetes para mantener vigilados y sujetos los indios de la región.

Organizóse la columna de Narváez cerca del lugar que hoy ocupa Bayamo y constaba de cien infantes y ocho jinetes

---

97 *Documentos inéditos*, 1.ª serie, tomo XI, págs. 421-424.

españoles, y de centenares de sirvientes indios; en conjunto unos mil hombres o más.[98]

Más tarde fue reforzada con cuarenta infantes y doce soldados de a caballo. Constituía, en verdad, una fuerza irresistible para los más poderosos caciques.

Los sirvientes indios eran haitianos, jamaiquinos y cubanos; se empleaban para conducir los equipajes y los víveres, así como para realizar todos los trabajos necesarios en las marchas y en los campamentos.

Los antiguos cronistas raramente conceden la menor atención al concurso prestado por los mismos naturales a los españoles en los países que éstos conquistaban, de donde resulta el hecho extraordinario e inexplicable de que 100 o 200 castellanos vencieran a millares de indígenas y dominasen a un país entero. Lo cierto es que en casi todas sus conquistas los mismos indígenas les prestaban servicios inapreciables, sin los cuales no hubieran podido pasarse.

En Cuba, los jamaiquinos y los haitianos primero y los mismos cubanos después, ayudaron mucho a los españoles. Si éstos hubiesen tenido sobre sí el trabajo de transportar el equipaje y los víveres, abrirse camino a través de la maleza, preparar sus alimentos y realizar las demás faenas que exige el acampar cada día en despoblado en un país salvaje, a las pocas jornadas de marcha habrían podido ser fácilmente aniquilados por la fatiga y el hambre, cuando no por los enemigos. Los sirvientes indios llegaban a no tener otro interés, por la fuerza misma de las circunstancias, que el de sus señores, y acababan por ser tan temibles para sus hermanos de raza como los mismos conquistadores, porque «no suelen hacer otras obras que las de sus amos».[99]

98 Bartolomé de las Casas, *Op. cit.*, tomo IV, pág. 22.
99 Bartolomé de las Casas, *Op. cit.*, tomo IV, pág. 22.

Al emprender la marcha, Narváez y Las Casas se dirigieron a la región de Cueiba, al Sur de Camagüey, como ya hemos dicho. La ruta que tomaron fue la misma casi exactamente que 383 años más tarde habrían de seguir las fuerzas invasoras de Máximo Gómez y Maceo, organizadas también en el valle del Cauto, al iniciar el movimiento llamado de la Invasión en la Guerra de la Independencia de Cuba, con un objetivo militar diametralmente opuesto al perseguido por Narváez. La coincidencia en los dos extremos, la zona escogida para la organización de la columna invasora y el itinerario seguido al penetrar en Camagüey, no debe atribuirse al azar, sino a la Geografía. La cuenca del Cauto es, por sus condiciones naturales, el centro principal de la actividad histórica de la región cubana de Oriente; y la vía más corta y fácil que conduce del centro de la cuenca de dicho río a Camagüey, es la seguida por Narváez en 1513, por Antonio Maceo en 1895 y actualmente por el ferrocarril de Bayamo a Martí.

En Cueiba los españoles fueron bien recibidos.

Los indígenas de la región eran los mismos que habían hecho buena acogida a Alonso de Ojeda en su viaje por los pantanos del Sur de Cuba. Aún conservaban algunos objetos de los que el famoso personaje les regalara, entre otros una imagen de la Virgen María, en el adoratorio construido por Ojeda y sus compañeros. El único motivo de disgusto en Cueiba fue la fuga del cacique con la citada imagen temeroso de que los españoles lo despojasen de ella. Las Casas le había hecho proposición de cambiársela por otra de su propiedad y el indio creyó que intentaba despojarlo de ella.

Las instrucciones de Velázquez respecto al buen tratamiento de los indios eran muy estrictas. Debían evitarse con el mayor cuidado los robos a los indígenas y toda clase de actos que pudieran provocar la irritación o el temor de los mismos.[100] El acatamiento de la autoridad de los españoles se había de alcanzar persuadiendo a los naturales de que no se les liaría mal alguno, y de que podrían continuar viviendo y trabajando libremente en sus pueblos, sin más obligación que rendir vasallaje al rey como súbditos del mismo. Los invasores solo estaban autorizados para obtener las provisiones necesarias y, en ciertos casos, guías y peones para el transporte de equipaje hasta los pueblos próximos. Las Casas, por el crédito de que gozaba entre los indios, tomaba a su cargo adelantarles las seguridades de que serían bien tratados a fin de que permaneciesen quietos en sus poblados. «Y esto era —escribe el sacerdote— lo que traía encomendado de Diego Velázquez, que gobernaba, y el capitán Narváez también mandado, y en las cartas que le escribía (Velázquez a Narváez) le mandaba que no hiciese guerra ni mal a nadie, y que primero los indios tirasen flechas o varas que los españoles sacasen espadas».[101] Semejantes órdenes eran difíciles de hacer cumplir a la tropa. Las gentes de Narváez al llegar a los pueblos y hallar a los indios pacíficos «no cesaban de les hacer agravios y escandalizallos, tomándoles esa lacería que tenían, no contentándose con lo que de su voluntad los indios daban, y algunos, pasando más adelante, andaban tras las mujeres y las hijas, porque esta es y ha sido siempre la ordinaria y común costumbre de los españoles en estas Indias».[102] Con la mira de evitar semejantes atropellos, los dos jefes de la expedición resolvieron que uno de ellos, Las Casas, se adelantara siempre a la columna con un grupo de hombres de confianza al llegar a cada pueblo. El sacerdote,

100 *Documentos inéditos*, la serie, tomo XI, págs. 413 y 414.
101 Bartolomé de las Casas, *Op. cit.*, tomo IV, pág. 23.
102 Bartolomé de las Casas, *Op. cit.*, tomo IV, pág. 21.

avanzando antes del grueso de la tropa, disponía el alojamiento de los españoles, ordenando que los indígenas se recogiesen a la mitad de las casas y dejasen el resto para que aquélla se guareciese. Hecho el arreglo, penetraba Narváez en el pueblo, estableciéndose siempre la prohibición de que ningún español «fuese osado de ir a la otra parte del pueblo donde los indios estaban recogidos y allegados».[103] En las casas vacías, los indios depositaban previamente agua, leña y provisiones suficientes para los soldados de la expedición. Un oficial designado por Narváez, procedía a la distribución de estos efectos bajo la vigilancia del jefe superior de la columna, mientras que Las Casas, auxiliado de varios españoles y de los indios de su servicio particular que le acompañaban, reunía los muchachos indios del pueblo y los bautizaba.

Después, Narváez y Las Casas instruían al cacique del deber de reconocerse vasallo del rey de España y de cuidar que su gente permaneciera tranquila en sus bohíos entregada a sus ocupaciones habituales, obtenían los guías y peones si eran menester, descansaban varios días según las condiciones del lugar y continuaban su marcha rumbo al Oeste. Las Casas llegó a disfrutar muy pronto de tal crédito entre los indios, que se hizo innecesario que se adelantase a Narváez, bastando con hacerse preceder de algunos mensajeros indios portadores de un papel viejo enganchado en un palo. Estos mensajeros comunicaban a los caciques que en el papel iban consignadas las órdenes del sacerdote, a fin de que prepararan el recibimiento de los españoles en la forma ya indicada.

Dichas órdenes eran inmediatamente cumplidas por los indígenas.

103 Bartolomé de las Casas, *Op. cit.*, tomo IV, pág. 21.

El avance en Camagüey continuó sin que ocurriesen sucesos de importancia, hasta un pueblo indio situado junto al río Caonao, al Norte de la provincia.

En este lugar, sin que se conozca claramente el motivo, los españoles hicieron una gran matanza de indios.

Dos versiones se conocen acerca del sangriento suceso. Las Casas refiere que los españoles llegaron al pueblo ya muy adelantada la tarde y encontraron un número considerable de indios —dos mil según su parecer— reunidos en la plaza o batey para aguardar la llegada de los españoles y contemplar los caballos, animales que les producían la más grande admiración. Otro gran contingente de indígenas se hallaba reunido en el interior de una «casa grande», en la cual quisieron penetrar algunos sirvientes indios, de la columna, sin lograrlo porque los naturales que guardaban las puertas no se lo permitieron. Dirigióse Las Casas al alojamiento que se le había destinado con cinco españoles y varios indios, y el oficial comisionado por Narváez comenzó a distribuir las provisiones. Todo marchaba como de costumbre, cuando uno de los soldados tiró de la espada y la emprendió a tajos y estocadas con un indio. Los demás españoles se lanzaron también espada en mano sobre los indígenas de la plaza y los que ocupaban la casa grande, y antes de que unos y otros tuviesen tiempo de ponerse a salvo huyendo, hicieron una gran mortandad entre los espantados naturales.

Narváez, según cuenta Las Casas, presenció el hecha sin tratar de evitarlo. El sacerdote lo culpa severamente y le considera moralmente responsable de la matanza que hicieron sus subordinados. Abrióse una investigación para determinar quién había sido el soldado culpable de la matanza,[104] pero sus compañeros lo ocultaron, y la agresión se explicó

104 Bartolomé de las Casas, *Op. cit.*, tomo IV, pág. 126.

manifestando que los indios preparaban un ataque repentino a los españoles. Como indicios de tal intento, se mencionaron ciertas coronas de púas que muchos indios llevaban en la cabeza con el propósito de clavarlas en los costados a los caballos, así como las cuerdas de que no pocos iban provistos, para abrazarse a los españoles y «como suelen, atarlos». Sin embargo, en opinión de Las Casas, la causa no fue otra que la costumbre de derramar sangre humana, llevada de la Española a Cuba, y el hallarse los matadores «regidos y guiados siempre por el diablo».[105]

La versión que Velázquez nos trasmite del hecho es otra. Nueve hombres de la expedición de Ocampo, dice el Gobernador, se hallaban por Camagüey en poder de los indios. Narváez llevaba instrucciones de rescatarlos, pero se encontró con que el cacique Caguax, del pueblo de Caonao, les había dado muerte.

Los indígenas de Camagüey, según los informes que dice Velázquez haber recibido de Narváez, hacían «mucha altesía» a los españoles y les querían acometer, a fin de les matar». «El capitán le había manifestado también que creía imposible poder cumplir la orden de no pelear con los indios, según los veía de «mal inclinados». Velázquez escribe que al recibir tales nuevas, se apresuró a enviar en apoyo de Narváez cuarenta infantes y diez jinetes, para imponer mayor respeto a los indios. Estos refuerzos no se habían incorporado aún a Narváez cuando ocurrió la matanza. Al informar al Gobernador del citado hecho, Narváez expresaba que los indígenas, abrigando siempre el propósito de acometerle, «si hasta allí lo avían dexado, era por el buen recabdo que de noche y de día tenían; e como los dichos caciques e indios vieron que no avían hallado tiempo oportuno para poner en

105 Bartolomé de las Casas, *Op. cit.*, tomo IV, pág. 26.

efecto su propósito, les llevaron por un pueblo donde había algunas celadas de mucha gente, y fuéles forzoso pelear, y mataron hasta cien indios, y por lo pasado y presente les fue castigo».[106]

Espantados los indígenas con la matanza de Caonao, se fugaron a los bosques y a las islitas cercanas a la costa, tanto al Norte como al Sur, dejando desierta la región y en grave aprieto a los españoles.

Las Casas, por mediación de algunos de sus sirvientes indios, logró comunicarse con los fugitivos y a virtud de reiteradas promesas, tanto de él como de Narváez, los indígenas comenzaron a regresar a sus hogares. Con tal motivo «hubo gran regocijo y alegría» en el campamento de los españoles y «especialmente Narváez y el Padre». Los primeros grupos que volvieron a sus hogares trasmitieron a los demás las seguridades ofrecidas y no tardaron en regresar todos a sus respectivos pueblos.

Narváez y Las Casas abandonaron a Camagüey ya pacificado, e hicieron rumbo al Norte de Santa Clara. A veces el avance se hacía por mar. La columna entera embarcaba en cuarenta o cincuenta canoas ofrecidas y tripuladas por los indios. Las Casas cuenta que los caciques se brindaban de muy buena voluntad para estos transportes, probablemente con el deseo de alejar a los españoles cuanto antes de sus pueblos respectivos. En la región llamada de Sabaneque —de Remedios a Cárdenas aproximadamente— los españoles fueron muy bien acogidos.

En el pueblo de Carahatas, al Oeste del río Sagua la Grande, disfrutaron de largos días de abundancia.

Hallándose en Sabaneque los expedicionarios, recibieron dos noticias importantes: la de existir minas de oro en las

---

106 *Documentos inéditos*, 1.ª serie, tomo XI, pág. 415.

montañas situadas al Sur (la Sierra del Escambray) y la de que varios prisioneros españoles, hombres y mujeres, se bailaban en poder de los indios de La Habana. Las Casas despachó inmediatamente algunos indios provistos de sus papeles viejos, en los cuales, según explicó a los portadores de los mismos, prevenía a los caciques que tratasen bien a sus cautivos y que los enviasen sin demora al lugar donde él se hallaba con Narváez.

Los mensajeros no tardaron en regresar con dos mujeres, puestas en libertad por los indios de Matanzas.

Formaban parte, según refirieron ambas, de una expedición procedente de Tierra Firme que había naufragado en la costa septentrional de Pinar del Río dos años antes. En unión de quince o veinte de sus compañeros marchaban por la costa en dirección al Este, con el propósito de acercarse a la Española; al llegar a la bahía de Matanzas se embarcaron en varias canoas para pasar a la playa opuesta, pero los indios que tripulaban las embarcaciones las volcaron en mitad del puerto, golpeando con los remos a los españoles hasta que se ahogaron. Siete marineros lograron ganar la orilla a nado, pero perecieron poco después a manos de los indígenas, y solo las dos mujeres, por razón de su sexo, no fueron muertas.

Otros españoles más, según creían dichas mujeres, estaban cautivos en La Habana.

Narváez dejó cincuenta hombres en Sabaneque, en obediencia a órdenes recibidas de Velázquez, a fin de que continuasen investigando lo relativo a las minas de oro, y continuó su avance rumbo a La Habana, llevando consigo a las dos mujeres. Parece probable que en Matanzas o al penetrar en la región de La Habana, los indios realizaron varios intentos de sorprenderle, sin el menor éxito. Temiendo después a las represalias y al castigo por la muerte de los españoles náufragos, los indios abandonaron sus pueblos y solo se atrevieron a regresar a ellos ante las reiteradas promesas de un completo perdón y de que no se les causarían daños de ninguna clase. Comparecieron entonces ante Narváez quince o diez y seis caciques, entre los cuales se contaba uno llamado Yaguacayex, al cual las dos mujeres reconocieron como el autor de la muerte de los españoles. Narváez, a lo que parece, no pudo contener por más tiempo la natural impetuosidad de su carácter, y a pesar de las instrucciones de Velázquez, declaró prisioneros a los citados caciques y se dispuso a quemarlos vivos. Los ruegos y las advertencias de Las Casas, quien llegó hasta a amenazarle con que Velázquez y el Rey le castigarían, aplacaron al fin la cólera de Narváez. Los caciques fueron puestos en libertad, excepto el citado Yaguacayex, al cual Narváez se propuso conducir ante Velázquez, y los indígenas volvieron a sus pueblos. Narváez prosiguió la marcha hasta la misma bahía de La Habana y antes de arribar al puerto, salió a su encuentro el principal cacique de la región, Habaguanex, conduciendo a otro prisionero español nombrado García Mexía, el único sobreviviente de todos los náufragos. García Mexía hacía tres o cuatro años que vivía entre los indios; había aprendido el idioma de éstos, se había habituado a permanecer en cuclillas y gesticulaba extraordinariamente al hablar, provocando la risa de los españoles.

Poco después de llegar Narváez y su gente a La Habana fondeó en la bahía el bergantín que exploraba la costa del Norte, reuniéndose los dos grupos de expedicionarios. En La Habana recibió Narváez nuevas instrucciones de Velázquez llamándole al puerto de Jagua. Al dirigirse al citado lugar, Narváez y Las Casas dejaban felizmente realizada la misión que se les había confiado. Cerca de un año habían invertido en completarla.

21. Marcha de Velázquez por el Sur hasta la bahía de Jagua

Tanto la columna de Narváez como el bergantín enviado por la costa del Norte avanzaban ya a lo largo de sus rutas respectivas, cuando Velázquez emprendió la realización de la parte que se había reservado personalmente en la conquista y exploración de la región meridional de la Isla. El 4 de octubre de 1513, partió de Baracoa en varias canoas tripuladas por indígenas, con una escolta de quince o veinte españoles, dirigiéndose a la Punta de Maisí;[107] continuó su viaje por la costa del Sur de Santiago de Cuba, dobló el Cabo Cruz y fue a desembarcar en el litoral de la región de Bayamo. En la travesía de Baracoa a Bayamo, se detuvo en los lugares convenientes, hizo comparecer ante él los caciques de los pueblos más importantes y les «dixo lo que convenía al servicio del rey».

Velázquez había concebido el proyecto de fundar un pueblo en la región de Bayamo o en la de Guacanayabo, situadas a uno y otro lado del río Cauto, al Sur y al Norte, respectivamente. Mientras recorría en persona el territorio en busca del sitio de mejores condiciones para la creación del pueblo, convocó a todos los caciques de las regiones citadas y además a las de Maniabón, Boyúcar, Cayaguayo, Macaca y Cueiba, todas probablemente de la cuenca del citado río, para un lugar determinado. La reunión tenía por objeto hacer que cada cacique aportase un número de trabajadores indios con que «se comenzase a aprovechar y asentar el pueblo», hasta que se hiciese el repartimiento definitivo, cuando llegase el poder que tenía solicitado del rey don Fernando.

107 *Documentos inéditos*, 1 serie, tomo XI, pág. 421.

Velázquez encontró un sitio que le pareció adecuado para erigir la proyectada ciudad, en la región de Bayamo. Las razones en que se fundó al elegirlo eran excelentes, considerando las ventajosas condiciones naturales del lugar. Hallábase éste a legua y media de un puerto, bien situado para comunicarse con la Española y Tierra Firme, cerca del río Yara; disponía de fértiles y extensos campos, así para la crianza de ganados como para la siembra de yucas, boniatos y maíz, y no distaba más de quince o veinte leguas de las minas.[108] El Gobernador trazó la disposición general del pueblo, marcó el lugar de los edificios públicos, distribuyó tierras entre los españoles inclinados a avecindarse en el mismo, ordenó que ciertos indios comenzasen la construcción de las viviendas y otros el cultivo de los campos inmediatos, a fin de asegurar medios de vida al vecindario, y, finalmente, procedió a designar los funcionarios del ayuntamiento de la nueva ciudad, a la cual dio el nombre de San Salvador de Bayamo.

Durante la realización de estos trabajos, recibió importantes comunicaciones del Rey, concediéndoles grandes mercedes a él personalmente y a los vecinos de la colonia que administraba. Para conocimiento público, hizo pregonar las cédulas reales en los dos pueblos con que contaba la Isla hasta aquel momento, Baracoa y Bayamo, y terminada su labor en el valle del Cauto, partió del puerto de Guacanayabo el 18 de diciembre con rumbo a la región de Guamuhaya, al Sur de la actual provincia cubana de las Villas; le acompañaban veinte españoles y un buen número de sirvientes indígenas. Tres días después de la partida las canoas arribaron a los primeros pueblos indios de Guamuhaya, probablemente entre Júcaro y Tunas de Zaza, a cincuenta leguas de Guacanayabo, según el cálculo de Velázquez. El Gobernador procedió inme-

---

108 *Documentos inéditos*, 1.ª serie, tomo XI, págs. 422 y 423.

diatamente a convocar a los caciques comarcanos, transmitiéndoles las instrucciones usuales respecto a la condición de vasallaje en que desde aquel momento quedaban. Por medio de mensajeros proporcionados por los caciques, envió sendas cartas a los cincuenta españoles dejados en Sabaneque por Narváez y Las Casas, así como a ambos personajes, quienes a la sazón se hallaban en La Habana; en dichas cartas enviaba a unos y a otros nuevas instrucciones para el mejor desempeño de sus comisiones respectivas. Realizados estos trabajos, prosiguió la navegación a lo largo de la costa, y el 23 llegó a la boca de un río, quizás el Zaza, donde le aguardaba un cacique para invitarle a visitar su pueblo, situado río arriba, en la actual jurisdicción de Sancti Spíritus.

El Gobernador tenía prisa por arribar a la bahía de Jagua, donde pensaba establecer el centro de sus operaciones, pero ante la posibilidad que los indios atribuyesen a recelo o temor de su parte el abstenerse de penetrar tierra adentro, aceptó la invitación del jefe indígena. Al siguiente día, 24 de diciembre, llegaron los españoles y los indígenas a un pueblo, llamado Manzanillo, donde vivía el cacique.

Este le hizo presente a Velázquez, y tal fue a lo que parece el motivo de la invitación, que en la comarca había mucha escasez a consecuencia de una gran sequía del año anterior, la cual ocasionó la pérdida total de las cosechas. Velázquez pudo cerciorarse de la certeza del hecho y el cacique justificó de esta manera la falta de no haber tenido mayor cantidad de provisiones a disposición de los españoles.

Velázquez aprovechó su estancia en Manzanillo para hacer acudir ante su presencia a dos caciques del interior, quizás llamados Caracamisa y Manatíguahuraguana. Este último, cuya gente se hallaba alzada en los montes, parece que tenía motivos para temer la cólera de los españoles. Tal vez era responsable de la muerte de los nueve hombres de Ocampo o se le imputaban actos de hostilidad contra la tropa de Narváez al paso de éste por su territorio.

Acudieron ambos caciques a la llamada de Velázquez y Manatíguahuraguana «le dio de lo pasado muchas disculpas e muy evidentes y se ofreció por vasallo de S. A.»[109] Velázquez, fiel invariablemente a su política de atracción y apaciguamiento, aceptó las disculpas del indio, le ordenó que recogiese su gente dispersa aún, le instruyó en sus deberes de vasallo del rey y le permitió regresar a su pueblo, bajo promesa de ser en lo sucesivo un súbdito leal.

Aún permanecía Velázquez en el poblado indio de Manzanillo, cuando se le reunieron Narváez y Las Casas. Ambos personajes, de conformidad con las últimas órdenes del Gobernador, habían dejado en el puerto de La Habana la mayor parte de los cien hombres que les acompañaban y habían marchado a encontrar a Velázquez al lugar donde éste les llamaba.

En el citado puerto quedaba también, cumplida la misión que se le había confiado, el bergantín enviado por el Norte, en espera de las nuevas disposiciones del Gobernador. Los planes de éste habían sido ejecutados, por consiguiente, tal como los trazara, sin el menor entorpecimiento.

Narváez y Las Casas conducían a las dos mujeres españolas rescatadas de manos de los indios, a García Mexía, el sobreviviente de los prisioneros de los indígenas de La Habana y al cacique responsable de la matanza de los demás náufragos, el ya, citado Yaguacayex.

Este, después de amonestado por Velázquez y de haber ofrecido acatar y obedecer la autoridad de los españoles, fue puesto en libertad por el Gobernador, a fin de que regresase

109 *Documentos inéditos*, 1.ª serie, tomo XI, pág. 424.

a su comarca y reuniese sus parciales dispersos y alborotados aún. Poco después el Gobernador, en compañía de Narváez y Las Casas, se trasladó a la bahía de Jagua y estableció su residencia durante algunos meses hasta el momento de emprender el regreso a Baracoa, en una de las islitas que se hallan en el interior de la misma, probablemente en la llamada Cayo Ocampo.[110]

22. La autoridad de Velázquez extendida a toda la Isla
En vista de los informes suministrados por Narváez, Velázquez, deseoso de que toda la Isla quedase sometida a su autoridad, resolvió que el mencionado capitán regresara inmediatamente a La Habana, a fin de que continuase el avance hasta el extremo de la Isla. Sesenta de sus hombres debían permanecer en la provincia, para mantener la necesaria vigilancia sobre los indios, y el jefe, con los cuarenta españoles restantes, debía embarcarse en el bergantín y cumplir la misión de someter las dos provincias extremas, Guaniguanico y Guanahatabibes.

Narváez cumplió prontamente estas órdenes, aunque no se poseen sino muy escasos datos de la manera como realizó esta última parte de su cometido.

Solo se sabe que pudo comprobar que, como ya había observado Colón en su segundo viaje a las Indias, «la vivienda destos guanatabibes es a manera de salvajes, porque no tienen casas, ni asientos, ni pueblos, ni labranzas; ni comen otra cosa sino las carnes que toman por los montes, y tortugas y pescado».[111]

En abril de 1514, al terminarse la expedición enviada al extremo occidental de Cuba, Velázquez permanecía aún en

110 *Documentos inéditos*, 1 serie, tomo XI, págs. 425-426.
111 *Documentos inéditos*, 1.ª serie, tomo XI, pág. 424.

la bahía de Jagua. Toda la Isla se hallaba sujeta a su autoridad, y los indios, tratados de una manera más humana que en todos los demás lugares poblados hasta entonces por los españoles, continuaban viviendo en sus pueblos, en disposición de ser un elemento útil en el fomento de la colonia.

Los planes de Velázquez, hasta aquella fecha, se habían desarrollado de una manera perfecta. El Gobernador debió haberse sentido muy satisfecho del buen éxito alcanzado y en la mejor disposición para emprender la explotación de las grandes riquezas de la Isla.

Mientras permanecía en Jagua, dictó las disposiciones necesarias para la fundación de Trinidad y de Sancti Spíritus. Trinidad quedó establecida a orillas del río Arimao, en un «asiento» muy bueno para «crianza de todo ganado», en «parte muy sana al parecer» y a distancia de «cinco, siete y diez leguas de las minas» que en aquella región de Guamuhaya se habían hallado. El mismo Velázquez «hizo señalar y trazar la Iglesia en la parte que convenía a ésta y señaló solares para haciendas del Rey».[112]

Sancti Spíritus fue poblado «más adentro en la tierra, cuasi en medio de los dos mares del Sur y Norte».[113] Es probable que antes de terminar el año 1514, terminados sus trabajos en aquella región de la Isla, el Gobernador regresara a la parte oriental de la misma.

Todos los planes del Gobernador se habían realizado puntualmente, tal como él los había concebido.

La fortuna le sonreía y la ambición comenzaba a tentarle con la conquista de México y de la Florida, países cuya existencia conocía vagamente por los relatos de los indios

112 Carta de Velázquez al Rey, *Documentos inéditos*, 1.ª serie, tomo XI, pág. 427.
113 Bartolomé de las Casas, *Op. cit.*, tomo IV, pág. 38.

del Oeste de Cuba. Pero el rey don Fernando, informado de los nuevos proyectos de Velázquez, le notificó que renunciase por el momento a ellos y que se dedicase al fomento de los intereses de su gobierno de Cuba. Era un consejo muy prudente, dictado por el espíritu positivo del monarca, más deseoso en aquella fecha de recibir algunos miles de pesos de las minas de Cuba, que él creía muy ricas, que de agregar un nuevo país a la lista harto extensa ya de los descubiertos en las Indias[114] sin beneficio efectivo del Tesoro Real.

114 Véanse *Documentos inéditos*, 1.ª serie, tomo XI, pág. 428 y el documento n.° 287, 2.ª serie, tomo VI, pág. 5.

IV. Primer periodo colonial. 1512-1555

1. Historia política externa

23. Primeros pasos de Cuba en la vida política. Atención de don Fernando el Católico a los asuntos de Cuba

La colonia fundada en Cuba por Diego Velázquez, de la manera que se ha descrito en párrafos anteriores, tuvo desde su origen una personalidad propia y comenzó a desarrollarse bajo los mejores auspicios.

La Española, agitada por las luchas intestinas entre los colonizadores y por las terribles crueldades cometidas por su gobernador Nicolás de Ovando contra los indios, se hallaba en un período de decadencia que habría de llevarla rápidamente a la ruina; y en cuanto a los demás establecimientos fundados hasta entonces en el Nuevo Mundo —Puerto Rico, Jamaica, Darién y Castilla de Oro— producían poco o habían sido teatro de lamentables desastres. Cuba, por el momento, parecía llamada a ser la más rica región de las Indias.

Velázquez, como ya se ha dicho, conquistó a Cuba en virtud de un «asiento» celebrado con don Diego Colón, y obraba como teniente de éste; pero el Adelantado, como se designaba comúnmente al gobernador de Cuba, bien por el deseo de aumentar y robustecer su autoridad, bien porque entendiera que con ello se beneficiaba la colonia de su mando o por otros motivos desconocidos, manifestó desde su desembarque en Cuba su propósito de independizarse de la jurisdicción de don Diego Colón y entenderse directamente con el rey de España, que en aquella fecha (1512) lo era don

Fernando de Aragón, viudo de doña Isabel la Católica que había muerto en 1504, y regente de Castilla desde 1507, al morir don Felipe el Hermoso, esposo de la reina doña Juana, llamada 'la Loca», hija de don Fernando y doña Isabel.

Los Reyes Católicos practicaron durante el tiempo de su gobierno una firme política de centralización en todos los órdenes de la vida del Estado,[115] la cual aplicaron también a sus nuevos dominios de América, hasta donde se lo permitieron las capitulaciones firmadas en Granada con el Gran Almirante antes de emprender éste el viaje de descubrimiento.

La amplitud extraordinaria de los derechos que Colón se había reservado en dichas capitulaciones se hallaba en contradicción con la política nacional de los Reyes y limitaba la autoridad de éstos en las Indias, circunstancia a la cual debe imputarse la mayor parte de las diferencias surgidas entre Colón y los monarcas;[116] pero muerto el Almirante y confiado el cargo de Virrey a su hijo, no como un derecho, sino como una gracia o merced real, don Fernando se halló en condiciones de practicar con mayor libertad en el Nuevo Mundo su política de centralización, reservándose la resolución de todos los asuntos de importancia tocantes a la administración, organización y gobierno de las nuevas posesiones de la Corona. De conformidad con los principios de dicha política, en 1511, en real cédula dirigida a don Diego Colón, le ordena que consulte lo que se haya de proveer en las cosas del servicio real que sean de importancia y que espere la resolución siempre que de la demora no resulte gran inconveniente.[117] En la misma real cédula el monarca, después de expresar su extrañeza porque don Diego no le hubiese comunicado

115 E. Altamira, *Op. cit.*, tomo II, pág. 445.
116 E. Altamira, *Op. cit.*, tomo II, pág. 477.
117 *Documentos inéditos*, 2.ª serie, tomo I, pág. 1 y siguientes.

su proyecto de enviar a Cuba a su tío el Adelantado don Bartolomé Colón, aprueba el envío de don Diego Velázquez, así como «el asiento que con él se tomó»[118] y ordena que se le avise «muy particularmente de todo lo que dicho Diego Velázquez hobiere fecho e hallare, para que sobre todo vos envíe a mandar lo que hobiéredes de hacer». El propósito de don Fernando de asumir personalmente la dirección superior de los asuntos de la nueva colonia, queda bien manifiesto en esta real cédula. En efecto, la intervención directa del rey en todas las cuestiones de importancia concernientes a Cuba se mantuvo mientras vivió don Fernando y determinó desde el comienzo de la ocupación de la Isla, la casi total independencia de ésta de Santo Domingo.

El interés de don Fernando por Cuba era muy marcado antes de la conquista de la Isla; después lo fue más aún. En real cédula de 25 de junio de 1511[119] reitera su aprobación a la empresa de Velázquez, manifestada poco antes (6 de junio), y hace constar su decisión de pagarle todo lo que gaste en ella; dos días después, en otro documento del mismo carácter, dispone el envío de frailes franciscanos a Cuba «para la conversión e salvación de las ánimas de los indios»,[120] y en 10 de diciembre del mismo año, por otra real cédula, presta todo su apoyo a Velázquez contra el teniente de éste, Francisco de Morales, cuyo castigo ordena en los términos más severos[121] «porque ha fecho muchos excesos en el viaje que hizo (a Maniabón), faciendo fuerzas e robos a personas... e alborotado los indios, e llevándolos atados por fuerza, e maltratándolos a dondequiera».

118 Hasta la fecha no se conocen los términos de dicho «asiento».
119 *Documentos inéditos*, 1.ª serie, tomo I, pág. 15.
120 *Documentos inéditos*, 1.ª serie, tomo I, pág. 26.
121 *Documentos inéditos*, 1.ª serie, tomo I, pág. 32.

Don Diego Velázquez se aprovechó desde el primer momento de estas buenas disposiciones del monarca y del interés que demostraba por cuanto se refería a Cuba y recabó directamente ante la Corte mayor independencia para su gobierno del de Santo Domingo y diversas ventajas y mercedes para su gobernados y aun para él mismo. Las gestiones de Velázquez al principio fueron practicadas por mediación del tesorero de la Española Miguel de Pasamonte, y del secretario del monarca don Lope Conchillos, con muy buen éxito. Por diversas reales cédulas de 12 de diciembre de 1512 y de 8 y 13 de abril y 8 de mayo de 1513, don Fernando otorgó importantes concesiones a la nueva colonia y a su gobernador. Entre dichas concesiones se contaron la de conferir a Velázquez el cargo de repartidor de los indios de Cuba (8 de mayo de 1513), el envío de dos carabelas para el servicio de las costas, la orden de que en la Española no se pusiese impedimento para que pasasen a Cuba las mujeres de los españoles establecidos en ésta y la concesión por diez años a los pobladores de Cuba de todas las «franquezas e libertades e esenciones, preeminencias e prerrogativas e inmunidades e privilegios e usos e costumbres e fueros» otorgados a los vecinos y pobladores de la Española,[122] consistentes en el suministro de víveres de los almacenes reales gratuitamente durante un año, la exención de derechos de almojarifazgo para los efectos que importaren durante diez años, donaciones de tierras y encomiendas de indios, el otorgamiento en propiedad de las casas que fabricasen, el envío de semillas, animales, herramientas, etc., así como el reconocimiento del derecho de constituir sus cabildos o concejos, elegir sus alcaldes o justicias, procuradores, etc. En cuanto a Velázquez personalmente se refiere, a más del cargo ya citado de repar-

122 *Documentos inéditos*, 2.ª serie, tomo I, pág. 37.

tidor de los indios, don Fernando le confirió el de Alcaide del fuerte levantado en Baracoa, con el sueldo de 20.000 maravedises al año.

Fiel a los principios de su gobierno, don Fernando al hacer estas concesiones cuidaba de reservarse el derecho de conocer y resolver por sí las cuestiones relativas a la administración de Cuba, y así recomendaba a Velázquez: «y siempre me escribid lo que en esto se hace, y de todas las cosas desa isla, y de lo que supiéredes que de acá se puede proveer para el acrecentamiento de ella, así en lo espiritual como en lo temporal, me avisad de contino particularmente, porque yo lo mande proveer como convenga».[123] En cuanto a los deseos de Velázquez de independizarse de la Española no se vieron totalmente satisfechos, pues si bien como repartidor de los indios quedó facultado para proceder libremente, debía en todo lo demás consultar con «los oficiales de la Española cuanto haya de hacerse y escribir juntamente con ellos».[124] Tampoco otorgó don Fernando a Velázquez la licencia que éste solicitara para descubrir otras tierras al Norte de Cuba. «Por ahora —le contestó el rey— curad solo de lo que hacéis».[125] Esta decisión del monarca obedecía a su empeño de que Velázquez continuase desarrollando la minería, la agricultura y la crianza de ganados en la Isla, a fin de convertirla en un centro de abastecimiento de las demás colonias, a las cuales recomienda a Velázquez que procure «abastecer de pan y carne con gran diligencia».

Por los mismos motivos don Fernando recomendó «el ennoblecimiento de Trinidad», situada muy a propósito «para proveer a Castilla de Oro», el fomento de los pueblos situa-

---

123 *Documentos inéditos*, 2.ª serie, tomo I, pág. 35.
124 *Documentos inéditos*, 2.ª serie, tomo VI, pág. 4.
125 *Documentos inéditos*, 2.ª serie, tomo VI, pág. 5.

dos en el Sur de Cuba y la construcción de navíos «para la contratación de Castilla de Oro y Santiago» (Jamaica).[126] Todas estas medidas iban encaminadas a asegurar el desarrollo económico de la colonia, de la cual don Fernando esperaba obtener pingües rentas; pero en este último punto su política económica careció de moderación y resultó muy onerosa para los colonos. Estos no solo debían entregar al rey el quinto de la cantidad total del oro que recolectasen, sino que con la mira de evitar los fraudes se autorizó una sola fundición en la Isla, a la cual debían traer su oro a fundir los pobladores una sola vez al año en el mes de mayo. Corriendo todos los gastos de la recolección del metal por cuenta de los colonos, la entrega del 20 % de lo recolectado era exorbitante, y la existencia de una sola fundición dada la dificultad de los medios de transporte y las grandes distancias agravaba enormemente el carácter oneroso de la medida.

El problema de los indios fue otro de los que mereció el constante cuidado del rey, quien en todas las reales cédulas sobre asuntos cubanos de 1511 a 1515 ordena que se preste la mayor atención al buen tratamiento y conversión de los indios encomendados.

La cuestión de las encomiendas tomó un cariz muy distinto del que hasta entonces había tenido, a partir de 1515. En la citada fecha el padre Las Casas comenzó su famosa cruzada a favor de la libertad de los indígenas, trasladándose a España para presentar personalmente sus representaciones al rey. Los encomenderos de Cuba, que vieron amenazados sus intereses, se aprestaron a la defensa y los ayuntamientos, dominados por aquéllos, comisionaron a dos de sus procuradores, que entonces aparecen en acción por primera vez, para que comparecieran ante la Corte, se opusieran a las pre-

---

126 *Documentos inéditos*, 2.ª serie, tomo I, pág. 58.

tensiones de Las Casas y gestionaran otros asuntos de interés para los vecinos de la Isla. Las Casas habló con el rey en Plasencia, le presentó sus memoriales y quedó muy esperanzado del resultado de la entrevista. Poco después, cuando el famoso sacerdote esperaba en Sevilla la llegada del monarca para continuar presentando sus quejas contra las encomiendas, recibió la noticia de la muerte de don Fernando «con gran pena y angustia», porque «por ser el Rey viejo y andar a la muerte muy cercano, y de guerras desocupado, nacióle muy grande esperanza de que averiguada su verdad las Indias se remediaran».[127]

24. La colonia cubana durante la regencia del Cardenal Cisneros. Las Casas y los procuradores

A la muerte de don Fernando, ocurrida en Madrigalejo el 23 de enero de 1516, quedó al frente del gobierno de España el Cardenal Fray Francisco Jiménez de Cisneros, nombrado regente en su testamento por don Fernando, hasta que su nieto Carlos asumiese el poder. Cisneros era un hombre público de carácter firme y enérgico, austero, de espíritu profundamente cristiano, de una gran variedad de talentos, identificado de la manera más completa con el interés del Estado y de la Iglesia, de miras muy superiores a las consideraciones del egoísmo y de una gran experiencia administrativa y política. Había sido confesor y consejero de doña Isabel la Católica y se hallaba perfectamente compenetrado con la gran obra de unificación y reconstrucción nacional llevada a cabo por los Reyes Católicos, obra que había contribuido a concebir y ejecutar con la mayor decisión y energía.[128] En virtud de estas circunstancias,

127 Bartolomé de las Casas, *Op. cit.*, tomo IV, pág. 277-280.
128 *Historia del reinado de los Reyes Católicos*, por William H. Prescott. Traducción de don Pedro Saban y Lanoya, Madrid, 1846, tomo IV.

no solo pudo ser un continuador de la política colonial del rey Católico tocante al fomento material de Cuba, sino que dotado de un acendrado y fervoroso sentimiento religioso, de un sincero amor al prójimo, de una gran rectitud moral y de un profundo sentimiento de la justicia, se halló en condiciones de amparar y proteger celosamente todos los intereses legítimos de los súbditos de la monarquía, por humilde que fuese la condición de los mismos, y de velar por los intereses de la religión y de la justicia en las colonias, libre de las vacilaciones que la avaricia determinaba a veces en el ánimo del rey don Fernando.

El comienzo de la regencia de Cisneros coincidió, en lo que a Cuba concierne, con la presencia en la Corte del padre Las Casas para presentar sus primeras informaciones a favor de los indios y con la de los procuradores de la Isla, Pánfilo de Narváez y Antonio Velázquez, los primeros que ostentaron en España la representación legal de los intereses cubanos.

El Cardenal escuchó detenidamente las representaciones de Las Casas, en las cuales no solo se acusaba a los encomenderos de esclavizar y maltratar cruelmente a los indios, destruyendo rápidamente la población indígena,[129] sino se denunciaba el hecho de que a varios elevados personajes y funcionarios de la Corte le habían sido adjudicadas encomiendas numerosas y tierras productivas, para comprar su silencio o su parcialidad a favor del sistema.[130]

Tanto Cisneros como el Cardenal Adriano de Utrech, representante personal de Carlos V, asociado por éste al regente en la gobernación de España hasta la fecha en que él estuviese en condiciones de asumir la dirección de los asuntos de la Península, quedaron profundamente impresionados por

129 Las Casas, *Op. cit.*, tomo IV, págs. 281 a 295.
130 *Documentos inéditos*, 2.ª serie, tomo VI, págs. 6 a 12.

las demostraciones de Las Casas y convencidos de la razón que le asistía en sus humanitarias peticiones; no obstante, antes de dictar ninguna medida para resolver directamente la cuestión planteada, dieron traslado de las representaciones del defensor de los indios a una comisión de letrados y religiosos y además a los ya citados procuradores de Cuba estacionados en la Corte. La comisión informó que los indios eran súbditos libres y debía tratárseles como a tales; que se les podía mandar a trabajar, siempre que fuese sin perjuicio de la instrucción en las cosas de la fe y abonándoles un salario conveniente en vestidos y otros efectos, que debían tener sus casas y haciendas propias y dárseles tiempo para que atendieran a su labranza y conservación, y, finalmente, que debía mantenérseles en comunicación con los pobladores españoles para que se instruyesen más pronto en las cosas de la fe. Firmaron este informe el Licenciado Santiago, el doctor Palacio Rubio, el Licenciado Sosa, Fray Tomás Duran, Fray Pedro de Covarrubia, Fray Matías de Paz y Gregorio Lita.[131] El dictamen de los procuradores Pánfilo de Narváez y Antonio Velázquez, fue totalmente contrario a la representación de Las Casas, a quien acusaron de hombre liviano, de poca autoridad y crédito, desconocedor de los asuntos de que trataba y de que so color de proteger a los indios, ambicionaba «prelacia e mando... creyendo que le darán la reformación de los daños que manifiesta». Los procuradores pedían además que se solicitase el testimonio de otras personas autorizadas, manifestaban que la Isla se despoblaría de prevalecer las pretensiones de Las Casas y agregaban que Cuba era muy diferente de todas las demás islas, por cuya razón debían ser tratados sus asuntos de una manera especial.[132] Este apasionado

131 *Documentos inéditos*, 1.ª serie, tomo VII, págs. 11 y 12.
132 *Documentos inéditos*, 1.ª serie, tomo VII, págs. 12 y 13.

escrito, en el cual no se aducían razones ni se citaban hechos que lo justificasen, debió producir poco o ningún efecto en el ánimo de Cisneros, quien pensando sin duda que un asunto en que mediaban intereses tan importantes y contradictorios y acerca del cual la opinión se hallaba tan dividida, no podía ser resuelto de una manera satisfactoria a distancia, determinó crear una comisión con amplios poderes, para que se trasladase a la Española y pusiese en planta la abolición de las encomiendas o en caso de que la medida se considerase impracticable adoptase otras soluciones adecuadas, partiendo del principio de que los indios eran súbditos libres y nadie se hallaba facultado para reducirlos a la servidumbre ni compelerlos al trabajo sin la debida remuneración. Para formar la comisión designó Cisneros cuatro frailes de la Orden de San Jerónimo, a fin de que estuviese constituida por personas a quienes los intereses materiales no pudiesen apartar del fiel cumplimiento de la misión humanitaria que se les confiaba y como garantía de imparcialidad, ya que entre los frailes dominicos y franciscanos establecidos en las Indias existía cierta rivalidad por mostrarse inclinados a favor y en contra, respectivamente, de las representaciones de Las Casas. Las instrucciones escritas acordadas en Consejo con la colaboración de Las Casas, que el Cardenal trasmitió a la comisión, constituían un vasto plan de colonización, en el cual se prescribía el respeto a la organización social de los indios, que se tomaba como base del plan, la distribución de tierras entre ellos, la fundación de pueblos y la manera de administrarlos, el establecimiento de hospitales y asilos de ancianos, la instrucción religiosa y la policía de las costumbres, la enseñanza de algunos oficios a los indios, la instrucción en las cosas de la fe, lectura y escritura a los niños hasta la edad de nueve años, así como los diversos medios de indemnizar a los españoles que se hallasen en posesión de las encomiendas al implantarse el nuevo sistema.[133] Además, el Cardenal confirió una comisión especial al padre Las Casas para «que avisara, informara y diera parecer a los frailes Jerónimos y para que escribiera e informara a la Corte sobre las cosas que se hicieren y convinieren hacerse en las dichas islas».[134] Finalmente, Cisneros, a fin de asegurar que en la Corte no hubiese nadie interesado personalmente en las encomiendas, y que los miembros del Consejo del rey, y las autoridades de las colonias no fuesen parte interesada a favor de la servidumbre de los indios, y se hallasen en condiciones de velar por el cumplimiento de las nuevas disposiciones, dictó varias reales cédulas ordenando que se quitasen las encomiendas a los miembros del Consejo del rey y a cuantas personas viviesen en Castilla, así como a los Jueces y Oficiales del rey con empleo en las Indias. Varios influyentes personajes de la Corte fueron privados de los indios que tenían encomendados y desde entonces, según el testimonio de Las Casas «nunca los miembros del Consejo tuvieron indios, al menos públicamente».[135]

Salvo en lo tocante a este punto de las encomiendas, Cisneros acogió con la mejor disposición las peticiones de los procuradores, a quienes consideró como los legítimos y autorizados representantes de la Isla, sentando el principio de que los vecinos de Cuba debían ser oídos y atendidos en sus demandas para el mejor gobierno de la colonia. En unos casos resolvió de plano favorablemente las solicitudes de mejoras que se le hicieron y en otros dio traslado de las mismas a la comisión de los Jerónimos, facultándolos para resolverlos

133 *Documentos inéditos*, 1.ª serie, tomo XI, págs. 258 a 283. Bartolomé de las Casas, *Op. cit.*, tomo IV, págs. 296 a 315.
134 Las Casas, *Op. cit.*, tomo IV, págs. 316 y 317.
135 Las Casas, *Op. cit.*, tomo IV, págs. 294 y 295.

después de estudiado el asunto sobre el terreno. Todas las reales cédulas que entonces se dictaron respondieron a las gestiones de los legítimos representantes de la colonia cubana, según se hacía constar en el preámbulo de las mismas. Una real cédula de 21 de diciembre de 1516 ordenó, a petición de los procuradores, que los letrados que residieran en la Isla no pudieran abogar en pleitos y causas que no fuesen de carácter criminal, a fin de evitar litigios y desavenencias entre los vecinos.[136] Otra de 30 de diciembre del mismo año, otorgó «licencia e facultad» a los vecinos de Cuba para «facer e tener navíos» destinados a comerciar con la Española, Puerto Rico, Jamaica y Tierra Firme.[137] En 1517 se dispuso la condonación de las deudas a la Corona o el cobro moderado de las mismas según los casos, a fin de aliviar la situación de los pobladores necesitados, y la aplicación de una parte de los fondos del tesoro real, a abrir caminos en la Isla.[138] Tocante a otras medidas importantes de orden económico solicitadas por los procuradores, el Cardenal dio traslado, como ya se ha dicho, a la comisión de los Jerónimos para que resolviesen lo que fuese conveniente al servicio del rey y «al bien e pro e utilidad» de los vecinos.[139]

25. La política colonial cubana bajo el reinado de Carlos V. Sacrificio de los intereses cubanos

La política de consagrar toda la atención y la energía de los pobladores al fomento de las riquezas materiales del país —minería, agricultura, comercio— favorecida y aun impuesta por don Fernando como ya se ha visto en párrafos precedentes, se continuó durante la regencia del Cardenal Cisneros y

---

136 *Documentos inéditos*, 2.ª serie, tomo I, pág. 65.
137 *Documentos inéditos*, 2.ª serie, tomo I, pág. 69.
138 *Documentos inéditos*, 2.ª serie.
139 *Documentos inéditos*, 2.ª serie, tomo I, págs. 68, 72 y 75.

llevó rápidamente a Cuba al mayor grado de bienestar y de prosperidad que alcanzara en el siglo XVI; pero, por desdicha, esta política, poco después de asumir el poder en España Carlos V, nieto de los Reyes Católicos, y de morir el Cardenal Cisneros (8 de noviembre 1917), iba a sufrir, en virtud de gestiones practicadas por los mismos pobladores de Cuba, un cambio profundo, que habría de acarrear grandes daños a la Isla.

Velázquez desde 1514 se había manifestado contagiado con el espíritu ambicioso de la época y deseoso de extender la esfera de su gobierno a otros países próximos a Cuba, tocante a los cuales muy poco se sabía hasta entonces; pero el rey don Fernando, de espíritu más práctico y positivo, le había negado autorización para hacerlo. No obstante, el Gobernador persistió en sus propósitos, estimulado quizás por el rápido acrecentamiento de sus riquezas y por la afluencia de gente aventurera que arribaba a Cuba, atraída por el bienestar y la paz que en ella reinaban, contrastando con los desastres experimentados por los conquistadores en la Tierra-firme.

A principios de 1517, Velázquez, a pesar de que aún no había sido levantada la prohibición de don Fernando, organizó una expedición con españoles procedentes de la fracasada colonia de Darién, asociado a un tal Francisco Fernández o Hernández de Córdoba, vecino de Trinidad, para descubrir y explorar nuevas tierras. La autorización para fabricar navíos obtenida de Cisneros por los procuradores, se relacionaba probablemente con dicha expedición, la cual, según se explicará con más amplitud posteriormente, descubrió las costas de Yucatán y de México. Los descubrimientos realizados por Córdoba estimularon poderosamente la ambición de Velázquez y de los colonos de Cuba, quienes renovaron sus peticiones en la Corte en demanda de autorización para llevar adelante exploraciones y conquistas. Estas solicitudes alcanzaron el éxito deseado. El 7 de noviembre de 1518 se dictó en Zaragoza una real cédula que marca un cambio fundamental de la política colonizadora seguida hasta entonces en Cuba y el abandono de los principios establecidos por don Fernando.

En dicha real cédula se autorizaba al gobernador y a los pobladores de Cuba para armar a su costa y descubrir islas o tierras y conquistarlas, sin otra reserva que la de abstenerse de invadir la jurisdicción del rey de Portugal y guardar las instrucciones respecto al buen tratamiento de los indios.[140] En virtud de esta real cédula Velázquez preparó la conquista de México, empresa en la cual se consumieron las riquezas de Cuba, sin contar con que determinó el éxodo de la mayor parte de los colonos y el abandono del trabajo en las recién fundadas haciendas. La real cédula anterior fue ratificada y ampliada por otra de 12 de diciembre del mismo año.[141] Posteriormente, en vista de la rápida despoblación de la Isla, después de la conquista de México y del Perú, se prohibió, por acuerdo del Consejo de Indias, bajo pena de muerte y pérdida de todos los bienes, la salida de Cuba de sus vecinos (Real cédula de 17 de noviembre de 1526),[142] pero en 1537 se hizo el nombramiento de Adelantado de la Florida a favor de Hernando de Soto, teniendo como cargo anexo el de Gobernador de Cuba, a fin de que ésta le sirviese de base de operaciones y de aprovisionamientos.[143]

Esta medida fue una ratificación de una política que significaba el sacrificio de los intereses de la colonia cubana con la

140 *Documentos inéditos*, 2.ª serie, tomo I, pág. 81.
141 *Documentos inéditos*, 2.ª serie, tomo I, pág. 85.
142 *Documentos inéditos*, 2.ª serie, tomo IV, pág. 431.
143 *Documentos inéditos*, 2.ª serie, tomo I, pág. 363.

mira de fomentar nuevas conquistas, así como el abandono del trabajo por las aventuras.

En Cuba dio lugar a muchos disgustos y quejas.

En lo que concierne al propósito de resolver los problemas de Cuba oyendo a la legítima representación de sus pobladores, Carlos V se ajustó a los precedentes establecidos por Cisneros. Persistiendo en el propósito de sus antecesores de centralizar la administración y resolver por sí los asuntos importantes, expresa su mandato de que se le informe desde Cuba sobre dichos particulares para proceder con acierto y justicia.[144] No solo se continuó oyendo a los procuradores como representantes legítimos de Cuba, sino se dictaron varias medidas muy importantes para hacer viable dicha representación y garantizar su independencia, como fueron las de que los gastos de los procuradores se pagasen con fondos del tesoro real,[145] la real cédula previniendo que los tenientes de gobernador no entren en los cabildos (1.º de diciembre de 1525), la de 6 de septiembre de 1528 facultando a los procuradores para establecer alzadas contra las resoluciones de la Audiencia de Santo Domingo,[146] la de 6 de noviembre del mismo año reconociendo a los procuradores el derecho de acudir en queja directamente ante el Rey contra el Gobernador, sin que éste pudiese intervenir en las deliberaciones tocante al punto ni obligarles a hacerle conocer el resultado de las mismas[147] y finalmente las disposiciones relativas a la forma de elección de los procuradores por el procedimiento democrático de votación directa de los vecinos.[148]

144 *Documentos inéditos*, 2.ª serie, tomo I, pág. 354.
145 *Documentos inéditos*, 2.ª serie, tomo I, pág. 87.
146 *Documentos inéditos*, 2.ª serie, tomo IV, pág. 48.
147 *Documentos inéditos*, 2.ª serie, tomo IV, pág. 55.
148 *Documentos inéditos*, 2.ª serie, tomo IV, pág. 131.

La política relativa a los indios se prosiguió en forma muy vacilante al comienzo del reinado de Carlos V. La comisión de los Jerónimos nombrada por Cisneros resultó incapaz, por falta de una convicción definida y de energía, de solucionar el problema de una u otra forma, manteniéndose una situación inestable e incierta, con grave perjuicio del desarrollo económico de la colonia y, sobre todo, con funestos resultados para los indios. Los procuradores, en representación de los colonos encomenderos, no solo abogaban a favor de las encomiendas, sino que gestionaban su concesión con carácter perpetuo y el derecho de transmitirlas a otras personas por venta o por herencia. El derecho de comprar, vender y traspasar encomiendas fue negado (Real cédula de 14 de junio de 1527, Valladolid),[149] pero en cambio se dispuso que la mujer y los hijos de los encomenderos quedasen en posesión de los indios de éstos a su fallecimiento, siendo digno de señalarse el hecho de que el derecho a los hijos se reconoció aun a aquellos que no fuesen legítimos.[150]

En 1526 se inició una nueva política en lo que a los indios concierne, al establecerse el plan que se llamó «de la experiencia», del que se tratará más adelante. En 1529 se ordenó que ni el gobernador ni el obispo pudiesen tener indios y finalmente en 1529 se decretó la absoluta libertad de los indígenas. La medida provocó reiteradas protestas de todos los municipios cubanos[151] y con diferentes pretextos fue diferido su cumplimiento por los gobernadores Dávila y Chávez, hasta que en 1550 fue puesta en vigor por el gobernador Pérez de Angulo.

149 *Documentos inéditos*, 2.ª serie, tomo VI, pág. 17.
150 *Documentos inéditos*, 2.ª serie, tomo IV, pág. 345.
151 *Documentos inéditos*, 2.ª serie, tomo VI, pág. 213.

La política económica no sufrió alteración durante el reinado de Carlos V. Se mantuvo la disposición de que hubiese una sola fundición, a fin de vigilar más fácilmente las operaciones de la misma y evitar los fraudes al tesoro real, y se negaron todas las solicitudes de los procuradores de que en lugar del quinto del oro se pagase el décimo al rey. En 1520 se dictó una real provisión muy importante, aprobando y confirmando a los vecinos de la isla el repartimiento de tierras, solares y aguas realizado por los gobernadores y los concejos sin autorización real, si bien se prevenía que en lo sucesivo no se hiciesen en tal forma.[152]

Esta medida que aseguró a los vecinos la pacífica y legítima posesión de sus propiedades, fue de un gran alcance social. Algunas otras concesiones económicas se hicieron a los pobladores de Cuba, pero de escasa importancia.

Los dos grandes males de este período fueron el orientarse la actividad de los gobernantes y colonos de Cuba hacia las empresas en el exterior en lugar de atender al fomento del país, y la falta de una política firme y definida tocante a las encomiendas; para terminar, con un radicalismo exagerado, por suprimirlas sin indemnizar a los que se hallaban en posesión de las mismas.

Ambos hechos contribuyeron a la rápida decadencia de la colonia, la cual en 1555 se hallaba en estado completo de ruina.

26. Empresas exteriores de los primeros gobernadores
Los fáciles éxitos obtenidos en la conquista de Cuba y el rápido desarrollo de la colonización de la Isla, con el aumento consiguiente de la riqueza, dieron grandes vuelos a las ambiciones de su primer gobernador. Esta circunstancia, unida

152 *Documentos inéditos*, 2.ª serie, tomo I, pág. 105.

al constante arribo de gentes emprendedoras de otras colonias fracasadas y a que el genio aventurero de los primeros pobladores y el espíritu de la época se avenía poco o nada con el género de vida que llevaban en Cuba hombres como Hernán Cortés, Pánfilo de Narváez y otros, encomenderos y criadores de ganado, fue causa de que pronto se pensase en organizar expediciones para reconocer y conquistar los países vecinos.

Velázquez tenía conocimiento de que al Suroeste y al Norte de Cuba existían dilatados territorios, y se suponía que eran riquísimos. Las exploraciones realizadas por los marinos venecianos llamados Juan y Sebastián Cabot, al servicio de Inglaterra, en las costas que hoy corresponden al Canadá y a los Estados Unidos, las de Juan Ponce de León en la Florida y los descubrimientos de otros muchos navegantes, impulsaron a Velázquez a organizar expediciones para reconocer algunas de las tierras próximas a Cuba, pero ya hemos visto que el rey don Fernando le negó el permiso para realizar la citada empresa.

Cuatro o cinco años más tarde, muerto ya don Fernando, Velázquez decidió llevar adelante su proyecto, con el concurso de un grupo de cien españoles que había llegado a Cuba procedente de la fracasada colonia de Darién, en Tierra-firme, a cuyo efecto hubo de asociarse con el jefe del grupo, avecindado en Trinidad, el cual se llamaba, como ya se ha dicho, Francisco Hernández o Fernández de Córdoba. Córdoba era experimentado en la clase de empresas que pretendía llevar a cabo y contaba con los servicios del piloto Antón de Alaminos, uno de los más célebres de la época por su conocimiento de los mares de las Antillas. La expedición partió del fondeadero de Batabanó el 8 de febrero de 1517 en tres barcos tripulados por 114 hombres,[153] descubrió el cabo Catoche, reconoció las costas de Yucatán y sostuvo recios combates con los naturales, perdiendo cerca de cien hombres. Los restantes, heridos y maltrechos, regresaron al puerto de La Habana. Córdoba, gravemente herido, se hizo trasladar a sus haciendas de Sancti Spíritus, donde murió poco después sin haber llegado a entrevistarse con Velázquez, a quien por escrito había informado de sus descubrimientos y de sus desastres.

El resultado de la expedición de Córdoba no pudo ser más desgraciado para cuantos tomaron parte en la misma, pero las noticias aportadas por los sobrevivientes sobre las inmensas riquezas de las nuevas tierras, excitaron extraordinariamente a Velázquez y a gran número de los pobladores de Cuba. El Gobernador procedió con gran premura a organizar una nueva expedición fuerte de doscientos cincuenta hombres, cuyo mando confió a su sobrino Juan de Grijalva, quien recibió el encargo de proseguir y completar los reconocimientos comenzados por Hernández de Córdoba. Grijalva partió de Santiago de Cuba el 8 de abril de 1518, descubrió la isla de Cozumel y recorrió, reconociéndola lentamente, la costa de Yucatán correspondiente al golfo de México, prosiguiendo su viaje hasta el puerto de Veracruz. Grijalva trocó baratijas y otros objetos de poco valor por comestibles y joyas con los naturales, los cuales usaban trajes y buenas armas y habitaban casas de piedra construidas con buen arte y solidez. En el puerto de Veracruz, que los indígenas llamaban Ulúa, tuvo noticias de Moctezuma y de su imperio, al cual Grijalva aplicó el nombre de Nueva España.

153 *Historia de la Isla de Cuba*, por don Jacobo de la Pezuela, Madrid, 1868, tomo I, págs. 92-93.

Ajustándose estrictamente a las instrucciones de Velázquez Grijalva no realizó el menor intento de fundar ningún establecimiento en aquellas costas y regresó a Cuba a fin de informar a su gobernador de los descubrimientos realizados durante el viaje.

A partir del regreso de Grijalva, a quien Velázquez reprochó no haber tomado posesión formal del nuevo emporio de riqueza ni haber fundado en él algún establecimiento que asegurase el derecho de España y del gobernador de Cuba sobre las tierras de México, Velázquez no tuvo preocupación más importante que la conquista de la Nueva España, empresa en la cual sacrificó no solo su fortuna personal sino la prosperidad de Cuba. Una nueva y formidable expedición, formidable en relación con la época, fue organizada en breve tiempo con febril actividad, compuesta de once buques, setecientos hombres, catorce cañones y numerosos caballos. El mando de la misma le fue confiado a Hernán Cortés, quien se apresuró a hacerse a la mar, contraviniendo las órdenes de Velázquez, al saber que éste, poco satisfecho de la designación que había hecho para la jefatura de la expedición, pensaba en la conveniencia de privarle del mando y confiárselo a otra persona que le inspirase mayor confianza. El resultado de esta famosa expedición fue de una importancia extraordinaria.

Hernán Cortés desembarcó en Veracruz y emprendió la conquista de México por cuenta propia. Sin cuidarse para nada de Velázquez procuró ganarse el favor del emperador Carlos V, a fin de que se le reconociese como la autoridad suprema de la Nueva España. Las grandes hazañas que realizó Cortés y que le han hecho universalmente famoso, no son asuntos cuyo estudio corresponde a la historia de Cuba, sino a la general de España y a la de México, por lo cual no hay que tratar aquí de ellas.

Velázquez no podía permanecer indiferente ante el desconocimiento de su autoridad, ni ante la pérdida de los grandes caudales invertidos en armar, equipar y aprovisionar la expedición; tampoco se resignaba a ver defraudadas sus esperanzas de regir tinas tierras que habían sido descubiertas a su costa y en cumplimiento de órdenes suyas por Córdoba y Grijalva. Con la mira de castigar a Cortés y de llevar a cabo la conquista comenzada por éste, preparó una cuarta expedición más poderosa aun que la anterior. Componíase de diez y ocho buques, más de mil hombres, doce cañones y ochenta y cinco caballos, armamento de los más fuertes que por entonces se hicieron. Velázquez confió el mando del mismo al rico vecino establecido cerca de Sancti Spíritus, Vasco Parcallo de Figueroa, quien no quiso admitirlo y entonces nombró a Pánfilo de Narváez, que acababa de regresar de la Corte, donde había gestionado como procurador con Antonio de Velázquez, diversos asuntos de interés para Cuba.[154] Ultimados todos los preparativos, la escuadra zarpó con rumbo a Veracruz, el 18 de marzo de 1520. Al dar cuenta al rey de esta expedición, Velázquez manifestaba que si Narváez no tenía buen éxito, él en persona iría a castigar a Cortés.[155] Los expedicionarios desembarcaron en el citado puerto y emprendieron la marcha hacia el interior, en persecución de Cortés, pero poco después Narváez fue sorprendido y derrotado por su adversario en Zempoala y casi toda su tropa se pasó a Cortés, quien vio considerablemente reforzadas sus filas y aumentado su material de guerra. El fracaso de la expedición de Narváez fue un golpe terrible para Velázquez,

154 Jacobo de la Pezuela, *Op. cit.*, tomo I, pág. 107.
155 *Documentos inéditos*, 2.ª serie, tomo II, pág. 94.

pero no se dio por vencido aún. Prosiguió sus reclamaciones ea la Corte contra el conquistador de México y hasta comenzó a preparar una quinta expedición que se proponía dirigir personalmente, cuando recibió la noticia de que Carlos V se había decidido a favor de Cortés, a quien concedió el título de Gobernador y Capitán General de Nueva España. Velázquez se preparaba para trasladarse a España a reclamar contra esta resolución del monarca, cuando murió en Santiago de Cuba del 11 al 12 de junio de 1524.

Las expediciones organizadas para el descubrimiento y la conquista de México, demuestran el gran desarrollo que la colonia cubana había alcanzado en pocos años, pero tuvieron funestas consecuencias para ésta. Consumieron casi todos los recursos de la Isla, paralizaron su agricultura y produjeron una despoblación casi completa del territorio. Los vecinos más activos y emprendedores se alejaron para siempre de Cuba y en las villas fundadas por Velázquez solo quedaron unos pocos vecinos, viejos, enfermos o inválidos en su mayoría, y algunas mujeres.

Después de muerto Velázquez se organizaron otras expediciones más. En 1527 Pánfilo de Narváez, de viaje para la Florida con propósito de conquistarla, tocó en la Isla, ya muy empobrecida y agitada por los alzamientos de los indios. Ansiosos de probar fortuna, se marcharon con él más de ciento cincuenta vecinos de Santiago de Cuba, Bayamo y Trinidad. Ninguno de ellos regresó jamás a Cuba; la expedición tuvo un fin desastroso y todos perecieron en las inhospitalarias costas de la vecina península.

La última y acaso la más funesta de las expediciones que partieron de Cuba durante la primera mitad del siglo XVI fue la de Hernando de Soto, la cual zarpó de La Habana el 19 de mayo de 1538.

Soto, que gozaba de sólido renombre por su participación en la conquista del Perú, recibió el título de Adelantado de la Florida, con encargo de realizar su conquista, intentada varias veces infructuosamente.

A fin de que tuviese mayores facilidades para dicha empresa se le nombró gobernador de Cuba. Esta Isla debía servirle de base de operaciones y suministrarle buena parte de los recursos que le fueran necesarios. Los vecinos de Cuba, duramente escarmentados, recibieron con desagrado y justificada prevención el nombramiento del nuevo gobernador. «Quiera Dios, decía uno de ellos a Carlos V, que no sea tan en perjuicio de la Isla que los vecinos della no la hayamos de dejar, porque demás de avelle mantenido e mantenerle su gente, sabemos que nos an de sacar de los mozos e algunos vecinos... y él lleva los ojos y el pensamiento tan puesto en la Florida, que se le) dará poco por la pérdida desta (Cuba)».[156] La junta de procuradores de la Isla no pudo celebrarse el citado año de 1538, pero el procurador de Santiago, Bernardino de Quesada, en un extenso informe enviado al rey, lamentaba amargamente los perjuicios que causaba a Cuba la expedición del Adelantado, los cuales acarrearían «la perdición della», hacía constar las medidas antieconómicas que Soto había dictado, el alistamiento de los vecinos, la requisa de caballos y víveres, la indiferencia que observaba frente al alzamiento de los indios, su poca atención a prevenir los posibles ataques de los franceses, y terminaba pidiendo que «se encomiende y encargue la gobernación desta isla a persona caballero natural della que tenga cargo» de los indios alzados» y demás asuntos.[157] Los temores de los vecinos de Cuba tuvieron completa justificación.

156 *Documentos inéditos*, 2.ª serie, tomo VI, pág. 34.
157 *Documentos inéditos*, 2.ª serie, tomo VI, págs. 39 a 42.

Hernando de Soto desembarcó en Santiago de Cuba el 7 de junio de 1538 al frente de una lucida y numerosa fuerza, vivió varios meses, con toda su gente a costa del país, recorrió la isla reclutando a cuanto hombre útil para la guerra quiso acompañarle, se llevó de segundo jefe a Vasco Porcallo de Figueroa, el ganadero más rico y temido por los indios de Camagüey, Sancti Spíritus y Trinidad, y requisó más de doscientos cincuenta caballos y víveres loara tres años. Levantó un fortín en La Habana, base natural de operaciones de su empresa por la proximidad a la Florida, y a fin de que no llegasen a faltarle los caballos ni los víveres, prohibió la exportación total de los mismos, con lo cual arruinó de un solo golpe la crianza de ganado, el cultivo y el escaso comercio de la Isla con las Antillas y Tierrafirme, ya muy abatidos y escasamente productivos.

La situación de miseria y desamparo llegó a ser horrible para los escasos pobladores de Cuba. El obispo Sarmiento en carta al Emperador Carlos V le decía el 15 de agosto de 1539, pintando el estado de Cuba:

«Luego que vino Soto, mandó que nadie vendiese caballos ni mantenimientos fuera de la isla, pena de muerte. El ha tomado 250 caballos, ha mantenido casi un año 500 hombres y lleva mantenimientos para otro; todo sin pagar al dinero casi nada. ¡Cuánto daño no ha causado a los vecinos que se mantienen de sus labranzas y crianzas! Añádese que lleva la gente della útil para la guerra. De ahí es alzarse los indios, y es de temer que no dejen cristiano vivo».[158]

Con la expedición de Hernando de Soto se cierra el ciclo de las correspondientes a la primera mitad del siglo XVI. La Isla estaba exhausta y sus escasos pobladores duramente escarmentados.

158 *Documentos inéditos*, 29 serie, tomo VI, pág. 58.

27. Sublevaciones de los indios

La conquista de Cuba por Velázquez fue muy poco sangrienta y se realizó con rapidez; según Las Casas en guerra justa no murieron más de treinta indígenas. Los indios quedaron dominados y sujetos con poco esfuerzo.

La paz y la seguridad interior se aseguraron firmemente no solo por la sumisión completa de los indígenas, sino por la estrecha vigilancia de que fueron objeto, al quedar fundadas las primeras poblaciones de la colonia. Cuba disfrutó durante ocho o diez años de una paz interior inalterable, en marcado contraste con las sangrientas luchas que se veían obligados a sostener con los aborígenes los pobladores de las demás colonias españolas. Esta envidiable seguridad interior atrajo a los vecinos de otras regiones en las cuales se vivía bajo una constante amenaza, y el rápido aumento de la población blanca que se produjo en consecuencia, determinando una desproporción cada vez mayor en favor de la fuerza que representaban los dominadores respecto de los dominados, parecía desvanecer para lo porvenir toda probabilidad de agitaciones y rebeldías de los indios. Estos eran, además, de suyo humildes y pacíficos.

La verdadera condición jurídica de los indios encomendados por Velázquez a los colonizadores, aun en la época de la mayor fuerza de las encomiendas, no puede decirse que fuera la propia de los esclavos.

Los reyes se inclinaron siempre a considerarlos como súbditos libres, aunque de una condición inferior y necesitados de cierta tutela, y se mostraron muy celosos por que se les tratase de la manera más humana que fuese compatible con la organización establecida en las Indias. En lo que a Cuba concierne, las reales cédulas en que se reitera a Velázquez el mandato de que trate a los indígenas benignamente son muy numerosas y revelan un criterio fijo y bien determinado tocante el particular. Del mismo modo los monarcas se manifestaron decididos a castigar las crueldades y las injusticias que se cometieran con los indios. En real cédula de 10 de diciembre de 1512[159] se le ordena a Velázquez que haga información de los excesos cometidos en la región de Maniabón por su teniente Francisco Morales y que probado el delito proceda contra su persona y bienes, con todo el rigor de la justicia, públicamente y sin dilación. En dicha real cédula se expresa el deseo de que «semejantes casos no queden sin mucha punición e castigo, como el caso requiere, de manera que a él (Francisco de Morales) sea castigo y a otros exemplo, y los indios de la dicha isla (Cuba) sepan o vean el castigo que se le da».

En otra real cédula (8 de abril, 1513) se hace saber a Velázquez que el monarca está satisfecho del buen cuidado y diligencia que ha puesto en la pacificación de la Isla y del buen tratamiento que hace a los pobladores de ella, todo lo cual se le tiene en mucho servicio.[160] En julio del mismo año se reitera la orden de que los indios sean bien tratados[161] y en 1515 (real cédula de 28 de febrero) se le dice una vez más: «lo que principalmente vos recomiendo es que de la conversión e buen tratamiento de los indios tengáis muy gran cuidado, y trabajéis, por todas las vías que pudiéredes, como los indios sean doctrinados y enseñados en las cosas de nuestra santa fe católica, y permanezcan en ella, porque nos quedemos sin cargo de conciencia y vos también de la obligación que para ello tenemos».[162] Las disposiciones dictadas por el Cardenal

159 *Documentos inéditos*, 2.ª serie, tomo I, pág. 32.
160 *Documentos inéditos*, 2.ª serie, tomo I, pág. 34.
161 *Documentos inéditos*, 2.ª serie, tomo I, pág. 55.
162 *Documentos inéditos*, 2.ª serie, tomo I, pág. 57.

Cisneros al año siguiente (1516) en virtud de las representaciones del padre Las Casas, reafirmaron, como ya se ha dicho, el decidido propósito de proteger a los indios. El emperador Carlos V manifestó intenciones semejantes a las de don Fernando el Católico y Cisneros.

En 1526 (septiembre 14) dictó una real provisión ordenando al provincial de la Orden de San Francisco, fray Pedro Mexía de Trillo que se trasladase a Cuba, con amplios poderes para velar por el buen tratamiento de los indígenas[163] y en 1528 en real cédula enviada al gobernador de la Isla, Gonzalo de Guzmán (15 de febrero), le decía: «He holgado mucho que hayáis proveído de los capellanes que decís para andar en las estancias a visitar los indios y administrarlos en las cosas de nuestra santa fe católica, y desto vos encomiendo mucho que tengáis especial cuidado, porque en cosa me podéis tanto servir como en la instrucción y buen tratamiento de los indios».[164] Otra disposición de Carlos V a favor de los indígenas fue la de nombrar al Obispo de Cuba «visitador» de los indios encomendados con facultad de multar hasta en 50 pesos, sin apelación, a los que los maltrataren indebidamente.

El primer gobernador, Velázquez, procedió de una manera benigna con los indígenas y parece haberse tomado interés en cumplir las instrucciones, que recibió en favor de éstos. Al hacer los repartimientos procuró que los indios pudiesen seguir residiendo en sus mismos pueblos bajo la jurisdicción de sus caciques, nombró «veedores» encargados de evitar que fuesen maltratados con crueldad y dictó otras providencias a su favor.[165] Los colonos, por su parte, no tardaron en comen-

163 *Documentos inéditos*, 2.ª serie, tomo I, pág. 348.
164 *Documentos inéditos*, 2.ª serie, tomo I, pág. 445.
165 *Documentos inéditos*, 1.ª serie, tomo XI, págs. 416 y 417.

zar a mezclarse con los indígenas. Muchos se casaron o se amancebaron con mujeres indias, hijas de caciques; de estas uniones, sancionadas por la ley y la costumbre, nacieron hijos que gozaban de los mismos derechos y ventajas que sus padres europeos.

Si la condición jurídica y social del indio no correspondía a la del esclavo, tal como lo fue en Cuba el africano, en la realidad de los hechos el indio encomendado se hallaba sometido a un régimen más duro y desfavorable que el que debía soportar el negro esclavo. Según informaciones del padre Las Casas, corroboradas por otros testimonios dignos de crédito, los colonos sacaban a los indios a trabajar al amanecer y los tenían cavando y lavando oro hasta el mediodía, sin comer ni beber; a esa hora les daban algunos granos, «casabe» y agua. «Tornábanles luego al trabajo hasta la noche escura sin alzar la cabeza al cielo. E a las noches dábanles a comer e cenar lo mesmo; e dormían en el suelo. E que a esta cabsa enfermaban muchos e morían... Con los niños e mochachos e mujeres se han habido ansimesmo muy inhumanamente, porque como a sus maridos los llevaban encomendados no tenían quien les diese mantenimientos ni los que llevaban a sus padres e maridos les curaban de proveer... Las bestias con que acarrean eran los mismos indios a toda manera de carga e peso... Los hacen trabajar las fiestas e domingos, porque aquellos días los envían cargados de herramientas a las minas... En los días que son de holgar, porque no les dan nada de comer, andan los indios aquella noche toda e el día a buscar de comer por el campo... Tienen a los indios sin les dar casas, comiéndose de mosquitos, que es un gran tormento, porque están en cueros, e que con la flaqueza de las hambres lo sienten más... Les toman sus mujeres e se las tienen por mancebas, e los azotan e punen muy cruelmente, e porque hallan menos piedad en los visitadores no se osan quejar».[166]

Un régimen tan duro, tratándose de gentes que hasta entonces habían vivido libremente en sus bosques, debía provocar movimientos de rebeldía y deseos de venganza; la paz no podía ser duradera en semejantes condiciones a menos que estuviese mantenida por la fuerza. La despoblación de la Isla a consecuencia de las expediciones a México y a la Florida, produjo efecto en el ánimo de los indios.

En 1540 los procuradores de los ayuntamientos de la Isla, reunidos en su junta anual, en una exposición a Carlos V hacían constar los siguientes hechos: «En esta ysla nunca faltan yndios malhechores, como vuestra Magestad sabe, y esto es por el poco aparejo y posibilidad que ay para conquistallos, y en los términos de la villa de Asunción (Baracoa) y confines a esta cibdad (Santiago) andan más yndios alzados que en otras partes, los quales se hazen fuertes en la punta que dizen del Hermayei, y por ser allí la tierra muy fragosa no tienen temor de ser sojuzgados y esencialmente viendo como ven y conocen que ya son pocos los onbres en esta ysla de quien pueden temer, y esto se platica y canta en los areytos, asy dellos como de los otros que están de paz, diciendo que ya no podemos durar mucho en esta tierra porque no quedan en ella syno los enfermos y los que poco pueden.[167]

Los indios, por consiguiente, no solo se dieron cuenta de que disminuía el número de los colonos, sino advirtieron también que los más aguerridos, fuertes y valientes se alejaban de las villas que habían fundado, dejando casi abandonados en ellas a los menos emprendedores, los enfermos y los viejos. Cabe pensar también que las armas de los conquista-

166 *Documentos inéditos*, 2.ª serie, tomo IV, págs. 8 a 11.
167 *Documentos inéditos*, 2.ª serie, tomo VI, pág. 95.

dores, los caballos y los perros de éstos no les inspiraban ya el supersticioso temor de los primeros tiempos.

Cobraron ánimos, se sintieron fuertes en su desesperación y a los primeros alzamientos aislados siguió bien pronto un franco movimiento de rebeldía. Este se anunciaba ya en los últimos años del mando de Velázquez. El gobernador hubo de darse cuenta del cambio de actitud que se operaba en los indios y hasta se vio obligado a tomar las primeras medidas de represión contra los que se fugaban a los lugares más intrincados de los bosques y las montañas, construían en ellos sus bohíos y realizaban frecuentes incursiones a las cercanías de los poblados apoderándose de algunas reses y saqueando los sembrados.

El jefe más reputado de estos primeros rebeldes fue un cacique llamado Guama, que tenía su refugio en las fragosas sierras de Baracoa. Algunos esclavos negros se unían a los indios y hacían más peligrosa la situación, porque defendían la libertad conquistada con indomable energía; cuando se veían acosados «peleaban hasta morir» según el testimonio de sus mismos perseguidores.

En 1524 los indios alzados habían dado muerte a varios españoles y hacían inseguros los caminos.[168]

En 1525 en una información hecha por el juez de residencia Gonzalo de Guzmán, se hace constar «que en cada una de las provincias de las dichas villas andan e están muchos indios alzados e rebeldes haciendo muchos males e muertes de españoles e indios e haciendo otros robos e insultos, así en caminos como fuera de ellos».[169] En 1526 el Consejo de Indias deliberó sobre la situación creada por los alzamientos de indios en Cuba y, como resultado de sus acuerdos, Carlos V

168 *Documentos inéditos*, 2.ª serie, tomo I, págs. 150 y 151.
169 *Documentos inéditos*, 2.ª serie, tomo I, pág. 261.

envió una real cédula a Gonzalo de Guzmán en la cual le manifestaba que «informado que muchos indios naturales desa isla, contra la fidelidad, servicio y obediencia que nos deben e son obligados como nuestros súbditos e vasallos, se han alzado o se han ido y están en los montes, y que estando, como están, en la dicha rebelión e alzamiento salen a los caminos y estancias donde están los cristianos e les matan e robari e hacen otros muchos delitos y excesos en mucho deservicio de Dios nuestro Señor y nuestro, y dagno de la dicha isla e desasosiego de ella e de los otros indios que están pacíficos... vos mandamos que luego hagáis notificar e notifiquéis a los dichos indios que dentro del término que por vos les fuere señalado vengan a nuestra obediencia y servicio y fidelidad... con apercibimiento que los que así lo hicieren... les perdonamos... cualesquier delitos y ecesos que durante la dicha rebelión y alzamiento hayan fecho, así de muertes de indios y españoles como en cualquiera otra manera... e que si así no lo hicieren y perseveraren en la dicha rebelión, se les hará guerra, y los que fueren presos serán esclavos perpetuamente y serán tomadas sus haciendas». Después de esta notificación se ordenaba al gobernador que hiciese a los indios que continuasen rebeldes; la «guerra» como contra vasallos nuestros que están alzados e rebelados... para que cualesquier personas los puedan matar y prender e hacer todo el daño que pudieren... e mando e doy licencia e facultad para que todos los indios que en dicha guerra y durante su rebelión fuesen presos... los hayan y tengan por esclavos las personas que los tomaren e se sirvan de ellos como esclavos propios habidos y tomados en buena e justa guerra».[170] Esta dura declaración de guerra acordada por el Consejo de Indias y dispuesta por el emperador, prueba la importancia que llegaron a alcanzar

170 *Documentos inéditos*, 2.ª serie, tomo I, págs. 351 a 353.

los alzamientos. Estos se multiplicaban y durante el mando interino de Manuel de Rojas (1524-1525) fue preciso organizar partidas armadas para perseguir y amedrentar a los rebeldes. Cada vez que uno de éstos era muerto, se colocaba la cabeza clavada en la punta de un palo en los caminos o a la entrada de las poblaciones para aviso y escarmiento de los demás. En 1527 el gobernador informa a la Corte que los indios alzados de Puerto Príncipe y Bayamo han dado muerte a siete españoles y a ciertos «indios de paz».[171] En 1528 los procuradores reunidos en Santiago hacen constar que la Isla se halla insegura por los indios alzados.[172] En 1529 los oficiales reales informan al rey que la fundición de oro ha producido poco porque «ha habido y hay muchos indios alzados que han muerto muchos cristianos y los indios que están pacíficos andan atemorizados, que no se osan derramar a buscar oro como solían».[173] El mismo año el contador Lope Hurtado avisa a Carlos V que «esta tierra está perdida, de alzada, porque hay muchos indios alzados»,[174] y según informaciones del cabildo de Santiago Cuba al rey, en el mes de octubre «se alzaron alguna cantidad de indios o se juntaron e hicieron muchos daños así en matar nueve o diez españoles y entre ellos vecinos honrados e conquistadores, e mataron muchos indios e negros que nos servían, e destruyeron haciendas de vecinos e quemaron vohíos e mataron bestias e ganados».[175] Por 1530, después de una terrible epidemia de viruela que acabó con la tercera parte de la población india[176] los alzados disminuyeron considerablemente, excepto en la jurisdicción

171 *Documentos inéditos*, 1.ª serie, tomo XI, pág. 470.
172 *Documentos inéditos*, 2.ª serie, tomo IX, págs. 1 a 35.
173 *Documentos inéditos*, 2.ª serie, tomo IV, págs. 64 y 65.
174 *Documentos inéditos*, 1.ª serie, tomo XII, pág. 219.
175 *Documentos inéditos*, 2.ª serie, tomo IV, pág. 164.
176 *Documentos inéditos*, 2.ª serie, tomo IV, págs. 147 a 165.

de Baracoa, donde el cacique Guama vivía independientemente y cada vez reunía más indios mansos.[177] La situación
llegó a revestir verdadera gravedad en determinados momentos.

En la villa de Puerto Príncipe fue quemado el pueblo de los
españoles, viéndose obligados a huir los que en él estaban;[178]
los alzados hicieron además mucho daño «en los indios de
paz que vivían en la costa del Norte». Baracoa también fue
incendiada.

La represión de los alzamientos corrió a cargo de los gobernadores y principalmente de los pobladores españoles,
quienes organizaron cuadrillas para perseguir, aprisionar o
dar muerte a los alzados.

El principal encomendero de Sancti Spíritus, Vasco Porcallo de Figueroa, se distinguió por la crueldad de sus procedimientos de represión, al extremo de que se le instruyó
un proceso y se le condenó a pagar una multa, pena que
no estaba en proporción con las atrocidades que había cometido y confesado. La muerte de Guama a manos de una
cuadrilla organizada y mandada, en persona por Manuel de
Rojas, dio término casi totalmente a los alzamientos por los
años de 1532 a 1533; pero, con motivo de la expedición de
Hernando de Soto a la Florida volvieron a reproducirse con
fuerza a partir de 1538. En el citado año el procurador de
Santiago avisa que los indios han dado muerte a ciertos cristianos por el mes de julio, y en agosto a diez o doce más y
que han quemado pueblos y haciendas.[179] En 1539 el Alcalde
Mayor Bartolomé Ortiz informa al Consejo de Indias que
«halló alzados los cimarrones, matando españoles e indios,

177 *Documentos inéditos*, 2.ª serie, tomo IV, págs. 168 y 169.
178 Jacobo de la Pezuela, *Op. cit.*, tomo I, pág. 132.
179 *Documentos inéditos*, 2.ª serie, tomo VI, pág. 41.

de modo que nadie osaba ir por la tierra» y que de una cuadrilla de siete españoles que llevaba dos indios por guía, seis fueron muertos mía noche y el séptimo muy mal herido por sus guías mientras aquéllos dormían.

Después los dos indios volvieron al pueblo de Baitiquirí de donde habían salido, «alzóse el pueblo, mataron otros tres españoles que allí había, quemaron los bohíos y huyeron al monte a juntarse con otros alzados».[180] Otros testimonios de la época confirman estos hechos y otras muertes y daños ocasionados por los alzados en diversas partes de la Isla.

La persecución se organizó por cuadrillas mixtas de españoles, negros e indios,[181] los prisioneros eran reducidos a la esclavitud o ahorcados si se les imputaba alguna muerte. También se organizaron cuadrillas de indios solamente, las cuales resultaron ser más eficaces para perseguir a sus hermanos de raza que las formadas por españoles. Los procuradores avisan a Carlos V en 1542 que de las cuadrillas de españoles enviadas en seguimiento de los indios alzados jamás se había sacado buen fruto, pero que partidas armadas de «indios naturales» de los que estaban en libertad o escogidos por los vecinos, a los cuales se les fijaba una retribución mensual, rastreaban, mataban y aprisionaban a los alzados con gran valor y destreza. Los procuradores recomiendan que se empleen estas cuadrillas como el procedimiento más eficaz para acabar con los alzados.[182]

La lucha continuó; pero poco a poco, en virtud de la constante persecución que se les hacía, los rebeldes fueron disminuyendo hasta reducirse a un número casi insignificante. En 1542 se decretó la abolición total de las encomiendas y aun-

---

180 *Documentos inéditos*, 2.ª serie, tomo VI, pág. 48.
181 *Documentos inéditos*, 2.ª serie, tomo VI, pág. 76.
182 *Documentos inéditos*, 2.ª serie, tomo VI, pág. 175.

que la medida no se implantó inmediatamente, contribuyó a apaciguar a los indígenas, a los cuales se eximió del trabajo en las minas. La paz se fue restableciendo paulatinamente y hacia 1550 era completa. En dicha fecha el gobernador Gonzalo Pérez de Angulo impuso el cumplimiento de las disposiciones reales sobre la libertad absoluta de los indios y éstos no volvieron a promover revueltas en la Isla. Su número, por lo demás, era ya muy corto a mediados del siglo XVI.

28. Primeros ataques de los franceses en las costas cubanas

Al mismo tiempo que la paz interior sufría los graves quebrantos referidos en párrafos anteriores, otra nueva calamidad, la aparición del corso y la piratería, vino a aumentar la suma de males que pesaba sobre los escasos y empobrecidos habitantes de Cuba. La seguridad y la paz iban a faltar en las costas y los mares próximos, como faltaban ya en el interior del territorio. Navegantes italianos, portugueses, ingleses y franceses siguiendo la ruta descubierta por Colón, se lanzaron a las costas del Nuevo Mundo y reconocieron una extensión considerable del litoral de la América del Norte y del Brasil. Los marinos franceses se dirigieron principalmente hacia las costas de Terranova, atraídos por la abundancia del bacalao, cuya pesca les producía excelentes rendimientos. Uno de los más famosos de estos marinos al servicio de Francia fue Juan de Verrazano, que hizo importantes descubrimientos en las costas orientales de los Estados Unidos. Verrazano, que como corsario ostentaba los nombres de Juan Florín o Juan «el Florentino», realizó una incursión por los mares de las Indias en 1521, año en que estalló la guerra entre Francia y España con motivo de la rivalidad entre Francisco I y Carlos V. Coincidían estos acontecimientos con la conquista de México por Hernán Cortés, en la cual los españoles se habían apoderado de inmensos tesoros. Aprovechándose del estado de guerra existente entre Francisco I y el emperador Carlos, Verrazano se apoderó de varios buques que conducían ricos cargamentos de las Indias a España, y en 1523 apresó un barco en que Hernán Cortés enviaba al monarca español una gran parte de los tesoros de Moctezuma.

Las grandes riquezas conquistadas por el corsario florentino con muy pequeño costo, despertaron las ambiciones de otros muchos marinos europeos y a partir de esta época comenzaron a ser frecuentes los ataques a las naves españolas que hacían el tráfico de las Indias. Dichos ataques se producían con mayor frecuencia cerca de las islas Azores y de las costas de la Península, pero pronto los corsarios extendieron sus correrías hasta las Indias y los combates navales tuvieron lugar también en el Nuevo Mundo. Posteriormente los corsarios comenzaron a atacar las poblaciones de las costas. Los asaltos menudearon tanto, que en 1526 el Consejo de Indias hubo de adoptar medidas contra los mismos, y a fin de proteger los nuevos dominios españoles, dispuso que se fortificasen los puertos más importantes de éstos.

Los primeros asaltos a las poblaciones cubanas ocurrieron en 1537, veinticinco años después de la fundación de Baracoa. En el año citado, en el puerto de La Habana, que comenzaba a ser muy frecuentado por navíos procedentes de México, fueron saqueadas varias naves españolas, en dos ocasiones distintas.

En 1538 un corsario francés se apoderó de una nave española frente a Santiago de Cuba y otro penetró en el puerto e intentó atacar la población, que fue defendida por un buque mandado por un tal Diego Pérez. La población quedó tan alarmada, que al arribar poco después la armada que conducía al gobernador Hernando de Soto, se produjo un pánico terrible, creyéndose que eran franceses. En el mismo año de 1538 La Habana fue víctima de un nuevo asalto, siendo incendiado el caserío y saqueada la iglesia. Hernando de Soto, que tenía resuelto hacer del puerto habanero su base de operaciones para la conquista de la Florida, envió a toda prisa desde Santiago de Cuba, donde se hallaba, un buque mandado por el capitán Mateo Aceituno, en socorro de los vecinos. Aceituno recibió el encargo de poner el puerto en condiciones de defensa, y al efecto comenzó la construcción de un fortín, al cual, por antonomasia, se le llamó «La Fuerza». La alarma que estos ataques produjeron en Cuba fue muy considerable.

Transcurrieron algunos años de relativo sosiego, pero en 1546 se reanudaron los ataques, viviendo los vecinos de los puertos en constante zozobra. Algunas naves destacadas de una expedición enviada por Francia al Canadá, al mando de Roberval, que practicaron el corso por las Antillas, se apoderaron de Baracoa el citado año y la saquearon. Después los franceses se dirigieron a La Habana y uno de los buques penetró en el puerto, exigiendo una suma al vecindario, conminándolo con la amenaza de incendiar el caserío. Este mismo buque sostuvo más tarde un combate frente al Mariel con tres naves españolas, a las cuales puso en fuga y persiguió hasta La Habana, en cuyo puerto penetró nuevamente exigiendo un segundo rescate.

Los ataques de 1554 fueron más serios aun y causaron enormes daños. Se iniciaron con el asalto a Santiago de Cuba, realizado por el corsario francés Jacques de Sores, el cual logró apoderarse de la ciudad. Sores había sido compañero de Roberval en la expedición de éste al Canadá, era un experto y valiente marino y en sus largos viajes había hecho importantes descubrimientos. Su condición de protestante le había hecho alejarse de Francia, huyendo de las persecuciones religiosas; pero el rey de dicha nación, Enrique II, le había autorizado para practicar el corso en el Nuevo Mundo contra los españoles y fundar una colonia en la cual pudieran establecerse los protestantes franceses. Sores permaneció más de un mes en Santiago y trató de atacar por tierra a Bayamo, empresa arriesgada que no se atrevió a llevar a cabo. Noticioso de que en Santo Domingo, capital de la Española, se preparaba una expedición para arrojarle de Santiago, abandonó la ciudad, en la cual había causado grandes estragos. Entre presas y rescates llevaba una fuerte suma. Sores continuó sus correrías por las Antillas, hizo algunas presas y el 10 de julio de 1555 se presentó frente a La Habana guiado por un piloto portugués que conocía la población. El segundo jefe de la expedición de Sores era un español llamado Juan del Plano.[183]

La Habana contaba para su defensa con un bastión a la entrada del puerto y el fortín llamado «La Fuerza», armado con ocho cañones de poco valor.

Carecía de guarnición fija y su guarda estaba confiada a ocho o nueve vecinos adscritos a la defensa del puesto bajo el mando del Alcaide Juan Lobera, vecino también de la población y miembro del concejo municipal. El número de españoles del vecindario en condiciones de tomar las armas no pasaba de cien, contando los que vivían en las haciendas de la jurisdicción, de los cuales la mitad disponía de arcabuces, viejos en su mayor parte.

Sores cruzó de Este a Oeste frente al puerto y fue a desembarcar unos doscientos hombres perfectamente armados de arcabuces y coseletes, en la caleta de Juan Guillen (caleta de San Lázaro), a media legua de la población. En los pri-

183 *Documentos inéditos*, 2.ª serie, tomo VI, pág. 373.

meros momentos el gobernador Pérez de Angulo se presentó en la playa a caballo y dispuso que una parte de los defensores acudiesen a «La Fuerza» con Lobera, y los demás se reuniesen en el pueblo bajo su mando directo. En el fortín solo llegaron a reunirse unas veinticinco personas, contando algunas mujeres y niños, y en el pueblo el gobernador solo juntó cinco o seis jinetes y otros tantos hombres a pie.[184] Con tan escasa gente no era posible que intentase resistir a los doscientos arcabuceros de Sores, que avanzaban sobre el pueblo con gran rapidez, y se retiró a una hacienda cerca de Guanabacoa, donde puso en salvo su familia, como los demás vecinos habían hecho con las suyas. Apoderado ya de la población sin resistencia, Sores intimó la rendición a Lobera, quien se negó a entregarse. Atacado el fortín, éste hubo de rendirse al siguiente día, no sin que Lobera se defendiese con gran energía, dando muerte a nueve franceses e hiriendo a muchos más. En la lucha murieron también varios de sus hombres. En la noche del jueves 11 de julio, el gobernador reunió diez españoles y cuarenta indios con los cuales intentaba penetrar en el fuerte cautelosamente para reforzar su guarnición, cuando recibió la noticia de que Lobera se había rendido en la mañana de dicho día.[185] Dueño ya de «La Fuerza» Sores, envió al gobernador proposiciones para rescatar la población, cuyas casas ocupaba, y los prisioneros que había hecho. El doctor Pérez de Angulo le ofreció tres mil ducados, cantidad que fue rechazada por Sores. Mientras se

184 *Documentos inéditos*, 2.ª serie, tomo VI. Véase la relación firmada por Pérez de Angulo, Juan de Inestrosa, Juan Gutiérrez, Juan de Lobera, P. Blasco y Antonio de la Torre, autorizada por el escribano público Francisco Pérez Barroto, página 365, y la relación enviada a la Corte por el gobernador Diego de Mazariegos, en el mismo tomo pág. 377.
185 *Documentos inéditos*, 2.ª serie, tomo VI, págs. 366 y 367.

efectuaban estas negociaciones que duraron seis o siete días, el gobernador logró reunir cuarenta españoles, cien indios y cien negros, con los cuales atacó por sorpresa a Sores en la noche del miércoles 17 de julio. En el ataque murieron más de veinte franceses, entre ellos un tío de Sores. Este estuvo a punto de ser totalmente derrotado y hecho prisionero o muerto; pero logró reponerse y rechazar a la indisciplinada y mal armada tropa de Ángulo. Furioso el corsario ante el ataque y la muerte de varios de sus parciales, ordenó o realizó él mismo la matanza de cerca de treinta prisioneros inermes españoles y portugueses, que tenía en su poder, bárbara y feroz represalia que indica la terrible crueldad de los corsarios de la época. No se limitaron a estas muertes los estragos de Sores. Convencido de que no podía obtener de los vecinos fugitivos las cantidades que exigía, el 28 de julio «mandó poner fuego a todo el pueblo, e las casas de piedra e teja quemó con alquitrán e brea sin ecetuar iglesias e hospital, y de tal manera fue el fuego, que se abrasó todo, sin quedar en él casa cubierta sino fueron las paredes de la iglesia nueva e hospital, y la tapiería de algunas casas, y este día en la tarde vino con gente a las estancias que estaban comarcanas... y quemó cuatro dellas».[186] A la semana siguiente cayó sobre las estancias de Cojímar y Guanabacoa y quemó parte de las mismas, retirándose ante la amenaza de ser atacado. En este recorrido se apoderó de varios negros con sus mujeres y de una familia española. Por estos prisioneros pidió un rescate crecido que no pudo obtener. «El lunes 4 de agosto, en amaneciendo, se vio como a los negros varones los dejó ahorcados... y él se hizo a la vela y dejó en tierra las mujeres españolas, y el español e negras no se supo que hizo dellas.»[187]

186 *Documentos inéditos*, 2.ª serie, tomo VI, pág. 372.
187 *Documentos inéditos*, 2.ª serie, tomo VI, pág. 373.

La población más importante de Cuba quedó reducida a un montón de cenizas y sus espantados habitantes perdieron cuanto poseían. Numerosas viudas y un número más crecido aun de huérfanos, eran un testimonio vivo de la ferocidad de los enemigos que asolaban las costas del país.

Entre las varias relaciones del desastre hay una enviada a la Corte por el Ayuntamiento algún tiempo después, en la cual se acusa a Ángulo de cobardía y se le hacen otros graves cargos. La conducta del gobernador, según los testimonios muy autorizados de Lobera, el gobernador Mazariegos y otras personas dignas de crédito, no parece haber sido la que sus adversarios le atribuyen con mal disimulado encono, producido por discordias anteriores ¡al ataque de Sores, principalmente por haber impuesto Ángulo el cumplimiento de las disposiciones de 1542 sobre la libertad de los indios.

El saqueo de Santiago y la destrucción de La Habana —las dos únicas poblaciones de alguna importancia— consumaron la ruina total de la Isla. El Consejo de Indias se consideró obligado a proveer seriamente a la defensa de ésta y al efecto ordenó al Virrey de México que enviase una guarnición al puerto de La Habana y dispusiese la construcción de varias fortificaciones en el litoral.

Las comunicaciones marítimas entre la Nueva España y la Metrópoli corrían grave riesgo de quedar cortadas si un enemigo poderoso se establecía en La Habana, cuya situación estratégica a la entrada del Golfo de México era de un valor excepcional.

Considerándose, además, que la defensa de un puesto militar de tanta importancia no debía confiarse a funcionarios de orden civil, se dispuso que el cargo de gobernador recayese en un hombre de guerra. En cumplimiento de estos propósitos, el capitán don Diego de Mazariegos, que se había distinguido en las luchas en México, llegó de dicho país al frente de unos cuantos soldados, conduciendo armas y algún dinero para emprender las obras de defensa más apremiantes. Al designársele gobernador en sustitución del doctor Pérez de Angulo, abrió la serie de los gobernadores militares que debía durar hasta el cese de la dominación española.

2. Gestión de los primeros gobernadores

29. Administración de don Diego Velázquez

Después de terminada la conquista de Cuba y organizado el gobierno de la misma, existían en ésta dos funcionarios con autoridad verdaderamente efectiva: el gobernador, principal representante del poder político del rey de España y, a partir de 1528, el obispo, la más alta autoridad eclesiástica, a quien, además de sus funciones generales propias, se confirió la misión, de grandísima importancia en la época, de velar por el cumplimiento de las leyes que amparaban a los indios, con facultad para imponer fuertes multas a los colonos que las infringiesen en daño de los naturales.

El gobernador ejercía funciones de carácter militar, político y judicial muy amplias. Su autoridad estuvo subordinada legalmente hasta 1536 al Virrey de la Española, pero solo de un modo nominal. De hecho dependía del Consejo de Indias y del rey de España. La Audiencia o Tribunal de justicia establecido en Santo Domingo ejercía también cierta supervisión sobre el gobernador de Cuba, no solo en lo tocante a las cuestiones judiciales, sino hasta en los asuntos administrativos y políticos, según se verá más adelante. La dependencia más efectiva era la que tenía respecto del Consejo de Indias, organizado por el rey don Fernando en 1511 para consultar y dirigir la administración de las posesiones de ultramar.

Durante la primera década de su fundación, el Consejo tuvo una organización irregular y sus funciones eran poco activas y precisas, comparado con los demás Consejos de la monarquía. Posteriormente quedó organizado como éstos con un presidente, un gran canciller, ocho consejeros, un fiscal, dos secretarios y otros funcionarios y empleados de diversas categorías. Al adoptar su forma definitiva por disposiciones de Carlos V, de 1520 a 1534, el Consejo de Indias tuvo facultades amplísimas. La ley 2, título II, libro II de la Recopilación de Indias, las fijaba en los siguientes términos: «Es nuestra merced y voluntad que, el dicho Consejo tenga la jurisdicción suprema en todas nuestras Indias occidentales, descubiertas y que se descubriesen, y de los negocios que de ellas resultaren y dependieren, y para la buena gobernación y administración de justicia pueda ordenar y hacer con nuestra consulta leyes, pragmáticas, ordenanzas y provisiones generales y particulares que por tiempo para el bien de aquellas provincias conviniesen... y que... en las cosas y negocios de Indias, el dicho Consejo sea obedecido y acatado... y que sus provisiones sean en todo y por todo cumplidas y obedecidas en todas sus partes.» Además de estas facultades legislativas, el Consejo tenía otras administrativas y judiciales no menos importantes, como eran las de proponer al rey las personas que habían de desempeñar los cargos civiles y eclesiásticos en las Indias, organizar el despacho de flotas y armadas, conocer de los juicios de residencia y visita de los funcionarios públicos de las colonias, oír y fallar las apelaciones de las sentencias dictadas por las Audiencias, los Gobernadores y Virreyes y la Casa de Contratación, llamar a sí el conocimiento de todos los asuntos que creyere de su jurisdicción o competencia y por último intervenir en los asuntos militares del Nuevo Mundo.[188] El nombramiento de los gobernadores de Cuba no competía al Consejo sino al Virrey de la Española, heredero de los derechos de Colón, pero los oficiales reales encargados de percibir los tributos y las rentas del rey, así como el obispo, eran propuestos al monarca por el Consejo. A partir de 1536 el gobernador también pasó a ser de nombramiento real, cesando toda intervención del Virrey de la Española en los asuntos cubanos.[189]

La circunstancia de que los gobernadores solo fuesen responsables ante la Audiencia y el Consejo de Indias, situados lejos de Cuba, en una época en que las comunicaciones eran raras, lentas y difíciles, unida a la independencia de que gozaba el clero, y a la completa autonomía de los municipios y los funcionarios de la real hacienda, dieron ocasión a numerosos conflictos de jurisdicción entre las autoridades, con los consiguientes abusos, pleitos y quejas. La mayor parte de éstas giraba en torno de las encomiendas de indios y de las atribuciones judiciales del gobernador. La facultad de conceder encomiendas fue otorgada de un modo expreso por los reyes a los gobernadores Diego Velázquez y Gonzalo de Guzmán,[190] pero en ciertas ocasiones fue ejercida por otros gobernadores —interinos o en propiedad— por los municipios y aun por el obispo.

El gobernador, reducido a un estrecho círculo, incurría en frecuentes abusos de autoridad y las alzadas se producían con frecuencia, pero mientras la Audiencia o el Consejo de Indias estudiaban y fallaban el asunto, los apelantes o quejosos quedaban expuestos a las iras de la primera autoridad.

188 E. Altamira, *Op. cit.*, tomo III, págs. 317 y 318.
189 *Documentos inéditos*, 2.ª serie, tomo IV, págs. 406 a 409.
190 Documentes Inéditos, 2.ª serie, tomo I, págs. 41 y 342.

Esta triunfaba las más de las veces en las apelaciones, no solo porque disponía de mayores medios para aducir pruebas y hacer comparecer testigos, sino porque con dádivas y concesiones solía ganarse el apoyo de, personas influyentes en el Consejo.

Las amplias facultades legales conferidas a los obispos fueron fuente de continuas rivalidades y querellas. Se dieron casos en los cuales un obispo y un gobernador se pusieran de acuerdo para esquilmar a los vecinos y a los indios, pero por lo común mantuvieron una enconada competencia de autoridad y jurisdicción. Los conflictos entre los gobernadores y los concejos municipales también fueron frecuentes, lo mismo que entre aquella autoridad y los oficiales reales a partir de 1524.

El primer gobernador, don Diego Velázquez, asumió el mando en 1511; fue designado, como ya se ha dicho, por don Diego Colón, heredero del Gran Almirante, con la aprobación ulterior del rey don Fernando.

Al comienzo de su administración se produjeron protestas contra sus procedimientos de gobierno, las cuales reprimió con energía, originadas probablemente por su demora en hacer los primeros repartimientos y por la forma en que éstos fueron hechos.

Se le acusó de favorecer a sus parientes y amigos con perjuicio de otras personas que se creían asistidas de mejor derecho, pero lo cierto es que sus facultades tocante al punto eran completamente discrecionales.

Los quejosos, acaudillados por Francisco de Morales, llegaron hasta intentar promover desórdenes, pero Morales fue encausado, reducido a prisión y enviado a la Española. Poco después, al quedar organizada la Audiencia en dicha isla, los adversarios del gobernador prepararon secretamente una información que debía ser presentada al citado tribunal por Hernán Cortés, pero Velázquez se enteró del plan a tiempo y redujo a Cortés a prisión. Durante el resto de los trece años de su mando no se promovieron otros movimientos de protesta en contra suya. El Gobernador parece haber administrado la Isla en completa armonía con sus concejos municipales y sus procuradores, cuyas reuniones anuales se celebraron sin dificultades y cuyas gestiones en la Corte se hicieron de común acuerdo con la primera autoridad de la colonia. Estando dispuesto por la ley que en el municipio donde residiese un teniente suyo, éste ejerciera las funciones de Alcalde Mayor, Velázquez no nombró sino un solo teniente, el de La Habana, la población que se hallaba en el extremo opuesto de la Isla, muy lejos de Santiago, capital entonces, y era un puerto muy concurrido;[191] pero en las demás villas dejó siempre confiada a los alcaldes ordinarios todas las funciones gubernativas y judiciales de carácter local. Ajustándose a este criterio de respeto a la autonomía municipal, no asistió por sistema a las reuniones de los cabildos ni intervino en las deliberaciones de los mismos, los cuales estuvieron siempre en completa libertad de acción durante su mando.

Los hombres que colaboraron con Velázquez en la dirección de los asuntos de la Isla y en quienes depositó su confianza fueron personas de prestigio y reconocido valer entre sus contemporáneos, como el padre Las Casas, Pánfilo de Narváez, Manuel de Rojas, Hernán Cortés y otros menos célebres.

Velázquez manifestó un sincero deseo de evitar crueldades inútiles con los indios. Durante su mando éstos vivieron pacíficamente y si se tiene en cuenta que según numerosos testimonios de los contemporáneos, los alzamientos posteriores

191 *Documentos inéditos*, 2.ª serie, tomo I, págs. 211 y 222.

de los indígenas fueron debidos en gran parte a los abusos y crueldades que con ellos se cometían, cabe afirmar que en la época de Velázquez fueron tratados de manera más humana. Por convenir a sus miras de retenerlos en sus pueblos y aprovecharse de su trabajo, impresionado quizás por el recuerdo de las atrocidades que había visto cometer y que tal vez había cometido él mismo en la Española, o en virtud de la benéfica influencia del padre Las Casas y otros religiosos que siempre le acompañaban y de los cuales solía tomar consejo, el hecho es que trató a los indios de Cuba con mayor moderación que la empleada en otras partes por cualquier conquistador de aquel siglo. No solo no fue cruel sino que cuidó de impedir que lo fuesen sus subordinados. Al más impetuoso y violento de sus tenientes, Pánfilo de Narváez, le impuso como asesor y consejero al padre Las Casas, para que refrenara su condición arrebatada, y su propensión a dejarse cegar por la cólera. El suplicio del cacique Hatuey es el único acto indudablemente cruel realizado por su orden, a lo que parece, en circunstancias de que se tiene muy escaso conocimiento. Aun en este punto no hizo más que aplicar una pena de la cual se hacía entonces muy frecuente uso en España y en Santo Domingo. El padre Las Casas refiere que cuando él comenzó su famosa obra de propaganda a favor de los indios y renunció su encomienda, Velázquez, con quien habló repetidamente sobre el asunto, quedó profundamente impresionado. Según el testimonio nada sospechoso en este punto del vehemente defensor de los indígenas, Velázquez le manifestó desde entonces una mayor y más respetuosa consideración «y cerca de la gobernación, en lo que tocaba a los indios, y aun a lo del regimiento de su misma persona, hacía muchas cosas buenas, por el crédito que cobró del (de Las Casas) como si le hobiera visto hacer milagros».[192]

En otro orden de cosas la gestión de Velázquez no fue menos digna de aprecio. Siempre mostró un vivo interés por fomentar la agricultura y la crianza de animales, obteniendo concesiones en la Corte, introduciendo en la Isla ganado vacuno, caballar, lanar y de cerda, aves domésticas, importando útiles de labranza, semillas para nuevos cultivos, y brindando las mayores facilidades a cuantos españoles quisiesen establecerse en Cuba, mediante la distribución de tierras y de indios para que las hiciesen producir.[193]

Su gobierno, en general, fue justo, hábil y de amplias miras. Su error capital estuvo representado por las expediciones a México.

En dos ocasiones fue sometido a «juicios de residencia» es decir a investigaciones judiciales sobre su administración. El primer juicio, dispuesto por el Virrey de la Española de acuerdo con la Audiencia, estuvo a cargo del juez Licenciado Alonso Zuazo, pero he suspendido y dejado sin efecto por Carlos V.[194]

Mientras Zuazo estuvo tramitando el proceso, Velázquez no ejerció las funciones de gobernador, que fueron asumidas por aquél. El segundo juicio fue una investigación general relativa a la gestión de Velázquez y de todas las personas que habían ejercido autoridad en Cuba, alcaldes, regidores, jueces, etc. Este juicio fue ordenado por real cédula de 20 de mayo de 1524 «a suplicación» de Cuba, representada en la Corte por el procurador Juan Mosquera.[195] El juez designado para instruir el proceso fue el Licenciado Juan Altamirano,

192 Bartolomé de las Casas, *Op. cit.*, tomo 4, págs. 256 y 257.
193 *Documentos inéditos*, 1.ª serie, tomo 35, págs. 500 y siguientes.
194 *Documentos inéditos*, 2.ª serie, tomo I, pág. 107.
195 *Documentos inéditos*, 2.ª serie, tomo I, pág. 129.

hombre autoritario, de condición áspera e inflexible, pariente y amigo de Hernán Cortés, y prevenido en contra de Velázquez. Altamirano llegó a Cuba en 1525, cerca de un año después de la muerte de Velázquez y los enemigos del difunto gobernador se empeñaron en amontonar en el proceso toda clase de acusaciones contra éste, sin lograr, sin embargo, infamar su memoria.

Altamirano formuló once cargos distintos contra Velázquez, entre los cuales había algunos insignificantes que revelan hasta qué punto llegaba el encono del juez, tales como haber recibido ciertas varas de tela carmesí para un jubón, haber aceptado dos banquetes y haberse apoderado con amenazas de una perra de Irlanda de un vecino.[196] Velázquez murió en Santiago de Cuba del 11 al 12 de junio de 1524[197] y fue enterrado de acuerdo con sus últimas disposiciones en la catedral de dicha ciudad. En su testamento, redactado tres meses antes de su muerte, se revela el carácter elevado del Gobernador. Velázquez después de encomendar su alma a Dios, dispone en él varias mandas piadosas a diversos conventos e iglesias y que se digan misas, cuyo pago ordena, en sufragio del alma de sus padres, de las personas de la Española a quienes él hubiere hecho algún daño durante el tiempo en que vivió y ejerció mandos en la vecina isla, y por la eterna salvación de cuantos individuos hubieren perecido en las armadas organizadas por él o con motivo de las mismas. También ordenó que se emplearan 500 pesos oro en ropa y otros efectos para ser distribuidos entre los indios de sus haciendas, respecto de los cuales dice hallarse agradecido y deseoso de descargar su conciencia; asimismo dispuso donaciones de dinero, animales y efectos diversos para cada

196 *Documentos inéditos*, 2.ª serie, tomo I, págs. 196 a 200.
197 *Documentos inéditos*, 1.ª serie, tomo 35, págs. 502 y 503.

uno de los indios de su servicio personal, el pago de todas sus deudas, la entrega a su confesor Rodrigo de Madrigal de 3.000 pesos para una obra pía convenida con él privadamente y por último instituyó su heredero universal a su sobrino Antonio Velázquez,[198] expresando su deseo de que sus bienes quedasen siempre en manos del heredero varón más próximo que llevase su apellido.

El nombre del ilustre hijo de Castilla, conquistador a sus expensas y primer gobernador de Cuba, no aparece ante la historia rodeado del prestigio extraordinario de otros conquistadores y fundadores de pueblos, por la persistente aberración humana de glorificar únicamente las empresas militares, tanto más celebradas y famosas cuanto más terribles y sangrientas; y acaso también por el escenario más reducido donde se desarrollaron sus iniciativas, aparte de otras razones históricas, en virtud de las cuales, tanto en Cuba como en España, la ingratitud, el olvido y el desconocimiento de sus méritos han arrojado un espeso velo sobre la figura y los hechos de Velázquez. El juicio imparcial y sereno de la posteridad debe reconocer a éste, no obstante, la gloria imperecedera de haber implantado la civilización española en Cuba, echando firmemente, con procedimientos más humanos que los de todos sus contemporáneos los cimientos de un pueblo nuevo, que no ha sido, por cierto, el que menos ha ilustrado el nombre de España en el Nuevo Mundo, ni uno de los que ocupa un lugar menos honroso y prominente entre las repúblicas de la América. En lo que a Cuba concierne, hasta recordar que Velázquez fue el fundador de Bayamo, Santiago de Cuba, Camagüey, La Habana, Baracoa, Trinidad y Sancti Spíritus, así como de sus municipalidades, centros durante cuatro siglos de casi toda la actividad política del país, para

198 *Documentos inéditos.* 1.ª serie, tomo 35, págs. 500 a 547.

medir hasta qué punto la acción personal del primer gobernador ha influido en el desarrollo material, social y espiritual de nuestra nacionalidad.

El fundador de Cuba, cuyos restos descansan por su voluntad expresa en tierra cubana, tuvo la satisfacción de medir, antes de su muerte, la grandeza de su obra y el honor que le cabía por haberla llevado a feliz término. En su testamento, al consignar la esperanza de ser oído y de obtener cumplida justicia del rey, funda su derecho, más que en razones meramente legales, en los eminentes servicios que ha prestado a Castilla y a la isla Fernandina (Cuba).

Según sus propias palabras, en una edad en que tenía más necesidad de descanso que de trabajos, puso toda su «posybilidad e facienda» en la conquista de Cuba, «e plugo a Dios Nuestro Señor, que puse a los naturales della debaxo del señorío e servidumbre de la Corona real de Castilla, e se a poblado de españoles como esthá, de que Dios Nuestro Señor e Sus Magestades han sido servidos», exclama el gobernador, con la clara conciencia de haber realizado una empresa gloriosa, en servicio de su patria y de su fe.[199]

30. Gobiernos de don Manuel de Rojas, Juan Altamirano y Gonzalo de Guzmán

Al ocurrir la muerte de Velázquez, asumió el mando interinamente hasta la llegada del juez de residencia Licenciado Altamirano, don Manuel de Rojas (1524 a 1525). Rojas era un vecino acomodado, buen administrador, honrado, celoso del bien público y que gozaba de una reputación prestigiosa entre sus convecinos. Fue uno de los albaceas de Velázquez y había gestionado en la Corte como apoderado de éste diversos asuntos de interés para el gobernador y para la colonia

---

199 *Documentos inéditos*, 1.ª serie, tomo 35, pág. 531.

antes de 1515; sus convecinos le habían elegido en varias ocasiones regidor y alcalde de los ayuntamientos de Bayamo y Santiago. Cuando murió el primer gobernador, Rojas ocupaba el cargo de Alcalde de Santiago, en virtud de cuya circunstancia le correspondía asumir el mando hasta que tomase posesión la nueva primera autoridad de la Isla. Durante su corta interinidad, se limitó a organizar algunas cuadrillas para castigar los primeros alzamientos de indios. A principios de 1525 entregó el gobierno a Altamirano, que debía asumir las funciones de teniente gobernador mientras tramitaba el juicio de residencia contra Velázquez.

El mando de Altamirano (año 1525) se singularizó solamente por los conflictos que se produjeron entre el gobernador y los ayuntamientos de la Isla, a los cuales pretendió despojar de sus derechos. Los procedimientos judiciales abusivos que Altamirano empleó con los vecinos, también dieron lugar a muchas quejas.

El primer gobernador Velázquez había respetado la autonomía de los concejos municipales y las funciones de los alcaldes ordinarios, encargados de la administración de la justicia; pero Altamirano, hombre autoritario, imbuido del espíritu centralizador de los letrados de la época y sintiendo probablemente menosprecio hacia «los justicias» que no eran hombres de leyes, se manifestó contrario a las prácticas democráticas de su antecesor. Nombró tenientes suyos en todos los municipios, con lo cual despojó de sus funciones a los alcaldes, y asumió él solo, bien directamente, bien por medio de sus delegados, las funciones que correspondían a los magistrados o jueces de elección popular. Los alcaldes de Santiago de Cuba, inconformes con el proceder del Licenciado, reclamaron ante éste, quien lejos de dar oído a sus quejas, los despojó dé las «varas», signo de la autoridad que ejercían.

Los concejos de toda la Isla se reunieron para protestar también contra lo que consideraban un abuso de autoridad, en menoscabo del derecho de los vecinos, y entonces el Licenciado no solo pretendió asistir a las juntas de los cabildos, sino que trató de impedir que se reuniesen sin su autorización, y se negó a reconocer validez a los acuerdos que adoptasen contraviniendo sus órdenes. A los oficiales reales también intentó despojarlos de las facultades de que estaban revestidos. Los regidores de los concejos no se allanaron a las exigencias del juez en funciones de gobernador, y designaron a un tal Rodrigo Duran para que en representación de los municipios de la Isla se trasladase a Santo Domingo y protestase contra el Licenciado, al cual acusaron de numerosos atropellos contra el vecindario, las autoridades locales y los funcionarios de la real hacienda.[200]

La Audiencia, después de oír a Duran, dio la razón a los quejosos y dictó una provisión el 25 de septiembre de 1525 ordenando a Altamirano que no nombrase más que un teniente suyo en la Isla, que reintegrase a los alcaldes la plenitud de sus facultades legales y se las respetase estrictamente, que se abstuviese de entrar en las juntas de los cabildos y de crear impedimentos para que los regidores se reuniesen y deliberasen libremente, y por último, que no invadiera la jurisdicción de los oficiales reales.

Altamirano protestó contra la provisión del Tribunal y acusó a los regidores y a Duran de haber recibido favores indebidos de Velázquez y de tratar de impedirle hacer justicia contra éste y contra los que habían sido favorecidos por él indebidamente.[201] Llevado el asunto ante la Corte, por real cédula de 19 de diciembre de 1525 se confirmó la provisión

200 *Documentos inéditos*, 2.ª serie, tomo I, págs. 219 a 226.
201 *Documentos inéditos*, 2.ª serie, tomo I, págs. 227 a 250.

dictada por la Audiencia de que los gobernadores no entraran en cabildo con los alcaldes y regidores[202] y quince días más tarde fue relevado Altamirano, designándose a Gonzalo de Guzmán, vecino y regidor de Santiago de Cuba, teniente gobernador de la Isla, con encargo «a suplicación della e de sus pueblos «de tomar residencia al Licenciado (Real cédula de 15 de diciembre de 1525).[203] Estas decisiones del Consejo de Indias y de Carlos V, representaban no solo el triunfo de los ayuntamientos contra las tendencias dictatoriales del juez, sino el de los amigos de Velázquez, del cual el Licenciado se había manifestado un enemigo encarnizado en la tramitación del juicio de residencia. En efecto, Gonzalo de Guzmán, a más de ser regidor del ayuntamiento de Santiago, era otro de los albaceas del difunto gobernador.

Rojas y Altamirano fueron gobernadores interinos y por corto tiempo, de manera que el segundo gobernador de Cuba en propiedad fue Gonzalo de Guzmán, quien, designado en la fecha ya citada, no tomó posesión en Santiago hasta la primavera del año siguiente. A Guzmán le fue conferido también el cargo de repartidor de indios en la misma forma que a Velázquez.[204] El primer asunto que ocupó la atención de Guzmán fue el proceso contra Altamirano. Formuló contra él una larga serie de cargos y al fin le impuso ciertas penas ligeras.[205]

Después surgieron serias cuestiones relativas a los indios. Los alzamientos de éstos llegaron a crear una situación difícil y el gobernador se vio obligado a dictar medidas para sofocarlos. Pero las dificultades más graves fueron de otro género. Por esta época, el Consejo de Indias parece haberse

202 *Documentos inéditos*, 2.ª serie, tomo I, pág. 251.
203 *Documentos inéditos*, 2.ª serie, tomo I, pág. 257.
204 *Documentos inéditos*, 2.ª serie, tomo I, pág. 342.
205 *Documentos inéditos*, 2.ª serie, tomo I, pág. 257.

hallado muy preocupado por los asuntos de Cuba, a causa de los constantes conflictos entre las autoridades de la Isla, la rápida despoblación de ésta y las sublevaciones de los indígenas provocadas por el mal trato de que eran víctimas. En 26 de junio (1526) se ordenó que el gobernador no tuviese más que un teniente, a fin de que la administración de justicia corriese a cargo de los cabildos y los alcaldes;[206] el 14 de septiembre se confió una misión especial, como ya se ha dicho, a Fray Pedro Mexía de Trillo, para la protección de los indios; el 3 de noviembre se dictó una real cédula ordenándole a Guarnan que tratase de apaciguar a los alzados y si no deponían su actitud que les hiciese la guerra; el 9 de noviembre se ordenó el estricto cumplimiento de las disposiciones que prohibían llevar indios a España, y se pidieron informes sobre la mejor manera de asegurar a los negros esclavos la posibilidad, de hacerse libres a fin de que no se alzasen y se animasen a trabajar, sobre la población, las producciones y otros extremos de importancia, se dictaron diversas medidas para regularizar la administración y, finalmente, se dispuso el envío a España de doce muchachos indios de los más despiertos para educarlos y hacer que volviesen después a Cuba como maestros.[207]

La misión confiada a Fray Pedro Mexía lo indispuso muy pronto con el gobernador, quien sostuvo que sus poderes como «repartidor» eran muy amplios y negó al fraile todo derecho a inmiscuirse en los asuntos relativos a los indígenas. Trillo acudió a la Audiencia, ésta le dio la razón y Guzmán apeló ante el Consejo de Indias.[208] Desde ese momento sus relaciones con los oidores de Santo Domingo fueron

206 *Documentos inéditos*, 2.ª serie, tomo I, pág. 341.
207 *Documentos inéditos*, 2.ª serie, tomo I, págs. 354 a 361.
208 *Documentos inéditos*, tomo IV, pág. 388.

muy tirantes. El Consejo de Indias dispuso que el obispo don Miguel Ramírez, que había salido loara la Isla, y el gobernador entendieran en todo lo relativo a los indígenas. Tras el conflicto con Trillo vinieron otros, pues la forma en que Guzmán ejerció sus facultades de «repartidor» no tardó en indisponerle con la mayoría de los pobladores, quienes le acusaron de favorecer indebidamente a sus deudos, amigos y servidores. Estas quejas encontraron acogida en la Corte y por real cédula de 15 de febrero de 1528 se dispuso que las encomiendas de indios a Guzmán, sus familiares y criados fuesen hechas por el cabildo y el obispo de común acuerdo.

El gobernador no tardó en romper con los regidores, alcaldes y procuradores de la Isla. El concejo de Santiago de Cuba, con sus alcaldes a la cabeza, le acusó ante el rey de vejación y de atropellar la legítima autoridad que representaban los regidores y el alcalde. Con los procuradores no tardó también en tener rozamientos, porque temeroso el gobernador de que enviasen quejas contra él a la Corte, pretendió inmiscuirse en sus deliberaciones y exigió que se le diese traslado de los acuerdos que adoptasen antes de enviarlos a España. La junta de procuradores reunida en Santiago en febrero de 1528[209] se negó a acceder a estas demandas que menoscababan su autoridad y su independencia, y acudieron en alzada ante el rey, que les dio la razón y condenó la conducta del gobernador (Real cédula de 19 de noviembre de 1528).[210] Los choques con los oficiales reales no fueron menos frecuentes.

La falta de equidad y aun de honradez con que el gobernador procedió en el ejercicio de su cargo de repartidor de indios fue otra causa de constantes acusaciones contra él en la Corte. Ya se ha dicho que se le acusó de repartir los indios

209 *Documentos inéditos*, 2.ª serie, tomo IV, pág. 57.
210 *Documentos inéditos*, 2.ª serie, tomo IV, pág. 57.

entre sus familiares y servidores, y que a fin de corregir este abuso se ordenó que los indios que se encomendasen al mismo Guzmán, a sus deudos y amigos, fuesen designados por el cabildo y el obispo, Fray Miguel Ramírez, el primero que residió en Cuba, a la cual arribó en 1528. Guzmán y el obispo no tardaron en ponerse de acuerdo y se distribuyeron los indios a su voluntad, sin contar para nada con el cabildo.[211]

Protestaron nuevamente ante la Corte los regidores, y el Consejo de Indias, a fin de remediar radicalmente el mal, dispuso que ni el obispo ni el gobernador pudiesen tener indios encomendados «para estar libre y poder mejor mirar por el buen tratamiento de los dichos yndios» (Reales cédulas de 22 de diciembre de 1529 dirigidas a Gonzalo de Guzmán y al obispo de Cuba.[212] Al mismo tiempo se ordenó que el Licenciado Juan de Vadillo se trasladase a Cuba a tomar juicio de residencia a Guzmán.[213] Tanto el gobernador como el obispo pusieron en juego toda clase de medios para atacar a sus enemigos y evitar la salida de Vadillo para Cuba, lo cual en parte lograron pues el rey aplazó la toma del juicio, y el magistrado no llegó a Cuba hasta dos años después, el 7 de noviembre de 1531. Durante esos dos años, la Isla estuvo agitada constantemente por las luchas internas de sus autoridades y de sus vecinos, divididos en dos bandos, los partidarios de los regidores y oficiales reales, y los parciales del gobernador y del obispo. Guzmán trató de comprar a los regidores para inclinarlos a su favor[214] y apeló a toda clase de persecuciones y violencias contra sus adversarios, vejándolos, encarcelándolos y despojándolos de sus propiedades. El obispo, por su parte, le secundaba en sus parcialidades y excomulgaba y

211 *Documentos inéditos*, 2.ª serie, tomó IV, págs. 64 a 68.
212 *Documentos inéditos*, 2.ª serie, tomo IV, págs. 82 y 84.
213 *Documentos inéditos*, 2.ª serie, tomo IV, pág. 81.
214 *Documentos inéditos*, 2.ª serie, tomo IV, pág. 149.

perseguía por los medios a su alcance a sus adversarios.[215] Las quejas contra los dos funcionarios fueron tantas y tan unánimes, que el Consejo de Indias ordenó al fin y al cabo a Vadillo que se trasladase inmediatamente a Cuba y tomase el juicio de residencia a Guzmán. Cerca de un año duró el juicio, durante el cual Guzmán y el obispo extremaron, aquél sus violencias y éste sus excomuniones contra los testigos. Vadillo, que parece haber sido un modelo de juez íntegro y recto, formuló contra Guzmán ochenta y tres cargos y le condenó en la mayoría de ellos.[216] Entre dichos cargos se contaban los de que «consintió pecados públicos, blasfemos, jugadores y amancebados; no persiguió a los delincuentes y homicidas; recibió dádivas, fue parcial y no cumplió varias providencias y cédulas, en especial la de que no saliese vecino ninguno a tierras nuevas, la de servir él mismo el oficio de veedor, y la de no tomar indios para sí, sus parientes y criados; sin tener facultad proveyó escribanías, echó sisas y repartimientos; no guardó las ordenanzas de los indios; maltrató a los oficiales reales; tomó para sí dinero de la real hacienda; realizó expediciones piráticas a Honduras para robar indios y venderlos como esclavos; no respetó la jurisdicción de los alcaldes, y so color de reprimir desobediencias encarcelaba regidores, oficiales reales y aun alcaldes, por resistirse a valuar a menos precio artículos que tomaba para sí o exigirle el pago de los derechos fiscales».[217] El juicio de Vadillo sobre el obispo Ramírez no fue menos desfavorable. Al recibir éste la real cédula prohibiéndole tener indios, la ocultó hasta la llegada a Cuba de una sobrina suya a cuyo nombre los puso, pero en realidad continuaron sacando oro para él.

215 *Documentos inéditos*, 2.ª serie, tomo IV, págs. 60, 64, 128, 148, 150, 168, 174 y 183.
216 *Documentos inéditos*, 2.ª serie, tomo IV, págs. 202 y 206.
217 *Documentos inéditos*, 2.ª serie, tomo VI, pág. 21.

«Proveyó V. M. —decía Vadillo al rey— Protector al Obispo con facultad de crear visitadores generales, los que pueden condenar hasta en 50 pesos. Esto... trae muchos daños: sus criados son los visitadores... y son los robadores de indios y españoles... En quebranto de las ordenanzas, que mandan que los clérigos confiesen y entierren a los indios gratis, demás de llevar diezmos, toma por cada entierro ocho reales... En todo lleva excesivos derechos... Prohibió comer carne en Cuaresma para dar licencias y sacar de cada una 3, 6, 8, 12 rs. Cada día descomulga vecinos y por este medio los domina... Amenaza quemar los vecinos por herejes...

No hizo sino poner confusión y maquinar contra mí... Me descomulgó, me publicó por hereje; ha hecho informes y jurado perderme por vía de Inquisición... A la verdad, no conviene para el bien y sosiego de Cuba hombre tal».[218] Vadillo regresó a Santo Domingo en 9 de julio de 1532, dejó suspenso de empleo a Guzmán y de gobernador interino a Manuel de Rojas.

Elevada la causa instruida por Vadillo al Consejo de Indias, ante el cual apeló Guzmán, el obispo Ramírez, que se había trasladado a la Corte, practicó gestiones tan activas y eficaces, que logró que Guzmán fuera repuesto en el mando. La justicia quedó escarnecida y los acusadores del gobernador, perseguidos sin piedad, tuvieron que emigrar. En este segundo período de su mando, Guzmán tomó eficaces medidas para que no llegasen a la Corte quejas en contra suya. «No fío haian ido mis cartas —decía el tesorero Lope Hurtado a Carlos V— porque suelen tomarlas aquí las justicias... El Teniente (Guzmán) tiene dos escribanos de su mano y con ellos cambiará cuantas informaciones quisiere... Venga hombre chapado que haga justicia, porque no es sofridera tierra

218 *Documentos inéditos*, 2.ª serie, tomo IV, págs. 296 a 302.

do no la hai». El funesto gobernador continuó realizando toda clase de abusos hasta 1538, fecha en la cual entregó el mando a Hernando de Soto. Durante el largo período de su gobierno, la Isla, agitada por las discordias intestinas y los alzamientos de los indios, quedó casi despoblada.

31. Gobiernos de Soto, Dávila, Chávez y Pérez de Angulo

Hernando de Soto (7 de junio de 1538 a 2 de febrero de 1544) no permaneció en Cuba sino el tiempo estrictamente indispensable para preparar su expedición a la Florida. Desde su salida para dicha provincia en la primavera de 1539 hasta que se tuvo noticias de su muerte a orillas del Misisipí en 1544, ejerció el mando en la Isla su esposa doña Inés de Bobadilla, con el concurso de los tenientes o alcaldes mayores Juan de Rojas y Bartolomé Ortiz, en La Habana y en Santiago de Cuba respectivamente.

Ya se ha hecho mención en otra parte de las desastrosas consecuencias que tuvo para la Isla la expedición de Soto, y de las funestas medidas para su vecindario que dictó éste antes de emprenderla.

La despoblación de Cuba continuó acentuándose, los alzamientos de indios se hicieron más frecuentes y más graves y arreció el peligro de los ataques de los corsarios a las poblaciones costeras.

Con Hernando de Soto llegó a la Isla el obispo don Diego Sarmiento, sucesor de don Miguel Ramírez.

Este obispo, aunque también fue objeto de graves censuras y acusaciones, parece haber sido un hombre de condiciones muy superiores a las de su antecesor. Recorrió las parroquias de la Isla, de la cual hizo una pintura bastante fiel y se manifestó opuesto a la libertad de los indios. Regresó a España y renunció la mitra en 1544.

Para suceder a de Soto en el gobierno de Cuba fue designado el licenciado Juanes Dávila, quien tomó posesión del mando el 2 de febrero de 1544.

El gobierno de Dávila coincidió con la promulgación de las ordenanzas de 1542 sobre la libertad de los indios.

El Consejo de Indias informó en contra de la libertad de éstos en 1543,[219] otro tanto hicieron el obispo Sarmiento en cartas dirigidas al emperador,[220] los oficiales reales,[221] y los procuradores y regidores de la Isla.[222] El gobernador, al principio pareció inclinado a hacer cumplir las ordenanzas, pero después suspendió la ejecución de las mismas, so pretexto de que debía aguardarse la resolución de las peticiones dirigidas al rey. En lo demás el gobierno de Dávila fue muy semejante al de Guzmán.

Las numerosas quejas enviadas contra él a la Audiencia y a la Corte, decidieron a los oidores de Santo Domingo a enviar a Cuba al licenciado Antonio Esteve para que le tomase juicio de residencia, pero el juez procedió con escandalosa parcialidad a favor del acusado;[223] además, se dedicó a la venta de negros esclavos y a otros negocios no menos impropios del cargo que se le había confiado. Informada la Audiencia de estos hechos relevó a Esteve. Poco después se nombró gobernador al licenciado Antonio de Chávez. Dávila fue procesado y enviado preso a Sevilla.

El gobierno de Chávez (4 de junio de 1546 a 1549) no se distinguió mucho de los anteriores. Chávez tampoco puso

219 *Documentos inéditos*, 2.ª serie, tomo 6.° págs. 182.
220 *Documentos inéditos*, 2.ª serie, tomo 6.° págs. 182, 186, 189.
221 *Documentos inéditos*, 2.ª serie, tomo 6.° pág. 195.
222 *Documentos inéditos*, 2.ª serie, tomo 6.° págs. 210, 213, 234, 241.
223 *Documentos inéditos*, 2.ª serie, tomo 6.° pág. 257.

en vigor las ordenanzas sobre libertad de los indios[224] por lo cual recibió una severa reprensión de la Corte. A pesar de ello persistió en su actitud, dando lugar a que en 1547 se le ordenase nuevamente que ejecutase las citadas ordenanzas.

Chávez residió durante casi todo el tiempo de su gobierno en La Habana, en cuyo lugar inició los trabajos para dotar a la población de su primer acueducto, el cual, aunque muy deficiente, habría de servirle de gran utilidad al puerto. Chávez también se esforzó por fomentar el cultivo de la caña de azúcar,[225] a fin de producir en el país algún artículo de comercio exportable en sustitución del oro, cuya busca por los indios prohibían enérgicamente las ordenanzas de 1542. En la ciudad de La Habana, un barrio y un pequeño puente recuerdan aún el nombre de este gobernador. Chávez fue objeto de casi tantas acusaciones como Dávila. Su sucesor el doctor Gonzalo Pérez de Angulo le tomó juicio de residencia y lo envió preso a Sevilla como él había hecho con su antecesor.

El último de los gobernadores de este período fue el doctor Gonzalo Pérez de Angulo, que desembarcó en Santiago de Cuba el 4 de noviembre de 1549. Tan luego como Ángulo tomó posesión del mando hizo pregonar una real provisión de que era portador sobre la libertad de los indios, decisión con la cual se captó desde el comienzo de su gobierno la mala voluntad de cuantos tenían indios a su cargo, y principalmente de los regidores de los ayuntamientos, que eran los encomenderos más fuertes.

224 *Documentos inéditos*, 2.ª serie, tomo 6.º pág. 269.
225 *Documentos inéditos*, 2.ª serie, tomo 6.º págs. 272 y 301.

Ángulo dictó también diversas providencias para abaratar los artículos de primera necesidad, fijando el precio de los víveres para evitar los abusos.[226]

En virtud de las medidas anteriores y de otra dictada por el gobernador para fijar el valor de la moneda circulante en La Habana, sus relaciones con el Ayuntamiento se hicieron muy tirantes. El cabildo protestó contra el hecho de que Ángulo viviese en La Habana, y la Audiencia, ante la cual acudió en alzada Ángulo, dictó una provisión mandando que el gobernador residiese en lo sucesivo en la citada ciudad (julio 26 de 1553).[227]

Ángulo no solo hizo cumplir las ordenanzas sobre el empleo de los indios en la busca del oro, sino también dictó un bando fijando un plazo para que los propietarios de indios esclavos mostrasen durante el término que señaló, los títulos que acreditasen su derecho a la posesión de tales esclavos, con apercibimiento de que en caso de que no le fuesen presentados dichos títulos declararía libres los citados indios esclavos. Este bando fue pregonado en La Habana, Santiago de Cuba y Bayamo por el mismo Ángulo y en Trinidad, Puerto Príncipe, Baracoa, y demás lugares por los alcaldes respectivos en cumplimiento de órdenes recibidas del gobernador. Ningún propietario de esclavos presentó los títulos exigidos y en tal virtud «por el dicho señor gobernador fueron declarados e pronunciados por personas libres muchos yndios, asy hombres como mugeres, y fueron puestos en su libertad». El testimonio de haber sido cumplida y ejecutada esta disposición tiene la fecha del 8 de agosto de 1553.[228] Cabe pues la gloria al doctor Ángulo de haber puesto término en Cuba

226 *Documentos inéditos*, 2.ª serie, tomo 6.º pág. 238.
227 *Documentos inéditos*, 2.ª serie, tomo 6.º pág. 347.
228 *Documentos inéditos*, 2.ª serie, tomo 6.º págs. 356 y 357.

tanto al régimen de las encomiendas como a la esclavitud de los indígenas.

El gobierno de Ángulo terminó con dos grandes desastres: el saqueo de Santiago de Cuba en 1554 y la destrucción de La Habana en 1555 por el corsario Jacques de Sores. Ángulo fue acusado de multitud de abusos y de falta de probidad por los concejos de la Isla, particularmente por el de La Habana, el cual también le acusó de imprevisión y cobardía cuando el ataque de Sores a la capital. Se le procesó y se le envió preso a España, pero debe tenerse en cuenta que el gobernador se había enajenado las simpatías de las gentes influyentes de la Isla por su firmeza en lo tocante a la libertad de los indios y por negarse a dilatar el cumplimiento de las disposiciones que aseguraban la libertad de éstos.

Con el doctor Ángulo terminó la serie de los gobernadores de carácter civil nombrados desde 1517 a 1555. La Isla, cuyo porvenir parecía tan halagüeño durante el gobierno de Velázquez, se hallaba despoblada y en estado completo de miseria. Sus escasos habitantes estaban tan abatidos que solo doce franceses fueron bastantes en 1556 para saquear sin resistencia a La Habana, la población que contaba con mayor número de vecinos y era ya capital de Cuba.

Las causas de esta prematura decadencia fueron sin duda las expediciones exteriores de sus primeros gobernantes; el hecho de que toda la atención de España y la afluencia de inmigrantes se dirigió a las ricas comarcas de Nueva España, Nueva Granada y Perú, países a los cuales se marcharon también muchos de los primeros pobladores de Cuba; los alzamientos de los indios, los ataques de los franceses, y diversas causas de orden económico de que se tratará más adelante. Pero no cabe duda de que contribuyó también a la ruina de la Isla en no pequeña medida, la causa que señalaba el tesorero Lope Hurtado a Carlos V, cuando en carta de 25 de junio de 1546 le decía: «Esto cabsa, sacra cesárea católica Magestad, enbiar a estas partes jueces apasionados y sin letras y conciencia.» [229]

3. Organización política, administrativa y social

32. Fundación de las primeras poblaciones; organización y funciones del gobierno local de las mismas

Ya se ha visto en párrafos anteriores que al desembarcar en Cuba, Velázquez comenzó por echar los cimientos de una población que sirviera de asiento a su gobierno y de base de operaciones para la conquista. El lugar escogido se hallaba en una playa de la costa septentrional, no lejos de una población india que los naturales llamaban Baracoa, el mismo que hoy ocupa la ciudad de este nombre. Al elegirlo, Velázquez tuvo en cuenta, sin duda, razones de orden político, estratégico y económico. El gobierno de la nueva colonia habría de depender del de la Española, con el cual necesitaba mantenerse en frecuente comunicación; los indios de la región de Maisí parecían ser de los más belicosos y dispuestos a resistir a los españoles, aparte de que podían trasladarse fácilmente a la Española y viceversa, difundiendo el espíritu de rebeldía entre sus hermanos de raza, por lo cual convenía vigilarlos muy de cerca. Además, Velázquez tenía sus haciendas en la parte septentrional de la Española, y de ellas debía surtirse de provisiones hasta que Cuba produjese lo necesario para su consumo, y por último, de la Española debía importar muchos artículos que por el momento no podía hacer venir

229 *Documentos inéditos*, págs. serie, tomo VI, pág. 257.

de España. Nuestra Señora de la Asunción, que así llamó a la naciente ciudad, quedaba muy cercana a las poblaciones situadas en la parte septentrional de la Española, desde las cuales podía llegarse en breve tiempo, viajando por tierra, a la ciudad de Santo Domingo, capital de la isla vecina, vigilaba la región más agreste y peligrosa de Cuba, interceptaba las comunicaciones de los indios entre las dos islas, y ofrecía las ventajas de un puerto relativamente cómodo y seguro; por consiguiente, parecía brindar las condiciones más favorables para erigirla en capital de Cuba. La población debe haber quedado construida a principios de 1512. Se reducía a unas cuantas cabañas o bohíos de madera y guano, inclusive la residencia del gobernador, la iglesia parroquial y los demás edificios públicos.

Después de Baracoa fueron fundadas las poblaciones de Bayamo (noviembre de 1913),[230] Trinidad (1514)[231] y Sancti Spíritus (1514).[232] El lugar donde se fundaron estas tres poblaciones fue escogido personalmente por Velázquez, teniendo en cuenta la facilidad para las comunicaciones exteriores, la abundancia de tierras fértiles inmediatas, propias para el cultivo y la crianza de ganado, la existencia de minas de oro en la jurisdicción de cada una de ellas y la circunstancia de estar bien poblado el territorio donde se hallaban enclavadas, por indios que podían destinarse al trabajo. Santiago de Cuba fue establecida probablemente a fines de 1514 o principios de 1515, de acuerdo también con los planes de Diego Velázquez, en un lugar que pareció «muy apropósito para la navegación destos reinos, y de, Castilla de Oro, y de la Española y Jamaica».[233]

230 *Documentos inéditos*. 1.ª serie, tomo XI, pág. 422.
231 *Documentos inéditos*. 1.ª serie, tomo XI, pág. 427.
232 Bartolomé de las Casas, *Op. cit.*, tomo IV, pág. 38.
233 *Documentos inéditos*. 1.ª serie, tomo XI, pág. 448.

Santiago, además, tenía mejores comunicaciones que Baracoa con Bayamo, lugar donde se estableció la Contratación y se efectuó la fundición del oro de abril a mayo de 1515. Las otras dos poblaciones cuya fundación dispuso Velázquez fueron Puerto Príncipe y La Habana. La primera quedó situada en el Puerto del Príncipe, en la costa septentrional de Camagüey;[234] vigilaba una dilatada zona en la cual existían varias poblaciones indígenas y era un lugar adecuado para hacer escala en los viajes de un extremo a otro de la Isla, que se efectuasen por la costa del Norte de ésta. Respecto a La Habana, existen noticias que pueden considerarse como auténticas de que se fundó el 25 de junio de 1515, pero el lugar donde fue establecida no se ha podido determinar con exactitud. Los historiadores primitivos manifiestan que la población fue erigida en la costa del Sur cerca de Batabanó o de la boca del río Mayabeque y que posteriormente, en fecha indeterminada, se trasladó al puerto de Carenas. Don Jacobo de la Pezuela afirma que la villa existía en el lugar que hoy ocupa la capital de Cuba en 1518.[235] En un mapa del cartógrafo italiano Paolo Forlano, grabado en 1564, La Habana aparece situada en la costa meridional, junto a la margen oriental del Mayabeque.[236] Lo más probable, sin embargo, es que desde 1514, año en que llegaron al puerto habanero las gentes de la expedición de Narváez y Las Casas, y el bergantín enviado por la costa septentrional por Velázquez durante la conquista, se levantasen algunos bohíos junto a la bahía. Esta conjetura se funda en el hecho de que mientras Narváez y Las Casas se dirigieron en 1514 desde el puerto de Carenas a entrevistarse con Velázquez que se hallaba por la

234 Bartolomé de las Casas, *Op. cit.*, tomo IV, pág. 38.
235 Jacobo de la Pezuela, *Historia de Cuba*, tomo I, págs. 89 y 90.
236 Una copia de este mapa, obtenida en la Biblioteca del Congreso, Washington, se halla en poder del autor.

zona en que hoy está Sancti Spíritus, la mayor parte de los expedicionarios y el mencionado bergantín quedaron en el citado puerto de La Habana esperando órdenes. Como se ha visto en páginas anteriores, Narváez recibió instrucciones de Velázquez de volver a La Habana, y marchar en el bergantín a someter las regiones de Guaniguanico y Guanacahabibes. No es aventurado creer que los primeros cimientos de la población quedaran echados en aquella fecha. De que la villa existía ya junto al puerto de su nombre antes del 10 de febrero de 1519, fecha de la partida de Hernán Cortés para México, no cabe dudar. En una información hecha por Diego Velázquez en 1519, declaran varios vecinos de la villa de San Cristóbal, entre ellos el escribano de la misma, Francisco de Madrid, que la armada de Cortés estuvo estacionada en la bahía y que la vieron partir de ella. Esos mismos testigos declararon en la información, que había unos cuatro años que conocían a Francisco Montejo y a Alonso Hernández Portocarrero, enviados de Cortés, antiguos vecinos también de La Habana, de donde se infiere, en apoyo de la opinión expresada antes, que la ciudad fue fundada del 1514 al 1515[237] en el mismo lugar donde hoy se halla, aun cuando alguna otra villa, donde residían al principio las autoridades del concejo, se estableciera oficialmente en el Sur, en la ya citada fecha de 25 de junio de 1515. Un somero examen del mapa de Cuba hasta para producir el convencimiento de que en la elección del lugar que debía ocupar cada villa, Velázquez procedió con indudable acierto. De conformidad con las miras de éste, las siete poblaciones primitivas contribuyeron a promover el desarrollo de las regiones más importantes de la Isla. Velázquez distribuyó solares entre los pobladores de cada villa, y en las cercanías de éstas concedió a sus vecinos tierras en

237 *Documentos inéditos*. 1.ª serie, tomo XII, págs. 151 a 204.

abundancia apropiadas para el cultivo de diversos frutos y la cría de ganado. De este modo logró que en todas ellas se arraigase un grupo de españoles con intereses de consideración, a quienes importaba el fomento del pueblo y la mejora de su vecindario.

Los conquistadores, lejos de concentrarse en una sola localidad, quedaron distribuidos en siete, situadas de manera tan ventajosa, que todos los indios quedaron vigilados y las zonas más ricas puestas en producción.

El vínculo establecido entre los primeros vecinos y la tierra mediante el hábil procedimiento de Velázquez fue tan firme y los lugares fueron escogidos con juicio tan certero, que las siete poblaciones españolas primitivas han sobrevivido a todas las crisis económicas y políticas de la historia de Cuba.

Baracoa fue la peor situada, pero en la fecha de su fundación Velázquez no conocía la topografía de la Isla. Después de su primer recorrido por todo el territorio, echó de ver la desventajosa posición de la Asunción y fijó su residencia en Santiago desde 1515.

El gobierno de cada una de las primeras villas se confió a sus mismos vecinos, constituidos en un concejo municipal o ayuntamiento, organizado a semejanza de los de Castilla. El municipio castellano ya estaba en decadencia cuando fue implantado en Cuba;[238] además, nunca había tenido tanta independencia política y administrativa como el de otras regiones de España. En la época de su mayor florecimiento (siglos XII a comienzos del XIV) tuvo un marcado carácter autonómico y democrático, pero poco a poco lo fue perdiendo durante el transcurso de los siglos XIV y XV.[239] El primer paso en la organización de las fuerzas plebeyas en Castilla y León

238 E. Altamira, *Op. cit.*, tomo II, pág. 446.
239 E. Altamira, *Op. cit.*, tomo II, pág. 63.

durante la edad media, estuvo representado, según el historiador español don Rafael Altamira, por las benefactorías colectivas, es decir, «por grupos de población libre que, para mayor garantía en aquel período en que el poder central no podía acudir a todas partes y la seguridad era escasa, buscaban el patrocinio de un noble poderoso».[240] Las benefactorías o behetrías no lograron mucha fuerza y ya en el siglo X aparece la villa o concejo que adquiere poco a poco grande importancia y termina por absorberlas.

Las villas o concejos eran «pueblos conquistados por los reyes y pertenecientes a tierras realengas, y los que nuevamente en ellos se fundaban segregados de la jurisdicción de los condes». «En aquellos tiempos de guerra continua —dice Altamira— los territorios fronterizos con los musulmanes, o con otros reinos cristianos estaban constantemente expuestos a ser saqueados... Las gentes se retraían, ante tal inseguridad, de ir a poblar, especialmente las tierras fronterizas; y sin embargo la necesidad de que así lo hicieran era grande, no solo por motivos de prosperidad pública, para cultivar las tierras y construir pueblos, sino por exigencias de la guerra misma, que pedía mucha gente para defender las ciudades y fortalezas. Los reyes comprendieron esta necesidad y trataron de satisfacerla... Para halagar a los pobladores de las villas, dieron los reyes, privilegios y mercedes, ya declarando libres a todos los que en ellas entrasen, aunque procediesen de la clase servil, ya eximiéndoles de contribuciones y servicios, ya concediéndoles cierta autonomía política, para que se rigiesen libremente, o reconociéndoles sus prácticas y exenciones consuetudinarias. Así se fueron creando nuevas entidades políticas, independientes de los señores y en parte del rey, a cuyo calor se libertaron los siervos, se creó la clase

---

240 E. Altamira, *Op. cit.*, tomo I, pág. 315.

media y se desarrollaron el comercio y la industria».[241] La constitución de estos primeros concejos municipales, en orden al gobierno según el citado historiador, era la siguiente: «formación en la villa del *concilium*» o asamblea de vecinos... dándole facultades administrativas y judiciales como la policía de pesas y medidas, tasa de artículos de primera necesidad y de jornales, fijación de multas por contravención de ordenanzas, derechos de consumos, inspección del mercado, jurisdicción en ciertos actos que han de realizarse a su presencia (ventas, donaciones, testamentos, etc.). Esta asamblea en la cual intervienen con absoluta igualdad todos los vecinos, forma el poder supremo y único de la villa, y nombra anualmente para el cumplimiento de sus acuerdos y atribuciones un juez (alcalde) que sustituye al conde o juez nombrado antes por el rey, y varios jurados, fieles o veedores que dependen estrechamente de la asamblea».[242] «Tal es el comienzo de lo que luego se llamó concejo o sea el régimen municipal de la reconquista. Su desarrollo consiste en la adquisición gradual por el concejo de las atribuciones privativas del poder público... y en particular de las del orden judicial, a pesar de que el rey mantenía su derecho de nombrar en todas las ciudades y distritos del campo sus jueces, coexistiendo con los del concejo.» Esta organización municipal continuó desarrollándose durante los siglos XI y XII, comenzándose a llamar alcaldes & los jueces concejiles o forenses por influencia de los mozárabes. «Aparte de los funcionarios nombrados, que eran los principales, había —dice Altamira— el alguacil mayor, el cual custodiaba la bandera del concejo; el alférez, que mandaba las milicias concejiles; los fieles, que cuidaban de la policía de los mercados y escribían y sellaban

241 E. Altamira, *Op. cit.*, tomo I, pág. 316.
242 E. Altamira, *Op. cit.*, tomo I, pág. 317.

las cartas de los concejos; los alamines o veedores de mercaderías; los alarifes, que inspeccionaban las obras públicas y particulares; los veladores o guardas de noche, etc.»[243] Estos concejos tenían vida económica independiente. Para la satisfacción de sus propias necesidades generales, contaban con tributos que pagaban los vecinos y multas de los mismos, servicios personales de trabajo, tanto en el orden agrícola como en la construcción y reparación de caminos y demás obras, y finalmente, con tierras propias, cedidas por el rey o adquiridas en cualquiera otra forma.

Estas tierras eran de dos clases: unas cultivadas por todos los vecinos, como servicio o carga concejil, y cuyo producto ingresaba en las arcas municipales para ser gastado en cosas de provecho común, y otras cuyos frutos aprovechaban directamente los vecinos, y que unas veces permanecían indivisas y otras se distribuían en lotes, cada cierto tiempo. Las primeras se llamaron de propios y las segundas comunales. Ni unas ni otras podían venderse.[244]

Los concejos organizados, en la forma descrita, se comunicaban con el rey por medio del alcalde u otro delegado que el monarca mantenía a veces en el municipio, de cartas y exposiciones, y de mensajeros especiales. Los mensajeros solían también llevar poderes para negociar en la Corte asuntos que interesaban al municipio y recibían el nombre de procuradores.

Ya se ha dicho en párrafos anteriores que esta organización municipal estaba en decadencia cuando fue implantada en Cuba. Las primeras manifestaciones de la debilitación del poder municipal son muy antiguas y se refieren a la administración de justicia.

243 E. Altamira, obra, citada, tomo I, pág. 435.
244 E. Altamira, *Op. cit.*, tomo I, págs. 439 y 440.

Desde la época de Alfonso X (año 1274) los grados o instancias de la administración de justicia eran cuatro: de los alcaldes de villa o concejo se apelaba a los adelantados o merinos (funcionarios de nombramiento real); de éstos a los alcaldes del rey; de éstos a los adelantados mayores de Castilla, y finalmente al monarca.[245] Mediante la resolución de las alzadas, los funcionarios reales o el rey mismo, restringían el poder de los jueces de los concejos.

Además, a partir de Alfonso XI (1312-1350), los reyes usaron en gran medida la facultad de colocar jueces reales en los municipios, reservándose por completo la facultad de nombrar alcaldes, excluyendo los de nombramiento popular, colocando los de nombramiento real junto a los elegidos por los vecinos, o sustituyendo éstos últimos alcaldes por aquéllos cuando daban pretexto con abusos o injusticias.[246] Los alcaldes nombrados por el rey se llamaban alcaldes mayores o corregidores, y tenían gran influjo, no solo en la administración de justicia sino en el orden político.[247]

En el orden gubernativo, la decadencia municipal se manifestó en primer término, por convertirse en vitalicios cargos que eran temporales; por la lenta usurpación que de las atribuciones del concejo todo, hace el ayuntamiento, o sea el conjunto de los funcionarios que en un principio dependieron estrechamente de la asamblea de vecinos; por la

245 E. Altamira, *Op. cit.*, tomo II, pág. 44.
246 E. Altamira, *Op. cit.*, tomo II, pág. 47.
247 En Cuba existieron estos alcaldes hasta el cese de la dominación española. El nombramiento de supervisores militares de orden del presidente de la República para asumir en los municipios la jefatura de la policía municipal, privando al Alcalde del mando de la misma, representa actualmente en Cuba la forma atenuada de ingerencia del Poder Ejecutivo Central en los asuntos comunales, en menoscabo de las facultades concedidas por la Constitución y las leyes a los municipios.

vinculación de los cargos municipales en los caballeros o en determinadas familias, lo cual dio lugar a pugnas de clase y frecuentes querellas, a veces sangrientas, con motivo de las elecciones; y finalmente, por las inmoralidades de la administración municipal.[248] Los mismos pueblos, al acudir a los reyes pidiendo remedio para los males de la administración municipal, ofrecieron a los monarcas una oportunidad que éstos supieron aprovechar, para extender su poder a expensas del de los concejos. Desde mediados del siglo XIV comenzaron a existir los regidores perpetuos nombrados por el rey y los alcaldes corregidores, que influyeron notablemente en las deliberaciones y los acuerdos de los ayuntamientos, rebajando el poder y la independencia de los funcionarios de elección popular.

En el siglo XV los Reyes Católicos don Fernando y doña Isabel, mostraron el firme empeño «de llevar a la monarquía todos los poderes efectivos del Estado y de suprimir o subordinar a ella todas las antiguas autonomías, cualesquiera que fuese su carácter».

En lo concerniente a la restricción del poder municipal no tropezaron con grandes obstáculos. Las discordias intestinas de los municipios habían continuado y la descomposición íntima del poder concejil, permitía cada vez más la ingerencia del poder real en la vida de las comunidades locales. El historiador Altamira menciona leyes de mediados del siglo XV en las cuales se alude a las represalias que unos pueblos ejercían contra otros «de que se seguían fuerzas y daños» y a los escándalos que no podían «proveer las justicias (alcaldes) de la localidad».[249] Los nobles cometían numerosas arbitrariedades, tomando a viva fuerza «posada u otras co-

248 E. Altamira, *Op. cit.*, tomo II, pág. 63.
249 E. Altamira, *Op. cit.*, tomo II, pág. 447.

sas en ciudades y villas del rey», y ocupaban los términos de los lugares en que vivían, «desapropiando y despojando a los concejos de sus lugares, jurisdicciones, términos, prados, pastos y abrevaderos», género de usurpación, dice Altamira, que también cometían los mismos plebeyos y unos concejos respecto de otros colindantes.[250]

Para remediar los males enumerados, los reyes continuaron aplicando los procedimientos ya conocidos y otros nuevos: nombramiento de alcaldes corregidores, sujeción de los concejales a juicios de residencia «para cumplir el derecho a los querellosos y pagar los daños que han hecho», envío de pesquisidores y de veedores o visitadores para que revisaran las cuentas municipales y fiscalizaran la conducta de los empleados públicos, supresión de la forma electiva para los oficios concejiles en algunos municipios, nombrándolos el rey vitaliciamente, reglamentación de las elecciones en los concejos donde siguieron subsistiendo con la exclusiva a favor de las clases aristocráticas, fijación de las escribanías municipales y de los aranceles de los oficiales concejiles y otras medidas de menor interés.[251]

Este tipo de municipio, de atribuciones limitadas, fue el implantado en la Española con un criterio puramente asimilista, cuidando los reyes de mantener y asegurar el predominio de la autoridad central de la monarquía. En las «Instrucciones» que se dieron a Colón al emprender éste su segundo viaje (año 1493) se le decía: «El Almirante, do poblase, nombrará alcaldes y alguaciles que administren justicia, y él oiga las apelaciones o primeras instancias como más viere que cumple. Si fueren menester regidores, jurados y otros oficios, por esta vez nombre el Almirante; en lo ade-

250 E. Altamira, *Op. cit.*, tomo II, pág. 448.
251 E. Altamira, *Op. cit.*, tomo II, págs. 448 y 449.

lante envíe terna, y nos proveeremos. En cualquier Justicia, dirá el pregón que la manda hacer el Rey y Reina».[252] En los sucesivos nombramientos de regidores lo corriente fue que terminado el plazo de ejercicio de los cargos, un año natural, los regidores salientes designasen, en elección libre, a los que habían de sustituirles.[253]

En Cuba, Velázquez constituyó en cada una de las villas fundadas por él un concejo municipal o ayuntamiento formado por un número variable de regidores o concejales, generalmente cuatro[254] y dos alcaldes, primero y segundo; la reunión de estos funcionarios constituía el cabildo, al cual solía asistir el gobernador o el teniente de éste, que recibía el nombre de Alcalde Mayor. No tenemos datos auténticos respecto a la forma en que fueron nombrados los primeros regidores y los primeros alcaldes. Quizás Velázquez los nombró él mismo haciendo uso de facultades semejantes a las usadas por Colón al constituirse los primeros municipios de la Española.[255]

Tampoco se tienen noticias muy ciertas tocante al procedimiento empleado después para la elección de los regidores. Parece que eran electos por los vecinos,[256] aunque no siempre se observó con rigor el precepto, pues el gobernador interino don Manuel de Rojas informaba al rey en 1534 que los vecinos de Puerto Príncipe estaban «los mas dellos quexosos, porque en la elección de dichos Oficios reales (dos alcaldes, cuatro regidores, procurador de concejo y alguacil) nunca se había guardado ni se guardava la orden que V. Magestad

---

252 E. Altamira, *Op. cit.*, tomo II, pág. 477.
253 E. Altamira, *Op. cit.*, tomo III, pág. 314.
254 *Documentos inéditos*, 2.ª serie, tomo IV, págs. 335, 336 y 339...
255 Bartolomé de las Casas, *Op. cit.*, tomo IV, pág. 13.
256 *Documentos inéditos*, 2.ª serie, tomo IV, pág. 335.

manda que en ello se tuviese».[257] Los regidores se nombraban por un año, pero también hubo desde los primeros tiempos regidores perpetuos nombrados por el rey,[258] procedimiento antidemocrático contra el cual abogaba Manuel de Rojas en su carácter de procurador de Bayamo, en la sesión anual de procuradores celebrada en Santiago de Cuba en 24 de febrero de 1528.[259] El cargo de regidor no era incompatible con los de factor, tesorero y contador del rey. Los alcaldes, en los primeros años de la organización municipal cubana, eran nombrados por el ayuntamiento y no por elección de los vecinos. Las elecciones daban lugar a fraudes y quejas, principalmente porque los gobernadores intervenían en ellas pretendiendo imponer sus candidatos, o tratando, por lo menos, de que la elección recayese en personas de su agrado.[260] Los concejos y los vecinos protestaron siempre contra la ingerencia ilegal del gobernador en las elecciones, y Rojas, por su parte, combatió la elección de alcaldes por los regidores y abogó a favor de la designación «por votos de todo el pueblo».[261] El principio democrático de la elección por sufragio directo se impuso al fin, pues en 1529 se dispuso por una provisión real que los alcaldes fuesen electos por «votos de todos los vecinos». El procedimiento estuvo en práctica durante poco tiempo y parece que no dio los buenos resultados que esperaban sus mantenedores, debido quizás a la corrupción electoral. El Licenciado Vadillo, magistrado ecuánime e imparcial, informó al rey en contra de esta forma de elección, «porque (se refiere

257 *Documentos inéditos*, 2.ª serie, tomo IV, pág. 339.
258 *Documentos inéditos*, 2.ª serie, tomos I y VI, págs. 88 y 104 respectivamente.
259 *Documentos inéditos*, 2.ª serie, tomo IV, pág. 19.
260 *Documentos inéditos*, 2.ª serie, tomo IV, pág. 25.
261 *Documentos inéditos*, 2.ª serie, tomo IV, pág. 19.

a los electores) se perjuran y todos van cohechados».[262] Al suprimirse esta forma de elección, se dispuso un nuevo procedimiento, según el cual los vecinos elegían dos nombres, los regidores otros dos y el gobernador uno; los cinco nombres se echaban en una urna y a la suerte se sacaban dos de ellos para alcaldes ordinarios primero y segundo.[263]

Los alcaldes elegidos de esta manera debían ejercer el cargo un año y en 1536 se ordenó que no pudiesen ser reelectos «hasta que sean pasados dos años después e ayan dexado las varas». En la misma real cédula se prevenía que los oficiales reales no podían ser elegidos alcaldes.[264]

El gobernador Gonzalo de Guzmán en 1535 censuraba esta forma de elección porque decía que los vecinos votaban a favor de candidatos que no sabían leer ni escribir.[265]

La circunstancia de que los oficiales reales —tesorero, contador y factor— pudiesen ser regidores, contribuía a privar al ayuntamiento o concejo del carácter verdaderamente popular y democrático que tuvo en su origen el municipio castellano, porque dichos funcionarios dependían directamente del rey y no siempre se hallaban en condiciones de servir los intereses locales en contraposición con los del poder central.

En 1528, entre los cuatro regidores del ayuntamiento de Santiago de Cuba, se contaban los tres oficiales reales, por cuya razón los procuradores de la Isla, bajo la inspiración de Manuel de Rojas, procurador de Bayamo, se negaron a reunirse en cabildo juntamente con los alcaldes y regidores de Santiago, para «entender de algunas cosas necesarias e muy cumplideras al bien e procomún». «Hemos colegido e nos parece no convenyr —decían los procuradores en un escrito de

262 *Documentos inéditos*, 2.ª serie, tomo IV, pág. 298.
263 *Documentos inéditos*, 2.ª serie, tomo VI, pág. 91.
264 *Documentos inéditos*, 2.ª serie, tomo IV, pág. 409.
265 *Documentos inéditos*, 2.ª serie, tomo IV, pág. 398.

protesta presentado al Gobernador— que en el dicho cabildo nos juntemos a platicar y entender en el despacho e brevedad de los tales negocios syn mucho perjuicio e inconvinyente, por ser como son los regidores del dicho cabildo oficiales de su Magestad, tesorero, contador e fator, por razón de los cuales oficios e so color de servicio a su Magestad e de acrecentar sus rentas Reales tienen e podrían tener diferente fin e proposyto de lo que conbiene e convenya al bien e pro común e a su oficio de regidores... en mucho perjuicio del bien e pro común desta ysla e de la población della».[266]

Otra causa que contribuía a restarle independencia e iniciativa a los primeros concejos o ayuntamientos cubanos, era la falta de bienes y de ingresos de dichas corporaciones, ninguna de las cuales tenía propios,[267] resultando un hecho bastante raro que Velázquez no asignase ni tierras ni indios a las corporaciones municipales fundadas por él.

Las facultades y atribuciones de los primeros ayuntamientos cubanos eran las mismas que correspondían históricamente a los concejos en Castilla, y de ellas ya se ha hecho mención en párrafos anteriores.

En cuanto a los alcaldes, más que representantes del poder ejecutivo local como los actuales, eran, conforme a la tradición histórica, funcionarios encargados de la administración de justicia, verdaderos jueces.

Conocían de todas las cuestiones así civiles como criminales corrientes, como los alcaldes de Castilla, y, además, dadas las condiciones especiales de Cuba, de los asuntos relativos a las minas y a los indios, tocante a los cuales ejercían también las funciones de veedores o visitadores, para evitar que

266 *Documentos inéditos*. 2.ª serie, tomo IV, págs. 2 y 3.
267 *Documentos inéditos*. 2.ª serie, tomo IV, pág. 21 y 1.ª serie, tomo 13, págs. 99 y 100.

se les maltratase y exigir el cumplimiento de las ordenanzas reales que amparaban y protegían los indígenas encomendados. De las resoluciones de los alcaldes ordinarios, denominación que se les aplicaba para distinguirlos de los alcaldes mayores nombrados por el gobernador, se podía acudir en alzada ante éste. En 1536, al cesar en el cargo que ejercía el gobernador nombrado por los herederos de Colón, y pasar la Isla a depender directamente del rey, se dispuso por real cédula de 6 de noviembre, dictada en Valladolid, que los alcaldes ordinarios «conozcan en primera instancia de todas aquellas cosas que podía conocer el dicho lugar teniente de nuestro gobernador... así en cevil como en criminal y en las apelaciones que se ynterpusyere de las sentencias que diesen los tales alcaldes ordinarios vayan ante nuestro presidente e oydores déla audiencia déla ysla Española».[268] Este aumento de las facultades de los alcaldes no fue bien visto por los pobladores de Cuba, en virtud de lo difícil y costoso que resultaba acudir en alzada al tribunal de la isla vecina. También en muchas ocasiones la opinión se pronunció en contra de la facultad concedida a los alcaldes de ser los visitadores de los indios encomendados, porque «syendo como son vezinos e cadañeros (los alcaldes) e teniendo como tienen yndios de repartimiento, no pueden bien visytar ni ejecutar los dapños e males que los yndios reciben conforme a justicia, antes alternativamente se dan pasada los unos a los otros y especialmente se tiene la dicha symulación con los regidores e principales de los pueblos, que son los que más yndios tienen, y a las vezes los peor tratados».[269]

268 *Documentos inéditos.* 2.ª serie, tomo IV, pág. 408.
269 Capítulos de Manuel de Rojas, procurador de Bayamo. *Documentos inéditos.* 2.ª serie, tomo IV, pág. 20.

Durante el gobierno de Velázquez, las interinidades de Manuel de Rojas y la administración de Vadillo, no parece que ocurrieran conflictos ante los concejos y los alcaldes, de una parte, y el gobernador de la otra; pero los choques fueron constantes en la época de Altamirano, Guzmán, Juanes Dávila y Pérez de Angulo. Por lo común, los regidores defendieron con energía su independencia y sus atribuciones.

Más adelante se liará mención de las diversas medidas a que apelaron algunos gobernadores para extender su autoridad a expensas de la de regidores y alcaldes. En los conflictos de jurisdicción que se produjeron durante este primer período de la vida colonial, el Consejo de Indias y el emperador Carlos V apoyaron constantemente a los concejos contra los gobernadores y dictaron algunas medidas encaminadas a robustecer la autonomía y la independencia de los municipios. Esta buena disposición de la Corte se debió a diversas causas que favorecieron las reclamaciones de los concejales y procuradores de entonces. En primer lugar, la decadencia municipal se había acentuado en Castilla en las municipalidades de primer orden, en las cuales los cargos concejiles aparecían revestidos de una alta representación social y de un poder político considerable. Los municipios pequeños habían conservado su antigua organización democrática, debido a que los cargos no eran muy ambicionados y a que los abusos y las luchas intestinas eran menores. Los reyes habían tenido empeño en abatir el poderío y limitar la independencia de las grandes municipalidades, capaces de reivindicar sus antiguos derechos y fueros, frente a las tendencias centralizadoras de la corona; pero las necesidades de la política real no eran las mismas tocante a los pequeños municipios, los cuales buscaban amparo en el poder real contra los abusos de la nobleza. En las Indias, el peligro para la omnipotencia de los reyes no podía provenir de municipios recién organizados, sin tradición histórica, pobres y de escasa población, sino de los virreyes y gobernadores.

En Cuba, hasta 1536 esta razón tenía más fuerza aún, por la circunstancia de que el gobernador no era de nombramiento real, correspondiendo su designación al Virrey de la Española, heredero de los derechos del Gran Almirante. La autonomía y el robustecimiento del poder municipal fueron medios eficaces hábilmente utilizados por la Corona para contrabalancear la autoridad vastísima de que necesariamente tenían que estar revestidos los virreyes y gobernadores de países lejanos, fuera totalmente del alcance de la vigilancia personal del rey.

No obstante el apoyo de la Corona y la relativa amplitud de las funciones a cargo de regidores y alcaldes, el poder efectivo de los municipios fue casi nulo y de escasa significación, como agentes o promotores directos del bienestar colectivo. Las corporaciones eran pobres y solo representaban a un corto número de vecinos, pobres también en su mayoría, sometidos al gobernador en virtud de las atribuciones judiciales de éste y de la facultad que le fue conferida de distribuir tierras y encomendar indios. Tierras e indios para hacerlas producir: he ahí las dos únicas fuentes de bienestar de la época. Ambas estaban a merced de los gobernadores, de manera que éstos eran los verdaderos representantes de la autoridad y del poder.

En el orden social y político, la influencia de los concejos fue mucho mayor. Desde la época de su constitución fueron los representantes genuinos de los intereses y de la opinión del país. En ellos se conservaron siempre latentes y se manifestaron vigorosas a veces, las características del municipio castellano en la época de su florecimiento: la conciencia de la fuerza y del derecho del pueblo, el sentido de la dignidad de los cargos de representación popular, y el amor a la autonomía y a la independencia local, sin reconocer otra superioridad que la del rey, encarnación viva y majestuosa de la nación y la justicia, por mandato divino. Los regidores se llamaban a sí mismos «regidores por Sus Magestades» y los alcaldes tenían la vara «por el Rey». De esta manera se consideraban revestidos, en la posesión y el ejercicio de sus cargos, de un reflejo de la majestad del Trono y acreedores al respeto inviolable que el monarca merecía de sus leales vasallos.

Los problemas que embargaron la atención de estos primeros concejos fueron de carácter económico y político principalmente; estudiándolos en orden sucesivo, puede seguirse paso a paso el desarrollo de los acontecimientos que afectaron de una manera más profunda la vida de los pobladores de Cuba, tanto en lo material, como en lo social y lo político. No todos los concejos tuvieron igual importancia. Hasta 1540, el de Santiago de Cuba ocupó el primer lugar, sobre todo en lo concerniente a las cuestiones políticas, por ser el que estaba constantemente expuesto a ser víctima de las extralimitaciones de los gobernadores; después de dicha fecha el concejo de La Habana fue el que se halló en estas condiciones.

Hasta 1525 no surgieron cuestiones políticas de importancia, y la labor de los ayuntamientos se encaminó a gestionar medidas de beneficio común. Entre ellas pueden mencionarse la petición al rey de que no pudiesen concederse encomiendas a quienes no fuesen vecinos de la Isla con residencia fija en ella, la autorización para construir navíos para el tranco con las demás colonias, la concesión de armas y pendones para la Isla y sus villas, la condonación o pago paulatino de las deudas de los vecinos con el rey, la petición de que se aplicasen parte de las rentas reales a la construcción de caminos, la solicitud de que los poseedores de encomiendas contribuyan dada la falta de propios de las villas en las sisas y repartimientos para atenciones públicas, y, finalmente, la confirmación a perpetuidad de las donaciones de tierras hechas a los poblados por el gobernador y los consejos.[270]

A partir de 1525 surgen los problemas políticos a consecuencia de que los gobernadores invaden a cada momento la jurisdicción de los concejos, pretenden intervenir en las deliberaciones de los cabildos, cometen abusos en las elecciones y realizan otra multitud de actos encaminados a reducir la autonomía de los municipios. En el ya citado año de 1525, el concejo de Santiago se niega a admitir en sus juntas al gobernador interino Licenciado Altamirano y protesta ante el rey de la pretensión del Licenciado, que coarta la libertad de acción de los regidores; al año siguiente se alza y obtiene una resolución favorable, contra la práctica del mismo gobernador de nombrar en todas las villas tenientes suyos, que asumen el carácter de alcaldes mayores, privando a los alcaldes ordinarios de cada localidad de sus funciones, procedimiento abusivo y antidemocrático mediante el cual el gobernador anulaba la representación popular. Por último, el concejo solicita y obtiene que se suspenda a Altamirano en sus funciones y que se le tome juicio de residencia.[271]

Durante el mando de Gonzalo de Guzmán, los problemas económicos, los relativos a los indios y a los negros y la defensa de los derechos políticos del concejo, son los asuntos sobre que versan las deliberaciones y peticiones de los cabildos. En relación con la vida económica, piden insistente-

270 *Documentos inéditos.* 2.ª serie, tomo I, págs. 68, 69, 70, 73, 74, 83, 85, 105 y 127.
271 *Documentos inéditos.* 2.ª serie, tomo I, págs. 209, 219 y 341.

mente que en vez de pagar como tributo al rey el 20 % del oro recogido cada año se pague el 10 %; que se tomen de las rentas de la Isla la cantidad necesaria para importar setecientos esclavos negros y distribuirlos entre los vecinos, con la mira, entre otras, de comenzar a fomentar un ingenio de azúcar; que se faculte a los concejos para encomendar los indios que vaguen, y que se permita la introducción de esclavos indios de otras tierras.[272] En defensa de su autonomía y de sus atribuciones, protestan contra diversas vejaciones realizadas por el gobernador Gonzalo de Guzmán contra los regidores de Santiago; exigen que se le haga cumplir la provisión real prohibiendo a los gobernadores entrar en cabildo; denuncian la intromisión del gobernador en las elecciones de alcaldes y procuradores para imponer sus candidatos, así como las amenazas y las violencias de éste en tal sentido; recaban que se respete la facultad de los alcaldes ordinarios de ser visitadores de minas y de indios, de la cual pretenden despojarles el obispo y el gobernador; solicitan que no se aumente el número de regidores de Santiago, que ya son seis (año 1530); finalmente abogan a favor de la derogación de la real cédula que prohibe la reelección de los alcaldes, porque no habría a quien nombrar y solicitan que en la Isla haya un gobernador ante quien alzarse contra las resoluciones de los alcaldes ordinarios (año 1536), en virtud de que las alzadas ante la Audiencia de la Española son casi imposibles ya que a veces transcurren seis meses sin que haya navío para dicha isla.[273] En este período las quejas de los concejos contra el obispo Miguel Ramírez y el gobernador Gonzalo de Guzmán son

---

272 *Documentos inéditos*, 2.ª serie, tomo IV, págs. 60, 150, 253, 270, 289 y 426.

273 *Documentos inéditos*. 2.ª serie, tomo I, pág. 370; 1.ª serie, tomo XI, pág. 457; 2.ª serie, tomo IV, págs. 35, 60, 150, 168, 253, 270, 289 y 426.

continuas. Una de las acusaciones más frecuentes contra el obispo se funda en que éste «ordena de corona» a multitud de personas con lo cual, colocándolas bajo el fuero eclesiástico, las sustrae a la jurisdicción de los alcaldes ordinarios y de los concejos, impidiendo a éstos hacer justicia en muchas ocasiones con escarnio de la ley.

De 1538 en adelante, las luchas políticas se apaciguan porque el gobernador Hernando de Soto, ausente en la Florida, no presta la menor atención a los asuntos de Cuba; pero las cuestiones económicas se agravan, continúan las invasiones de jurisdicción realizadas por el obispo y surge una nueva calamidad para los concejos: las agresiones de los franceses.

En 1538 se pide, en vista de los daños causados a la Isla por Soto, que el nombramiento de gobernador recaiga en un vecino de Cuba y que se derogue la orden del gobernador prohibiendo exportar caballos y víveres. La desastrosa situación económica de la Isla por la escasez de oro, obliga a pensar en otras fuentes de bienestar y se solicitan peritos para fundir cobre y recursos para establecer ingenios. Se insiste en obtener la rebaja del quinto del oro al décimo, se solicita que los diezmos al obispo se paguen en frutos por los vecinos y no en dinero como aquél exige y, sobre todo, se suplica una y otra vez contra las provisiones reales dando libertad a los indios.

Las demandas de armas y medios de defensa contra los franceses son también más y más frecuentes cada vez. Este período, en lo que a la vida municipal concierne, se cierra con los conflictos entre el ayuntamiento habanero y el gobernador doctor Gonzalo Pérez de Angulo, que había fijado su residencia en la villa de La Habana.[274]

274 *Documentos inéditos*. 2.ª serie, tomo VI, págs. 39, 131, 164, 213, 239, 241, 331 y 333.

La centralización de la organización colonial de Cuba se echa de ver al considerar que casi toda la actividad de los concejos se empleaba en dirigir peticiones al rey.

34. Las Juntas de Procuradores

Se ha dicho ya al resumir el desarrollo histórico del municipio castellano, que los concejos se comunicaban con el rey por diversos medios, entre otros, por delegados que recibían el nombre de procuradores. Estos procuradores también existieron en Cuba con el mismo carácter, pero pronto adoptaron la práctica de reunirse anualmente para discutir y acordar por sí mismos, con independencia de las decisiones de los concejos, las peticiones que debían dirigirse al rey sobre asuntos de beneficio común, dando así nacimiento a un nuevo organismo de carácter político, la «junta de procuradores», hecho que es uno de los más notables, en este orden de cosas, del primer período de la historia colonial cubana. En tal virtud, el procurador pasó a ser, por una suerte de renacimiento del viejo espíritu democrático castellano, no solo un delegado o apoderado del concejo municipal, comisionado por éste para gestionar ante la Corte asuntos de interés para la villa, sino un verdadero representante directo del vecindario, con facultades y atribuciones propias; y las juntas o reuniones que celebraba con sus colegas, fueron asambleas de carácter popular en las cuales se hallaba legítimamente representada toda la población de la Isla. La celebración de estas juntas tenía por principal objeto dar unidad y coordinar la acción de todos los pobladores de Cuba, en cuanto fuese concerniente a la mejor defensa de los derechos y al más eficaz fomento de los intereses de la comunidad.

Las raíces históricas de la junta de procuradores, que vino a ser como un desarrollo natural del poder municipal, deben buscarse, más que en las antiguas «cortes de Castilla, como de primera intención pudiera suponerse, en instituciones como la «Hermandad de las marismas» formada por las villas de los puertos cantábricos o la «Junta general del Principado» de Asturias. Las villas del Cantábrico, Castrourdiales, Santander, Laredo, San Vicente de la Barquera y otras, gozaban durante los siglos XII, XIII y XIV de absoluta libertad en su administración y gobierno, sin más que el reconocimiento, en términos generales, de la soberanía del rey castellano.

Los concejos de estas villas formaron la «Hermandad» citada, nombrando sus procuradores o delegados, que, reunidos en alguna de las villas, discutían los asuntos de interés para todas.[275]

En cuanto a la «Junta General del Principado» de Asturias, antecedente histórico que quizás sea más seguro y directo aún, fue una corporación de origen incierto, formada por representantes de los concejos asturianos, la cual dirigía todos los asuntos propios del Principado y representó una fuerza política de importancia contra los desmanes de los nobles.[276]

No tenemos datos auténticos relativos a si los concejos cubanos tuvieron desde su creación procuradores del carácter a que nos hemos referido, o si los primeros procuradores fueron meros apoderados del ayuntamiento. Tampoco conocemos la fecha de las primeras reuniones de los procuradores ni las disposiciones en virtud de las cuales comenzaron a celebrarse.

Puede conjeturarse que los primeros procuradores tuvieron meramente el carácter de enviados de los concejos y que

---

275 E. Altamira, *Op. cit.*, tomo I, págs. 452 y 453, y tomo II, págs. 61 y 62.
276 E. Altamira, *Op. cit.*, tomo II, págs. 62 y 63.

fueron nombrados en 1515. Acaso la primera reunión de los mismos se celebró en Bayamo, de abril a mayo del citado año de 1515, mientras se llevaba a cabo la fundición del oro recogido en la Isla.

Las disposiciones vigentes en aquella fecha prescribían que existiese una sola «fundición», la cual debía radicar en el mismo sitio donde estuviese establecida la Contratación, a fin de que tanto el gobernador como los oficiales reales pudiesen vigilar las operaciones de fundir el metal, marcarlo y recaudar la parte correspondiente al rey. La fundición se realizaba una sola vez al año y a ella se veían obligados a asistir los vecinos de toda la Isla? que hubiesen recolectado oro. Esto determinaba una afluencia al lugar de pobladores de todo el territorio, durante dos o tres meses, circunstancia que se aprovechaba para ventilar los asuntos que no tenían carácter local solamente. Si se tiene en cuenta que después de la «fundición» de 1515 efectuada en Bayamo, salieron para España con el carácter de procuradores de las villas de Cuba, Pánfilo de Narváez y Antonio Velázquez, cabe afirmar que en dicha histórica población se efectuó la primera junta de procuradores el citado año. Estos procuradores, Narváez y Antonio Velázquez, según Las Casas, llevaban por misión obtener que las encomiendas fuesen perpetuas, alcanzar otras mercedes e independizar a Cuba de la jurisdicción del Virrey de la Española.[277]

En otro lugar se ha hecho mención de las disposiciones dictadas por Cisneros y Carlos V de conformidad con las peticiones de los mismos.

Las juntas de procuradores continuaron celebrándose, y paulatinamente aquéllos fueron asumiendo funciones propias, constituyendo su junta o reunión anual un organismo

277 Bartolomé de las Casas, *Op. cit.*, tomo IV, pág. 267.

político especial, independiente de los concejos. En 1528 ya no procedían como meros delegados del ayuntamiento, sino como mandatarios de carácter popular, que ostentaban la representación del pueblo de la Isla. Esta evolución fue obra de la costumbre y no de un acuerdo previo de las villas, legalmente establecido, según se colige de una controversia promovida en 1528 entre la junta de procuradores y el concejo de Santiago de Cuba, que se negaba a nombrar procurador y quería intervenir en las deliberaciones de la junta.

Los regidores de Santiago alegaron que no existían «fianzas bastantes» de que las villas «habrían por bueno lo que ellos (los procuradores) ficiesen e demandasen».[278] No obstante, la práctica representada por la «Junta» estaba ya tan arraigada, que el gobernador dio la razón a los procuradores, quienes exigían que el concejo de Santiago nombrase el suyo; y los mismos regidores, a pesar de su oposición, terminaron por allanarse a las demandas de aquéllos y designaron a Andrés de Parada, como procurador de Santiago.

En esta «junta» o reunión anual de Santiago (año 1528), los procuradores, aunque designados por los concejos, aparecen no solo obrando independientemente con arreglo a su propio criterio, sino negándose con energía a admitir que los concejos intervengan en sus deliberaciones. Además, la junta hace constar que ostenta la representación directa de los vecinos y que hablan en «voz de toda la ysla».[279]

La protesta que formulan contra el concejo de Santiago y especialmente contra los oficiales reales, que pretenden inmiscuirse en las deliberaciones de la «junta» y «quyeren yntroducir e ynponer sobre las villas nuevas costumbres e

---

278 *Documentos inéditos*, 2.ª serie, tomo IV, pág. 8.
279 *Documentos inéditos*, 2.ª serie, tomo IV, pág. 3.

manera de señorío»,[280] no puede ser más enérgica. Los procuradores de Bayamo, Baracoa y Puerto Príncipe, hablando por sí y debidamente autorizados por los de Trinidad y La Habana, manifestaron en su resolución que el concejo de Santiago y los oficiales reales quieren «que todas las cosas que los dichos procuradores quisyeren fazer e pedir se platiquen e pidan con todos ellos en su cabildo, lo cual nos paresce que no se puede facer ny se debe consentir por las otras villas desta ysla.» En tal virtud, «en voz e en nombre de toda la ysla» exigen que Santiago tenga también su procurador, «con poder bastante» y sin que el nombramiento pueda recaer en un regidor u oficial del rey, para que concurra a la junta con los demás. «Asy pedimos, e sy es necesario requerimos a vuestra merced —dicen los procuradores al gobernador— lo mande proveer con toda brevedad, conforme a justicia o como le paresciere que más conviene al servicio de Dios, e de su Magestad e desta ysla».[281] Los procuradores terminan su escrito, haciendo constar que los mismos vecinos, moradores y habitantes de Santiago se sienten agraviados de que la ciudad no tenga su procurador como las otras villas, por querer tener el cabildo «más premynencias e señorío sobre los vecinos que deverían tener». El cabildo, como ya se ha dicho, se allanó a las exigencias de la junta y designó su procurador, quedando así reconocida de hecho la independencia de la nueva entidad. A fin de asegurarla de una manera definitiva, la junta adoptó varios acuerdos importantes encaminados a legalizar su situación. Uno de estos acuerdos fue pedir al rey que cada villa o condado tuviera su procurador de concejo, con facultad para entrar en cabildo cuando le pluguiese, a fin de pedir y procurar allí «el bien e pro cumún» de los vecinos y de

280 *Documentos inéditos*, 2.ª serie, tomo IV, pág. 3.
281 *Documentos inéditos*, 2.ª serie, tomo IV, pág. 5.

reunirse con los demás procuradores cada vez que convenga hacer relación a su Magestad o pedirle algo; dichos procuradores debían elegirse «cada un año por votos de todo el pueblo» y no por el cabildo.[282]

También acordó la junta pedir la derogación de una real cédula que la obligaba a dirigirse al rey por conducto del gobernador, recabando el derecho de hacerlo directamente «por cuanto nosotros los procuradores somos sus vasallos (del rey) e teniendo en nuestro ayuntamiento escrivano público no nos parece que hay necesydad de dar cuenta a otro juez alguno».[283] El Concejo de Indias dio buena acogida a ambas peticiones, disponiendo la elección de los procuradores por sufragio directo y que los gobernadores se abstuviesen de exigir que se les diesen a conocer aquellos acuerdos de la junta que les afectasen o acerca de los cuales los procuradores quisieren guardar reserva. La primera elección de procurador por el vecindario se llevó a cabo en Santiago en 1529,[284] y constituyó un positivo avance democrático, porque el pueblo de cada villa tuvo un representante directo en el cabildo y en la junta anual de los procuradores de la Isla. Una provisión real dejó establecido que dichas juntas se celebrasen cada año en la época de la fundición. Las sesiones se efectuaban en la casa del provisor o en la iglesia de Santiago, las decisiones se adoptaban por mayoría de votos y durante las deliberaciones se hallaba presente un escribano público que daba fe de los acuerdos adoptados. Cada procurador presentaba un capítulo de peticiones o relación de asuntos a discutir, sobre los cuales la junta debía adoptar las resoluciones que estimase pertinentes.[285] Es un hecho digno de señalarse, porque tiene

282 *Documentos inéditos*, 2.ª serie, tomo IV, pág. 19.
283 *Documentos inéditos*. 2.ª serie, tomo IV, pág. 20.
284 *Documentos inéditos*. 2.ª serie, tomo IV, pág. 131.
285 *Documentos inéditos*. 2.ª serie, tomo IV, págs. 1 a 35.

una importante y real significación histórica, aparte de la curiosa coincidencia de fechas,[286] que en la notable junta de procuradores que inició sus sesiones en Santiago de Cuba precisamente el 24 de febrero de 1528, figuran algunos de los más ilustres apellidos de Cuba revolucionaria. En efecto, las reuniones se celebraron en la casa del provisor Sancho de Céspedes, cedida por éste con tal propósito; Puerto Príncipe estuvo representado por su procurador Francisco de Agüero; presidió las sesiones el alcalde de Santiago Francisco de Osorio, y Bayamo envió como representante suyo a Manuel de Rojas, principal inspirador de las resoluciones de la asamblea y uno de los más ilustres fundadores de Cuba.

En esta junta de 1528 presentaron «capítulos» de asuntos a discutir, los procuradores de Santiago, Baracoa y Bayamo, Andrés de Paradas, Pedro Hidalgo y Manuel de Rojas, respectivamente. Los demás procuradores, Juan Bono de Quexo, Francisco de Agüero y Alonso Sánchez del Corral, de La Habana, Puerto Príncipe y Sancti Spíritus, manifestaron que en los capítulos de sus colegas se hallaban comprendidos todos los puntos importantes que debían ser discutidos en la asamblea, y que ellos los hacían suyos. Los asuntos propuestos por Paradas eran todos de carácter económico fundamentalmente: que se pida la derogación de la provisión real prohibiendo que los indios agoten el agua de las minas y caven en éstas; que se solicite el envío de mujeres negras para casarlas con los negros que hay en la Isla; que se envíen setecientos esclavos negros o se autorice para importarlos de Cabo Verde; que se permita el comercio con las demás colonias, prohibido de hecho por el gobernador en virtud de la real cédula destinada a contener la emigración de los prime-

---

286 La guerra de independencia de Cuba comenzó en 24 de febrero, el de 1895.

ros pobladores; que se pague el décimo del oro recogido con indios encomendados en vez del quinto, y el quinceavo del recolectado con esclavos; que las encomiendas sean hereditarias; que se permita traer esclavos de Yucatán y otras partes; que se investigue la forma en que han sido encomendados los indios después de la muerte de Velázquez y que se autoricen sisas y repartimientos entre los vecinos pudientes a fin de levantar fondos para pagar los gastos que ocasione la persecución de los indios alzados.

De carácter político, la única medida propuesta por Paradas es que se tome juicio de residencia al gogernador cada dos años.[287] El procurador de Baracoa, Pedro Hidalgo, coincidió con Paradas en algunas de sus proposiciones y, además, presentó las siguientes, en relación con la vida económica de la colonia: que se remedie la escasez de moneda, enviando dos cuentos de ellas; que la fundición esté abierta todo el año, y que se otorguen premios a quienes descubran minas. En el orden político propuso que los oficiales reales no pudiesen ser regidores. Aparte de los asuntos mencionados, presentó estos otros: que se abran caminos en la Isla, que se solicite del rey ayuda monetaria para terminar el convento de San Francisco de Santiago, que se ordene al obispo que cumpla los deberes de su cargo, y varias reclamaciones más, relativas a que se tengan con las villas del interior las mismas consideraciones que se tienen con Santiago.[288]

Manuel de Rojas, que ostentaba la representación de los bayameses, como ya se ha dicho, fue en la asamblea el vocero de las aspiraciones políticas de la Isla, encaminadas a asegurar a ésta, instituciones democráticas y una administración propia y eficaz, a cargo de sus mismos pobladores. Sus prin-

287 *Documentos inéditos.* 2.ª serie, tomo IV, págs. 11, 12 y 13.
288 *Documentos inéditos.* 2.ª serie, tomo IV, págs. 14, 15 y 16.

cipales demandas de orden político fueron las siguientes: que se resuelvan las cosas de la Isla conforme con las indicaciones de los pueblos de ella, en virtud de que «por no se haver hecho hasta agora, se han proveydo por su Magestad algunas cosas que no fueron cumplideras a su servicio ni al bien e común de los vasallos, vezinos e moradores»; que el gobernador sea nombrado por el rey, que el nombramiento recaiga en un vecino de la Isla «pues en ella hay personas en quien quepa», que éste dure tres años y que al fin de ellos se le tome juicio de residencia; que los alcaldes ordinarios se elijan el día primero de cada año «por votos de todos los vecinos, bajo juramento, y no por los regidores»; que cada villa tenga un procurador elegido también cada año «por votos de todo el pueblo» y no por los regidores, con derecho de entrar en cabildo para abogar por el bien del vecindario y de reunirse con los demás procuradores cada vez que convenga al servicio del rey y de la Isla; y finalmente, que no existan regidores perpetuos y que no puedan serlo los oficiales reales, «porque estos tales acaece muchas veces e puede acaecer, que por razón de los tales regimientos e oficio de su Magestad, están suspensos en lo que deven hazer e no hazen enteramente lo que conviene a la hazienda de su Magestad ni lo que conviene al bien e pro común de sus vasallos, que es el principal servicio que se le puede e deve hazer».[289] Los otros particulares importantes traídos a discusión por Rojas se referían a asegurar el buen trato a los indios. Abogaba en tal sentido porque se deslindasen los términos de cada municipio a fin de que se supiera a qué jurisdicción corresponden los caciques e indios, pues existe confusión a veces, resultando en daño de los indígenas, y pedía, además, que los alcaldes no sean los visitadores, porque como tienen indios, no son rigurosos en la defensa de

289 *Documentos inéditos*. 2.ª serie, tomo IV, págs. 17, 18 y 19.

éstos, y como son elegidos por los principales de cada pueblo, cada año toleran los abusos, con gran perjuicio de los indígenas que se matan o se alzan. Rojas proponía que hubiese dos visitadores generales con atribuciones amplias nombrados por el gobernador y pagados con las rentas de la Isla. A estos visitadores les debía estar prohibido «comer de balde por los pueblos de los indios que visytaren, ni en las estancias, syno por su dinero, porque más brevemente puedan hazer justicia e castigar los daños que hallaren hechos en los indios».[290] Rojas reclamaba otras medidas de buen gobierno, tales como que el gobernador visitase toda la Isla dos veces durante los tres años del mando, que no nombrase alcaldes mayores sino por un año y que persiguiese con eficacia los indios alzados. Las sesiones de esta junta de 1528, se prolongaron desde al ya citado 24 de febrero hasta el 17 de marzo, y en ellas se adoptaron algunos otros acuerdos de menor importancia, aparte de los mencionados. Muchas de las peticiones de los procuradores fueron resueltas favorablemente por el Consejo de Indias, como ya se ha dicho en otros párrafos.

La Junta de procuradores continuó efectuando sus sesiones anuales en forma semejante a la indicada, pero la decadencia general de la colonia cubana a partir de 1530 fue restándole importancia a sus acuerdos. La sesión celebrada en marzo de 1540, demuestra que el cambio profundo que se había producido en las condiciones de Cuba en doce años, afectó también a las reuniones de los procuradores. A la sesión de 1540, solo pudieron asistir en tiempo oportuno los representantes de los vecinos de Santiago, Baracoa y Bayamo. Los caminos estaban tan inseguros por los alzamientos de los indios, y la navegación por la costa resultaba tan peligrosa por los ataques de los franceses, que los procuradores de las villas

290 *Documentos inéditos.* 2.ª serie, tomo IV, págs. 20 y 21.

más alejadas de Santiago no habían llegado aún a esta ciudad en el mes de marzo. Los vecinos de Baracoa, según su procurador, no se aventuraban a salir a sus labranzas a media legua del pueblo, sino en grupos numerosos; tan agresivos habían llegado a estar los indios alzados de la jurisdicción.[291] Los acuerdos adoptados por los tres procuradores citados reflejan las preocupaciones del momento: el alzamiento de los indios y el malestar económico. Tocante al primer punto, hacen constar que la situación es peligrosa y casi insostenible, requieren al alcalde mayor Bartolomé Ortiz para que adopte las medidas de represión necesarias (el gobernador de la Isla, Hernando de Soto, estaba ausente en la Florida), acuerdan una sisa entre los vecinos pudientes a fin de pagar las cuadrillas de rancheadores, solicitan que se ratifiquen las provisiones reales en virtud de las cuales los prisioneros se considerarán esclavos de los captores con la mira de estimular la persecusión de los rebeldes, elogian al obispo don Diego Sarmiento por la cooperación eficaz que presta contra los alzados, y finalmente expresan el temor de que los negros esclavos se contagien del espíritu de rebeldía de los indios, a menos que se envíen negras con quienes casarlos. En el orden económico piden una vez más la rebaja del quinto del oro al décimo, la exención de los derechos de almojarifazgo para los esclavos que se introduzcan de las tierras vecinas, la dispensa de construir casas de piedra y tejas, y hacen constar que si no se adoptan prontas providencias para mejorar el estado de la Isla, no tardará en emigrar la poca gente que aún queda en ella.[292] Los acuerdos de las sesiones de 1542, revelan un estado de cosas muy semejantes aunque algo menos sombrío. «La isla —dicen los procuradores— buena en

291 *Documentos inéditos.* 2.ª serie, tomo IV, pág. 96.
292 *Documentos inéditos.* 2.ª serie, tomo IV, págs. 95 a 103.

españoles, naturales y negros, pero en gran necesidad: las minas muy flacas; los indios muy pocos. Mándese pagar lo cogido con indios al décimo, lo con esclavos al quinceavo... Aquí la principal prisa son negros... Suplicamos licencia para que cada vecino pueda traer cuatro negros, libres de todos derechos... Permítase que entren indios esclavos sin pagar derechos, como en otras partes... Los caminos son impracticables de unas villas a otras, porque éstas no tienen propios... Vienen poquísimos navíos de Castilla...

Solían venir de Canarias y ahora dicen no tener licencia... Sucede en uno y en dos años no venir navío con mantenimientos... Suplicamos se permita venir navíos de Canarias... Los dos fundidores alemanes no bastan para fundir todo el cobre... Suplicamos vengan más...» En el orden político los procuradores piden que se derogue la prohibición de reelegir los alcaldes pues los vecinos han disminuido tanto que «faltan personas dignas». La última solicitud consiste en fondos para sostener permanentemente una cuadrilla de rancheadores indios para perseguir a los alzados. Las cuadrillas de indios —dicen— han dado un excelente resultado, mucho mejor que las de españoles.[293] La junta de tomó pocos acuerdos: se redujeron a dar las gracias al rey por el nombramiento de un gobernador para la Isla, cesando la situación anómala creada al designarse a Hernando de Soto, y a pedir con gran encarecimiento la derogación de las ordenanzas reales de 1542, por las cuales se prohibía emplear los indios en los trabajos de las minas. Esta disposición —dicen— hará que se subleven los esclavos negros e indios, acabará por determinar una rebelión general y la Isla se perderá.[294] El gobernador Juanes Dávila accedió a la petición de los procuradores y

293 *Documentos inéditos*. 2.ª serie, tomo IV, pág. 175.
294 *Documentos inéditos*. 2.ª serie, tomo IV, págs. 210-212.

suspendió la ejecución de las citadas ordenanzas. En 1546 el gobernador Chávez sustituyó a Dávila, con órdenes terminantes de cumplir lo dispuesto; pero los procuradores, reunidos en junio de 1546, obtuvieron de Chávez igual concesión y repitieron la súplica al rey.

Este negó de plano lo solicitado y ordenó que se reprobase y reprendiese la conducta de Chávez.

La última junta de procuradores de que tenemos noticias, correspondiente a este período, se celebró en Santiago el 5 de marzo de 1550. En ella se protesta contra la orden, mucho más radical que las anteriores, de que era portador el nuevo gobernador doctor Gonzalo Pérez de Angulo, tocante a los indios. Las nuevas disposiciones no se limitaban a prohibir el empleo de los indígenas en las minas, sino que ordenaban que se les otorgase la libertad absoluta, aun a los que fuesen esclavos, bien en virtud de haber sido capturados en los alzamientos, o de haber sido adquiridos por compra en alguna de las colonias vecinas.

Esta última medida constituía un despojo y un verdadero atentado contra la propiedad, y los procuradores protestaron de ella con energía, haciendo constar que los esclavos habían sido adquiridos al amparo de las leyes entonces vigentes y que al rey se le habían abonado los derechos que le correspondían.

Ángulo se negó a dar oídos a los procuradores y pregonó, como se ha dicho en otra parte, la libertad absoluta de todos los indígenas. El rey, por su parte, mantuvo sus ordenanzas liberatorias.

Los acuerdos adoptados en las juntas de procuradores a partir de 1540, muestran la decadencia política de la institución que habían llegado a constituir.

Esta decadencia fue producida, sin duda alguna, por la despoblación de la Isla después de 1530, la miseria general y la falta de vías de comunicación fáciles y seguras. Es digno de nota que algunos procuradores merecieran la confianza de sus vecinos durante largos años, como Manuel de Rojas y Alonso Sánchez del Corral. También merece señalarse el hecho de que en la junta de 1550, figuran ya dos procuradores de Cuba cuyos padres también habían ejercido el mismo cargo. Tales fueron Francisco de Paradas y Juan de Inestrosa, hijos de Alonso de Paradas y de Manuel de Rojas, respectivamente, antiguos procuradores de Santiago y Bayamo.

34. El gobernador general, los oficiales reales y la Audiencia

Si el gobierno local de las primeras poblaciones de Cuba quedó organizado política, administrativa y judicialmente en la forma indicada más arriba, el gobierno general de la colonia quedó a cargo de una sola persona: el gobernador de la Isla, funcionario que, como ya se ha dicho, no fue designado por el rey de España, sino por los herederos del Gran Almirante hasta 1536.

Ya se ha visto que el gobernador ejercía funciones políticas, administrativas, militares y judiciales muy amplias. En efecto, como representante del poder ejecutivo central de la monarquía, asumía todas las atribuciones gubernativas inherentes a dicho poder, asistía a las sesiones de los concejos cuando lo tenía a bien y era el jefe responsable de la defensa de la Isla y dé la conservación del orden en la misma, aun cuando en este primer período no tuviera fuerzas militares bajo su mando, limitándose a requerir en caso necesario eL concurso de todos los hombres útiles para tomar las armas o a organizar cuadrillas armadas a sueldo para perseguir los malhechores o conservar la paz. Sus facultades judiciales eran amplísimas, y ya se ha dicho que podía nombrar tenientes suyos o alcaldes mayores, los cuales, como él mismo, eran competentes para conocer de todos los asuntos civiles, criminales o contenciosos, pudiendo las partes acudir en alzada contra las resoluciones de los alcaldes mayores ante el Gobernador, y contra las de éste ante la Audiencia y el Consejo de Indias. El gobernador conocía también de los recursos de alzada contra las decisiones de los alcaldes ordinarios y los concejos. Algunos gobernadores tuvieron facultades especiales, que no eran inherentes al cargo; por ejemplo, Velázquez fue Alcaide del fuerte de Nuestra Señora de la Asunción y repartidor de indios, merced esta última que también le fue conferida a Gonzalo de Guzmán. Hasta 1520 el gobernador se consideró facultado para repartir «tierras, solares y aguas», pero a partir de la citada fecha se ordenó por una real cédula, que ni los concejos ni los gobernadores pudieran repartir tierras sin autorización expresa del rey.[295] El gobernador, hasta la época de Juanes Dávila, no percibía una retribución fija por el desempeño de su cargo, limitándose sus emolumentos a lo que le correspondiese por los asuntos que despachare conforme a un arancel fijado al efecto. Debía residir en el lugar donde estuviese establecida la Contratación, oficina encargada de fiscalizar el cobro de las rentas reales y percibir el importe de éstas. La población designada como residencia oficial del gobernador y asiento de la Contratación, se consideraba como capital de la Isla y en ella debía establecerse también «la casa de fundición», donde se fundía en barras y se marcaba el oro recogido en las minas.

En un principio la capital fue Baracoa, pero desde 1515, el primer gobernador, Velázquez, fijó su residencia en Santiago,

295 *Documentos inéditos*, 2.ª serie, tomo I, pág. 107.

ciudad en la cual acabaron por establecerse todas las demás instituciones u oficinas de carácter general, como la Contratación, la fundición y el Obispado. El traslado de la capital de Baracoa a Santiago fue determinado por razones de orden histórico y geográfico. Baracoa fue fundada cerca de las poblaciones de la costa septentrional de la Española, pero estas poblaciones, que ya estaban en decadencia al emprenderse la conquista de Cuba, no tardaron en arruinarse por completo. La ciudad de Santo Domingo, erigida en la parte Sur de la isla vecina, cobró mayor importancia que todas las demás, absorbió casi totalmente la Árida de la antigua colonia y llegó a ser la canuta de la misma. Las colonias de Darién, Castilla de Oro y Jamaica se hallaban todas al Sur de Cuba también, frente a Santiago.

Baracoa vino a quedar más alejada, por consiguiente, no solo de la capital de la Española sino de todas las colonias de la Tierra-firme. Respecto de Cuba su situación tampoco era buena. Basta echar una ojeada sobre un mapa de la Isla, para ver que Baracoa se halla en un extremo del país, y que entre la ciudad y el interior del territorio se extiende un laberinto de sierras altas y abruptas, que aun en la actualidad mantienen aislada del resto de la nación a la primera ciudad fundada por los españoles. Velázquez desconocía la topografía del país cuando fundó a la Asunción, pero las exploraciones practicadas hacia el interior le hicieron conocer, sin duda, la impenetrable barrera de bosques y montañas que aislaban a Baracoa del territorio que, como capital, estaba llamada a regir. En 1515, cuando ya los conquistadores habían explorado casi toda la isla y conocían la forma, la extensión y la topografía de ésta, así como su posición respecto de las demás colonias, el traslado de la capital se impuso como una necesidad imprescindible. Por aquella fecha, 1515-1517, se pensó hasta en el abandono total de Baracoa, recomendado por el padre Las Casas en un informe al Cardenal Cisneros. «La villa de la Asunción, primer pueblo de Cuba —decía el ilustre sacerdote— hecho entre sierras agrísimas y en costa de mar muy brava, deshágase, porque no puede sustentarse allí sino con sangre de indios como hasta agora.»[296]

Los gobernadores continuaron teniendo su residencia oficial en Santiago hasta 1553, fecha en la cual la Audiencia los autorizó para establecerse en La Habana, pero desde que Hernando de Soto emprendió la conquista de la Florida en 1539, habían vivido casi siempre en la última ciudad citada. Este nuevo cambio de capital también fue determinado por motivos de orden histórico y geográfico que hacían sentir sus efectos en Cuba. El primer ciclo de la colonización española en el Nuevo Mundo se desarrolló en las costas del mar de las Antillas (1493-1519), pero a partir de 1519 los países bañados por el golfo de México y la península de la Florida fueron el campo de acción de las principales empresas de conquista, al propio tiempo que decaían casi todas las primeras colonias de las Antillas y la Tierra-firme.

Por estas razones, la posición de La Habana comenzó a ser mucho más ventajosa que la de Santiago y a ella fueron afluyendo poco a poco las autoridades superiores y la mayor parte de los negocios de la Isla.

Los gobernadores de este primer período, después de Velázquez, fueron vecinos de Cuba o letrados, excepto Hernando de Soto. En la primera categoría figuraron Manuel de Eojas, gobernador interino dos veces, a la muerte de Velázquez y durante la suspensión de Gonzalo de Guzmán; este último, que ejerció el mando hasta 1538, y los alcaldes mayores Juan de Rojas y Bartolomé Ortiz, que gobernaron en La Habana

---

296 *Documentos inéditos*, 2.ª serie, tomo 6.º, pág. 7.

y Santiago durante la ausencia de Hernando de Soto en la Florida. Los letrados fueron Altamirano y Vadillo, jueces de residencia, y Juanes Dávila, Antonio de Chávez y Gonzalo Pérez de Angulo. Hojas y Guzmán eran conquistadores enriquecidos en Cuba, con arraigo en la Isla; el primero acabó por emigrar al Perú, y el segundo murió en Cuba en 1539. Hernando de Soto murió en la Florida, y Dávila, Chávez y Pérez de Angulo terminaron sus gobernaciones respectivas sometidos a juicios de residencia, como resultado de los cuales fueron enviados presos para España.

Desde que se dieron los primeros pasos en la colonización del Nuevo Mundo, los reyes de España, que esperaban obtener grandes rendimientos de sus nuevas posesiones, se ocuparon preferentemente en la organización de la Hacienda, ramo que fue sujeto a una rigurosa centralización. En España, los asuntos económicos de las Indias quedaron sometidos a la jurisdicción de la «Casa de Contratación» fundada en Sevilla en 1503. «La Casa de Contratación —dice el historiador Altamira—[297] fue en un principio, como su nombre lo indica, un establecimiento esencialmente comercial, destinado a reunir en sus almacenes todas las mercaderías que se exportaban de allá y a presidir a su compra, venta y transporte... Sus oficiales fueron un tesorero, un contador y un factor. En 1505 se ampliaron las ordenanzas con otras nuevas en que se ponían bajo la autoridad de aquellos funcionarios, no solo lo relativo a la entrada y salida de mercancías, sino la emigración a las Indias y el fletamento de naves que allí fuesen.»

Además tuvo funciones técnicas y alguna jurisdicción en ciertos asuntos criminales relacionados con la marina. La «Casa» fue establecida en Sevilla, a fin de que sus oficiales pudiesen centralizar y dirigir todos los asuntos económicos

297 E. Altamira, *Op. cit.*, tomo II, pág. 481.

confiados a su atención y vigilancia. En las colonias de las Antillas se establecieron Casas de Contratación subalternas, una para cada colonia.

La «Contratación» de Cuba se estableció en la capital de la Isla, y los oficiales de la Hacienda, conocidos con el nombre de Oficiales reales, fueron un contador, un tesorero y un factor. Además existía también un veedor encargado de vigilar la fundición del oro y el cumplimiento de las ordenanzas de la Casa de Contratación, nombrado también por el rey.[298]

El contador debía anotar en los libros disjmestos al efecto los ingresos del tesoro real, consistentes en el quinto del oro fundido por cada vecino que éste se hallaba obligado a pagar al rey, el que se hubiere cogido con los indios del monarca en las minas que le pertenecieren, el 7 y medio % del valor de las mercancías importadas, los diezmos correspondientes al clero y cualquiera otra partida perteneciente a la Corona por cualquier concepto. Asimismo debía anotar todos los gastos, las sumas enviadas a la Casa de Contratación de Sevilla, e intervenir los libramientos y órdenes de pago expedidas contra el tesorero. Entre los deberes del contador se hallaba el de proporcionar al tesorero una relación de los cobros que éste estuviese en el deber de hacer. Finalmente debía «platicar e comunicar» con el gobernador y los otros oficiales reales «todas las cosas que viéredes que convienen a nuestro servicio (del rey) e bien e acrescentamiento de nuestras rentas reales e población de la dicha isla, porque visto y platicado por todos, se pueda mejor alcanzar lo que en cada cosa conviene proveer».[299]

El tesorero debía hacer efectivas las sumas correspondientes al rey, por cualquier concepto, conforme a la relación que

298 *Documentos inéditos*, 2.ª serie, tomo I, págs. 60 a 65.
299 *Documentos inéditos*, 2.ª serie, tomo I, págs. 44 a 55.

le entregase el contador; hacer trimestralmente los pagos de sueldos, salarios, etc., que se le ordenasen legalmente, y remitir a España el efectivo o los objetos de valor disponibles.

Al tesorero también se le imponía el deber de «avisar larga y particularmente... como se cumplen y ejecutan nuestros mandamientos en la dicha isla, et como son tratados los indios naturales della... et como guarda nuestro gobernador e oficiales nuestras instrucciones... et todo lo demás que vos viéredes que conviene yo (el rey) ser informado».[300] Asimismo se le ordena «comunicar y platicar», con el contador, con el gobernador y los demás oficiales reales.

El factor debía entender en todo lo relativo a registros de entrada y salida de buques, reconocimiento y entrada de mercancías, despacho de cargamentos, etc. Además, se le encomendaba la misma misión de informar privadamente a la Corte y de reunirse para «comunicar y platicar», que al contador y al tesorero. Estos tres oficiales —contador, tesorero y factor— eran nombrados por el rey, percibían un sueldo crecido con cargo a los ingresos de la Isla y no se hallaban sometidos a la jurisdicción del gobernador en el ejercicio de sus cargos respectivos, ni podían ser removidos por éste, aunque a la primera autoridad de la colonia se le reconocía cierta facultad de supervisión general sobre todos los asuntos administrativos. Como se ha dicho en otra parte, podían ser regidores (casi siempre lo fueron nombrados por el rey) aunque no alcaldes, y constituían una suerte de junta consultiva, cuyo parecer debía oír el gobernador... Frente a éste, a los ayuntamientos y a los vecinos, defendían los derechos y prerrogativas de la Corona; en pugna casi constante con las demás autoridades, fueron para éstas censores molestos y tenaces. Los gobernadores los consideraron como rivales

---

300 *Documentos inéditos*, tomo I, págs. 99 a 104.

peligrosos que menoscababan su autoridad, anulaban sus iniciativas y hacían sombra a su poder.

El gobierno general de la Isla comprendía otro órgano más, aunque éste no se hallaba situado en Cuba, que era la Audiencia. Entre las reformas efectuadas por los Reyes Católicos, no fueron de las de menor importancia las introducidas en la administración de justicia, mediante las cuales se reorganizaron las audiencias o cnancillerías y se aumentó su número. Estos tribunales de justicia fueron implantados también en las Indias, ampliando su esfera de acción a ciertos particulares de buen gobierno, estrechamente relacionados con la administración, la defensa de las colonias, y determinadas cuestiones políticas. El primer Tribunal de apelación fue establecido en Santo Domingo por real cédula de 5 de octubre de 1511, al crearse la Audiencia de la Española, única que existió en América hasta 1527, fecha en la cual se estableció otra en México. La Audiencia de la Española extendía su jurisdicción a todos los países descubiertos hasta entonces en las Indias, entre ellos Cuba, y se constituyó con el Licenciado

Sebastián Ramírez de Fuenleal, electo obispo de Santo Domingo y de la Concepción, como presidente y con los Ledos. Gaspar de Espinosa y Alonso de Zuazo, como magistrados u oidores.[301] Al tribunal se le confirió jurisdicción para conocer de todas las causas civiles y criminales, con las mismas facultades que tenían los oidores de las Audiencias de España, fijándose algún tiempo después, por ordenanzas muy detalladas que se dictaron en Monzón (4 de junio de 1528), la manera de proceder en los juicios civiles y criminales, y las

---

301 Jerónimo Becker y González, *Historia Moderna del Mundo en la Edad Moderna*. Volumen XXIII, pág. 260.

atribuciones del presidente, oidores, fiscal, relatores, escribanos, etc.

Este nuevo organismo —dice, refiriéndose a las Audiencias, el señor Becker y González—[302] adquirió bien pronto en América gran importancia, llegando a ser allí... el más poderoso y de más amplias facultades de cuantos existían...; pues sabido es que las Audiencias tenían juridicción no solo en los asuntos civiles y criminales, sino también en los administrativos, considerados éstos en su más amplia extensión, de tal manera, que no solo los reales acuerdos del tribunal resolvían cuantos asuntos se referían a la gobernación de los pueblos, sino que algunas veces los presidentes de las Audiencias o delegados suyos, tomaban el mando de las tropas... ya para hacer la guerra a los indígenas... ya para reprimir los alzamientos y motines de los mismos españoles contra las autoridades constituidas. Las Audiencias funcionaban también en concepto de cuerpo consultivo de los virreyes en asuntos de gobierno, sin obligación, por parte de éstos, de seguir el parecer de los oidores; pero a la Audiencia correspondía el conocimiento de las apelaciones a que dieran lugar las resoluciones de virreyes y gobernadores.

En caso de conflicto, y mientras resolvía el Consejo de Indias, prevalecía la autoridad de la Audiencia.[303] En virtud de su participación en el poder ejecutivo, las Audiencias intervenían en asuntos militares, financieros y eclesiásticos y ejercían la inspección de las autoridades inferiores al virrey mediante el nombramiento de jueces especiales. Esta suma de atribuciones servía de contrapeso a la de los gobernadores y virreyes, aunque algunas veces la inmoralidad administrativa, que según el señor Altamira pasó llanamente de Espa-

302 *Op. cit.*, volumen XXIII, pág. 261.
303 E. Altamira, *Op. cit.*, tomo III, pág. 310.

ña a América, hizo posible la inteligencia de ambos poderes para encubrir abusos.[304]

La ingerencia de la Audiencia de la Española en la administración de Cuba, no solo en asuntos civiles y criminales como tribunal de apelación, sino en las cuestiones administrativas y políticas, fue muy frecuente y efectiva. En muchas ocasiones la Audiencia envió jueces especiales para investigar la conducta de los gobernadores, y en otras resolvió diferencias de orden político entre el gobernador y los concejos o entre aquella autoridad y los procuradores.

Cuando el gobernador Velázquez preparaba la expedición de Narváez contra Cortés, la Audiencia intervino en el asunto,[305] enviando a Cuba al Licenciado

Ayllón, para que impidiese la salida de Narváez, empeño en el cual Ayllón no tuvo éxito. Más tarde, en los conflictos de jurisdicción entre Altamirano y los concejo de la Isla, la Audiencia intervino, dando la razón a aquéllos, según ya se ha dicho; cuando comenzaron a multiplicarse las quejas contra Guzmán, el tribunal envió un juez especial para investigar la conducta de éste y falló en contra del gobernador en la controversia sostenida con fray Pedro Mexía de Trillo sobre encomiendas de indios; en 1522, envió a Santiago dos oidores que procesaron a Vasco Porcallo de Figueroa por atentado contra los alcaldes y regidores de Sancti Spíritus y por maltrato a los indios,[306] y finalmente, en otros muchos casos dictó resoluciones de importancia sobre asuntos muy diversos, yendo sus resoluciones tocantes al orden político, encaminadas casi siempre a restringir el poder de los gobernadores y limitar su autoridad, asegurando la autonomía de

304 E. Altamira, *Op. cit.*, tomo III, pág. 311.
305 *Documentos inéditos*, 1.ª serie, tomo 35, págs. 1 y siguientes.
306 *Documentos inéditos*, 2.ª serie, tomo I, pág. 119.

los concejos y ampliando la esfera de acción de éstos. Los juicios de residencia de los gobernadores, aunque tramitados por oidores de Santo Domingo y fallados por éstos, eran ordenados por el rey, no por la Audiencia, en la mayor parte de los casos.

35. Organización y trabajos del Clero

Los Reyes Católicos, que en España habían prestado una gran atención a la reforma del Clero, y que en la conquista y colonización de las Indias nunca perdieron de vista el problema religioso, adoptaron las primeras medidas para organizar los asuntos eclesiásticos en sus nuevas posesiones, tan pronto como se comenzaran los preparativos para fundar los primeros establecimientos españoles en el Nuevo Mundo. En tal virtud, al emprender Colón su segundo viaje, enviaron con el Almirante a fray Bernal Buil y a otros frailes franciscanos, entre los cuales se contaban fray Román Paño, coleccionador de las leyendas de los indios de la Española, fray Juan de Tesin, amigo y consejero más tarde de Diego Velázquez, y varios religiosos más, a fin de que comenzaran a echar las bases de la Iglesia en la Española. El padre Buil, a quien se habían encomendado los asuntos religiosos de la colonia, defendió contra Colón la libertad de los naturales, por lo cual se indispuso con el Almirante y regresó a España, quedando por algún tiempo dichos asuntos sin adecuada dirección.[307] Al mismo tiempo que los Reyes adoptaban las primeras disposiciones citadas, recabaron en Roma el patronato de los asuntos concernientes al Clero en el Nuevo Mundo, con la mira de llevar a todas las esferas de la organización colonial su política de centralizar, bajo la autoridad de la Corona, todos los poderes del Estado. A solicitud de los monarcas, el

---

307 Beeker y Goazález, *Op. cit.*, tomo XXIII, pág. 187.

papa Julio II dictó una bula el 15 de noviembre de 1504, por la cual se erigía en la Española un arzobispado con dos obispados sufragáneos; pero los Reyes no quedaron satisfechos con la mencionada bula, en virtud de que el pontífice no les reconocía en ella el patronato de la nueva iglesia en la forma amplia y explícita que deseaban. Pretendían don Fernando y doña Isabel que se les reconociera el derecho de presentación y nominación de todos los beneficios de las nuevas iglesias; que fuese sometida su colación canónica al arzobispado de Sevilla y que fuese asimismo de atribución real fijar la circunscripción de las nuevas diócesis las persistentes demandas del embajador español en Roma obtuvieron éxito, y el 18 de julio de 1508 el papa expidió una nueva bula accediendo a las solicitudes de los Reyes.[308] Tres años después expidió otra, erigiendo la catedral de Santo Domingo y organizando de una manera definitiva la iglesia en las Indias. Los reyes de España, en virtud de las concesiones obtenidas del pontífice, ejercieron una autoridad sobre 'la Iglesia en América, más extensa que la ejercida por el Estado en ninguna otra nación en la cual hayan vivido en armonía y concordia el poder civil y el eclesiástico; pero ajustándose a su política de centralización, esa autoridad la ejercieron ellos directamente y no la delegaron en sus virreyes o gobernadores, ante los cuales los eclesiásticos gozaban de absoluta independencia.

Cuba, en lo eclesiástico, también dependió durante largo tiempo de la Española. Los primeros sacerdotes que se establecieron en ella con Diego Velázquez, procedían de la isla vecina. Entre éstos se contaba el fraile franciscano Juan de Tesin, que acompañó al gobernador al emprender la conquista de la Isla[309] y el padre Las Casas, que fue llamado varios

308 *Documentos inéditos*, la serie, tomo 34, pág. 25.
309 *Documentos inéditos*, 1.ª serie, tomo XI, pág. 413.

meses después.[310] La primera iglesia fue erigida en Baracoa al fundarse la ciudad; después se fueron erigiendo otras en cada una de las poblaciones que fundaba Velázquez.

Los vecinos de Cuba no tardaron en gestionar que se constituyera una diócesis en la Isla, sufragánea del arzobispado de Santo Domingo; consta que desde 1513, Velázquez, apoyado por la Audiencia de la Española, practicó en la Corte las gestiones necesarias para obtener su creación. Estas aspiraciones de los primeros pobladores no tardaron en verse satisfechas.

En 1518 el papa León X, creó el obispado de Cuba e instituyó como catedral del mismo la iglesia de Baracoa, bajo la invocación de la «Asunción de la Beata Virgen María; ennobleció la villa con el título de ciudad, y con el «consentimiento» del rey Carlos V, nombró obispo a fray Juan de Wite o Ubite.[311] El obispo Ubite no pudo acudir a su diócesis por haber estado impedido «en algunos negocios y ocupaciones», según sus propias palabras, pero gestionó el traslado de la catedral de Baracoa a Santiago, por la incómoda posición geográfica de aquella ciudad, cambio que fue autorizado por el papa Adriano VI, el 28 de abril de 1522,[312] e instituyó el cabildo de la citada catedral mediante letras de 8 de marzo de 1523. Las dignidades creadas fueron seis: Decanato, Arcedianazgo, Canturía, Escolástica, Tesorería y Archipresbiterato o Rector. La Escolástica, primera institución de en-

310 Bartolomé de las Casas, *Op. cit.*, tomo IV, pág. 1.
311 *Documentos inéditos*, 1.ª serie, tomo 34, pág. 38. Los antiguos; historiadores de Cuba y el mismo don Jacobo de la Pezuela, por lo común bien documentado, dicen que Ubite fue el tercer obispo y que los dos primeros fueron Bernardino Mesa y Juan Garcés, a quienes se les confirió la mitra, sin que llegasen a ejercerla. En el documento que citamos, el mismo Ubite declara que él fue nombrado al crearse el obispado por el papa León X.
312 *Documentos inéditos*, 1.ª serie, tomo 34, págs. 39 a 43.

señanza establecida en Cuba, no podía ser desempeñada por quien no fuese Bachiller en alguno de los derechos o en las artes, graduado en alguna insigne Universidad, con el deber de «enseñar por sí y no por otro, la gramática a los clérigos y servidores de la Iglesia y a todos los del Obispado que la quieran oír».[313] El obispo dispuso, además, la creación de diez canonicatos o prebendas, seis racioneros enteros, tres medios y seis acólitos, seis capellanes, un sacristán, un organista, un pertiguero, un mayordomo, un chanciller o notario y un perrero; pero en vista de las escasas rentas del obispado, aplazó la provisión de la mayor parte de estos cargos.

En lo concerniente a las parroquias, Ubite resolvió que hubiese una en cada pueblo o lugar, con dos «beneficios», uno con cura y otro sin él, para dos eclesiásticos. Estos beneficios parroquiales debían ser «proveídos e promovidos», entre los hijos legítimos de los españoles que hubieren pasado o que pasaren a vivir en Cuba y «entre los hijos de los naturales de la dicha Isla antes de que los cristianos la hobiesen habitado».[314] Como se ve, el obispo reconoció a los indios capacidad para ser sacerdotes y consta que algunos mestizos de español e india lo fueron en este período.

Los obispos tuvieron en esta primera época casi tanta autoridad como los gobernadores, de los cuales eran totalmente independientes. «Aparte de su inspección general sobre la vida y las costumbres de los fieles, y de sus extraordinarias facultades eclesiásticas —dice el historiador Altamira— gozaban de amplia jurisdicción sobre los seglares, hasta poder encarcelarlos, en muchos asuntos que parecían más bien propios de la jurisdicción ordinaria, y aun podían proceder contra los jueces civiles «. En Cuba se dio el caso de que

---

313 *Documentos inéditos*, 1.ª serie, tomo 34, pág. 45.
314 *Documentos inéditos*, 1.ª serie, tomo 34, pág. 60.

el obispo Ramírez impusiese una corrección al gobernador Gonzalo de Guzmán por haber atentado contra el derecho de asilo de la Iglesia, sacando de un templo a viva fuerza a un sujeto que se había amparado en él. El gobernador cumplió la pena que le fue impuesta por el tribunal eclesiástico.

Los obispos de la Isla tuvieron, además, a partir de 1528, diversas atribuciones especiales. Se les confirió el cargo de «protector de los indios» con facultad para nombrar «veedores» que recorriesen las minas y haciendas, y con poder de multar hasta en 50 pesos oro y condenar a diez días de cárcel, sin apelación, a quienes maltratasen a los indígenas o infringiesen las ordenanzas dictadas para ampararlos.

«Con solo esto, decía el Licenciado Vadillo al Consejo de Indias después de tomar juicio de residencia al gobernador Gonzalo de Guzmán, tiene más mano en la tierra (Cuba) el obispo que el gobernador». Al principio, el obispo pudo tener indios encomendados, y en 1529 hasta se dispuso que fuese él, en unión del cabildo, quien encomendase los que pudiesen corresponder al gobernador, los deudos y los amigos de éste, a fin de evitar los abusos de Gonzalo de Guzmán, que se adjudicaba a sí mismo y a sus parientes las mejores y más numerosas encomiendas; pero en virtud de que el obispo Ramírez y el gobernador Guzmán, puestos de acuerdo, se favorecían mutuamente burlando los buenos propósitos del Consejo de Indias, se ordenó que ni uno ni otro pudiesen tener encomiendas (real cédula de 22 de diciembre, 1529, Madrid), para que estuviesen libres y mirasen mejor por el buen tratamiento, conversión y administración de los naturales, lo cual, decía la real cédula tocante al obispo, «por ser vos prelado y religioso vos toca más que a nadie».[315]

315 *Documentos inéditos*, 2.ª serie, tomo IV, págs. 84 y 85.

El primer obispo, Juan de Ubite, ya liemos visto que no llegó a residir en su diócesis: renunció la mitra en 1525.[316] El sucesor de Ubite fue fray Miguel Ramírez, de la Orden de Santo Domingo, nombrado el 1.° de enero de 1527.[317] Ramírez desembarcó en Santiago en enero de 1529; fue, pues, el primer obispo que residió en la Isla.[318] Llegó a Cuba cuando se iniciaba la decadencia de la colonia y se condujo como un hombre codicioso, irascible y autoritario.

Comisionado por el Consejo de Indias para que en unión del cabildo evitase que el gobernador Gonzalo de Guzmán se adjudicase a sí mismo y a sus favorecidos el mayor número de indios en perjuicio de los demás pobladores, como ya se ha dicho, se puso de acuerdo con éste y se distribuyeron las mejores encomiendas.

Los regidores y los oficiales reales protestaron ante la Audiencia y ante la Corte, logrando que se prohibiese a ambas autoridades que tuviesen indios encomendados. Ramírez apeló a diversos medios para simular que cumplía lo ordenado y se mantuvo en guerra abierta contra sus adversarios, perturbando unos y otros la paz moral de la colonia durante varios años. El Licenciado Vadillo, por su imparcialidad en el juicio de residencia que hubo de tomar a Gonzalo de Guzmán, se captó la enemistad del iracundo prelado, quien procedió contra el juez «por vía de Inquisición», sin tener facultad para ello y, además, lo excomulgó. Vadillo se quejó ante la Audiencia y el Consejo de Indias de semejantes atropellos al poder civil, y a petición del rey Carlos, intervino en el asunto el «Inquisidor apostólico general de las Indias»,

316 Jacobo de la Pezuela, *Historia de Cuba*, tomo I, pág. 134. Véase la nota que figura al pie de la citada página. Véase también *Documentos inéditos*, 2.ª serie, tomo I, pág. 449.
317 *Documentos inéditos*, 2.ª serie, tomo I, pág. 449.
318 *Documentos inéditos*, 1.ª serie, tomo XIII, pág. 96.

Alonso Manso, obispo de San Juan, quien anuló el proceso inquisitorial seguido por Ramírez contra el Ledo, y autorizó a cualquier sacerdote para levantar la excomunión lanzada contra éste.[319] Varios frailes de la Orden de San Francisco que llegaron a Santiago en 6 de noviembre de 1531 para edificar un monasterio, de conformidad con ciertas concesiones reales,[320] también experimentaron los efectos del mal carácter de Ramírez, quien preveía una posible disminución de sus escasas rentas al establecerse los franciscanos en la ciudad.

El obispo opuso todo género de obstáculos a la erección del monasterio, les creó numerosas dificultades a los frailes y llegó hasta el extremo de injuriarlos de palabra y amenazarlos con el derribo de la parte de la fábrica que habían logrado levantar. Tantas violencias no podían dejar de dañar la reputación de Ramírez en la Corte, a la cual fue llamado en 18 de enero de 1533 para que explicara y justificara su conducta.[321] Además, en septiembre del mismo año el Consejo de Indias, velando por los fueros del poder civil, ordenó al gobernador de Cuba que abriese una información sobre el proceder de Ramírez,[322] porque ante las acusaciones que se le habían hecho «ha dicho que no ay quien sea su juez sino nuestro muy santo padre o el arzobispo su superior y que el juez que se entremetyera a conocer de alguna cosa contra él y los testigos que en el proceso dixeren sus dichos serían descomulgados» (Real cédula de 13 de septiembre de 1533). Ramírez se dirigió a España en cumplimiento de la orden recibida y no volvió más a Cuba; para sucederle fue electo y consagrado obispo de la Isla, fray Diego Sarmiento, perteneciente a una ilustre familia de la nobleza castellana.

319 *Documentos inéditos*, 2.ª serie, tomo IV, pág. 213 a 315.
320 *Documentos inéditos*, 2.ª serie, tomo IV, pág. 275.
321 *Documentos inéditos*, 2.ª serie, tomo IV, pág. 309.
322 *Documentos inéditos*, 2.ª serie, tomo IV, pág. 317.

Aunque el nuevo obispo fue nombrado a fines de 1532[323] no llegó a Cuba hasta el 7 de junio de 1538 con la expedición de Hernando de Soto. Sarmiento no tardó en ser objeto de tantas y tan acres censuras como Ramírez y aun más. No obstante, multitud de documentos prueban que Sarmiento atendió con interés los asuntos de su iglesia. Los procuradores le elogian en 1540 por la eficaz cooperación que les presta para apaciguar a los indios[324] y en 1541, después de una visita pastoral por toda su diócesis, envió un informe a Carlos V, en el cual hace una interesantísima pintura del estado de todos los asuntos de Cuba, documento que acredita al obispo como observador sagaz, hombre de condición templada, moderado en sus juicios aun respecto de sus enemigos, y muy interesado en favor de sus fieles, sin excluir a los indígenas. En lo tocante a los alzamientos de los indios, el obispo, por una parte contribuyó a levantar el ánimo de los pobladores y a confortarlos, prestándoles el dinero necesario para adquirir armas, pagar cuadrillas y organizar otros medios de defensa, y por otra, intervino personalmente para evitar la aplicación de medidas severas de represión y el empleo de procedimientos de crueldad que exasperasen a los indígenas. Enterado de que en Bayamo habían apresado a un cacique indio, de los alzados, llamado Brizuela, que había dado muerte a varios españoles, el cual iba a ser ahorcado junto con algunos de sus parciales, trabajó por obtener el perdón y la libertad de los reos, logrando primero que se los diesen por esclavos, después que les conmutaran la pena de esclavitud por la de

323 *Documentos inéditos*, 2.ª serie, tomo VI, págs. 295 y 296. Véase la nota que hay al pie de dichas páginas, tomada de don Juan Bautista Muñoz.
324 *Documentos inéditos*, 2.ª serie, tomo VI, págs. 97 y 98.

destierro y, finalmente, que se les pusiese en libertad y se les permitiese volver a su asiento o pueblo de «Camanien».[325]

Es cierto que sus conflictos con los oficiales reales, los concejos y aun con el gobernador fueron serios y frecuentes, pero se debieron casi todos a que el obispo reclamaba con energía el pago de ciertas sumas que había obtenido del rey para mejoras de la diócesis, sumas cuya entrega los oficiales, con diversos pretextos, demoraban indefinidamente. La pobreza del clero era extremada, los sacerdotes se marchaban por falta de medios para vivir, y Sarmiento exigía con rigor el pago de los diezmos y demás derechos de la Iglesia, lo cual, en una época de penuria general, le indisponía con las autoridades. Al ser designado obispo, le fueron ampliadas sus facultades con el cargo de Inquisidor, y Sarmiento quiso utilizarjo para obligar a los oficiales reales a pagarle, amenazándolos con perseguirlos por la vía del Santo Oficio. Sus adversarios denunciaron el abuso que el obispo hacía de sus facultades de Inquisidor y le acusaron en los más graves términos. El tesorero Lope Hurtado, durante varios años, lanzó contra Sarmiento en numerosas cartas al emperador Carlos, terribles acusaciones.[326] Los cargos que se le hicieron por sus enconados enemigos deben acogerse, a pesar de ser muy repetidos y proceder de diversas personas, con gran reserva. Sarmiento no tenía indios encomendados y asumió con firmeza sus atribuciones de protector de éstos, notificando a los más poderosos encomenderos su decisión de aplicar la multa de 50 pesos o los diez días de cárcel, a quienes maltratasen a los naturales, lo cual, decía uno de sus más tenaces y severos acusadores, «nos ha parecido muy recia cosa».[327] La forma en

325 *Documentos inéditos*, 2.ª serie, tomo VT, pág. 222.
326 *Documentos inéditos*, 2.ª serie, tomo VI, pág. 119.
327 *Documentos inéditos*, 2.ª serie, tomo VI, pág. 120.

que Sarmiento usó de sus facultades de Inquisidor, dio motivo a que el Consejo de Indias le requiriese en dos ocasiones y al fin le privara de sus atribuciones inquisitoriales.[328] El obispo se defendió de cuantos cargos se le hicieron con entereza, pero cansado al fin de luchar y lleno de pesimismo sobre el estado en que se hallaba la Isla y el porvenir de ésta, regresó a España, donde murió el 30 de mayo de 1547. La correspondencia que sostuvieron con Sarmiento muchos de los pobladores de más crédito y representación de Cuba, durante los dos años que el obispo vivió en España antes de su muerte, y los poderes que de ellos recibió para gestionarles asuntos de gran interés en la Corte, prueban que el obispo disfrutaba de la confianza y la estimación de sus fieles.

El estado de la Iglesia en Cuba en la época de Sarmiento, y los esfuerzos que realizaba por cumplir la misión que le estaba encomendada, se hallan descritos con gran fidelidad en el informe enviado por el obispo a Carlos V, después de la visita pastoral a que ya se ha hecho referencia (año de 1544). La catedral de Santiago estaba sin terminar aún, si bien faltaba poco para concluir la fábrica. Tenía para su servicio tres curas, entre ellos un mestizo de indio que había estudiado en Sevilla y Alcalá de Henares.

Este mestizo ejercía el cargo de maestrescuela y «enseñaba gramática»; según Sarmiento era de vida «ejemplarísimo». Además, en Santiago había un monasterio de frailes franciscanos con su iglesia también a medio hacer. Residían en él tres o cuatro religiosos cuya vida era por demás miserable. Uno de ellos se hallaba gravemente enfermo, y «en servirle y buscarle algo de comer se ocupan mucho los dos religiosos que tiene sacerdotes», de los cuales dice el obispo «que saben poca o ninguna gramática». Uno de estos sacerdotes

---

328 *Documentos inéditos*, 2.ª serie, tomo VI, págs. 87, 98 y 167.

«es bueno y celoso de la conversión de los indios» y visita los lugares del interior hasta Bayamo y Puerto Príncipe, procurando, además, que los encomenderos tambien enseñen la doctrina, «pero les hace poca impresión». Todos los días de fiesta —dice el obispo— hacemos junta en el monasterio de San Francisco todos los indios y negros, donde se les platica de doctrina cristiana hora y media: los negros son muy mejor inclinados a las cosas de la fe que los indios».[329] Los eclesiásticos se sustentaban en la Isla con gran trabajo; algunos, como ya se ha dicho, se marchaban al poco tiempo de residir en ella. El obispo informa que si los indios han de ser libres y si han de ser doctrinados, es menester que en cada pueblo de indios haya un religioso, «porque si de ellos los sacan, luego son perdidos y ahorcados o alzados». En Bayamo existía una iglesia recién reedificada, con dos clérigos que difícilmente podían sostenerse; en el hospital de la iglesia solo halló el obispo un pobre tullido. Los indios eran cuatrocientos, «mal inclinados a cosas de la fe». En Puerto Príncipe existía también una iglesia de piedra, a medio hacer, sin hospital, a cargo de un buen clérigo, al cual no le pagaban nada los oficiales.

«Hasta hoy, 20 de abril de 1544, dice el obispo, no le han pagado un real desde el año 42; temo desampare la iglesia.» Trinidad estaba casi totalmente despoblada.

En el pueblo de la Zavana[330] había una iglesia con su capellán letrado, que la tenía a su cargo desde hacía veinte años. Este capellán «dotrina a los indios y esclavos con fervor y diligencia. No imprime en los indios la dotrina, salvo en al-

329 *Documentos inéditos*, 2.ª serie, tomo VI, pág. 224.
330 Quizás este pueblo sea Remedios. El obispo dice que el pueblo de Vasco Porcallo, es puerto de mar donde entran navíos y dista 50 leguas de Puerto Príncipe por mar. Hay 20 casas, bohíos, aposentos de indios y españoles. *Documentos inéditos*, 2.ª serie, tomo VI, pág. 236.

gunos, que sirven en la casa y no tratan con los otros». En Sancti Spíritus había un cura, buena persona según los vecinos. En La Habana, había una iglesia de madera y guano, un clérigo y un sacristán. Cuando Sarmiento visitó la ciudad en mayo de 1544, contaba con 40 vecinos españoles, casados y por casar, indios naturales encomendados y 200 indios y negros esclavos. El obispo dispuso, antes de regresar a Santiago, la construcción de una iglesia y un hospital de piedra,[331] los mismos que Jacques de Sores quemó pocos años después. Otros testimonios de la época confirman la existencia de un estado de cosas exactamente igual al descrito por Sarmiento. Este, durante el tiempo que rigió el obispado, dejó provistos los templos de ornamentos y demás cosas necesarias para el culto. En su visita por el interior, el obispo confirmaba españoles, negros e indios y «ordenaba de corona» los muchachos hijos de india, con lo cual, poniéndolos bajo el fuero de la Iglesia, los libraba de la servidumbre, proceder que le reprochaban acremente sus enemigos, acusándole de hacerlo hasta con «muchos hijos de negros y de cobrar 3 pesos por cada ordenación».[332] El interés de Sarmiento por su diócesis se comprueba también con la lectura de su testamento, en el cual ordena varias mandas para las iglesias de la Isla.

Sarmiento, como queda dicho, regresó a España y murió en 1547. La vacante producida por su muerte fue cubierta con la elección del Licenciado Fernando de Uranga, natural de Azcoitia y colegial de San Bartolomé de Salamanca. Uranga fue elegido obispo en 25 de noviembre de 1549; llegó a Cuba en 1552 y murió en la Isla en 1557. Fue un buen pre-

---

331 *Documentos inéditos*, 2.ª serie, tomo VI, pág. 221 a 232.
332 *Documentos inéditos*, 2.ª serie, tomo VI, pág. 250.

lado, de costumbres puras y muy amado de sus fieles, quienes lamentaron mucho su temprana muerte.[333]

El obispado de Cuba, al ser fundado en 1518, era sufragáneo del arzobispado de Santo Domingo, situación en la cual continuó por largo tiempo. Sus rentas eran escasísimas. No bastaban para cubrir los gastos más necesarios del culto, ni sostener el reducido número de eclesiásticos que había en la Isla; mucho menos para levantar templos, hospitales e instituciones de enseñanza y de beneficencia. No obstante, en época de Sarmiento, como ya se ha visto, casi todas las parroquias llegaron a tener iglesias de piedra, las primeras construcciones de esta clase en la Isla, y algunas, como Santiago, Bayamo y La Habana, su hospital anexo. En medio de la pobreza general, de las luchas intestinas de las autoridades y los vecinos, de los alzamientos, los ataques de los franceses a las costas y los horrores de las encomiendas y la esclavitud, los esfuerzos de Sarmiento, los franciscanos y algunos sacerdotes en favor de los enfermos y desvalidos, y de la instrucción de los indios y los negros, constituyen una manifestación de noble desinterés por el bien del prójimo casi excepcional en el cuadro sombrío de los años de 1535 a 1555. De los generosos empeños a favor de los indios, realizados por el Padre Las Casas y por el provincial de San Francisco fray Pedro Mexía de Trillo, se tratará más adelante.

36. Las encomiendas

Velázquez, al mismo tiempo que dirigía la ocupación de la Isla, fundaba pueblos y organizaba el gobierno de la colonia, procedía a distribuir solares y tierras de cultivo y de cría entre los conquistadores, a fin de que las hiciesen producir, aparte de la atención que debían prestar a la busca de oro,

333 *Documentos inéditos*, 2.ª serie, tomo VI, págs. 311 y 343.

base principal, en los primeros tiempos, de la vida económica de los pobladores de Cuba.

Los expedicionarios, en su mayoría, no eran mineros, criadores ni agricultores, sino caballeros, hombres de pluma y soldados; de manera que la necesidad de proporcionarse trabajadores se hizo sentir con gran apremio. En el exterior era imposible buscarlos. La inmigración extranjera a las Indias estaba enérgicamente prohibida y aun la de españoles se hallaba limitada, con más o menos rigor, a los naturales de los reinos de Castilla y León.[334] La agricultura sufría una gran decadencia en dichos reinos desde la edad media; los labradores vivían en la mayor miseria, y la indiferencia de castellanos y leoneses en punto a la agricultura llegó a tal extremo, que se tornó en menosprecio, considerándola como ocupación baja y servil.[335] Los conquistadores de Cuba no podían contar, por consiguiente, con traer labradores de su país, ni se sentían dispuestos a ocuparse en trabajos que muchos de ellos estimaban incompatibles con su dignidad personal. En tal virtud, se hallaron inclinados naturalmente a utilizar la población indígena como clase trabajadora.

La política de los Reyes Católicos relativa a los indios, anterior a la conquista de Cuba, ha sido resumida por el historiador español señor Altamira, con un profundo conocimiento de la materia. «La costumbre jurídica seguida en las conquistas de territorios no europeos, sancionada por la doctrina común a todos los jurisconsultos de la época, era reducir a esclavitud a las poblaciones tenidas por bárbaras o, cuando menos, utilizarlas en relación semiservil.»[336] De conformidad con este criterio y aquellas prácticas, Colón

334 E. Altamira, *Op. cit.*, tomo II, págs. 483 y 505.
335 E. Altamira, *Op. cit.*, tomo II, págs. 496 y 497.
336 E. Altamira, *Op. cit.*, tomo II, págs. 432 y 434.

llevó ya a España en concepto de esclavos, algunos indios, a la vuelta de su primer viaje[337] i Los reyes, y especialmente doña Isabel, tendieron, sin embargo, a una política diferente desde los primeros momentos. En las instrucciones dadas a Colón para su segundo viaje, se le previene que «procure la conversión de los indios a la fe», pero tratándolos bien y castigando a quien les haga mal. No obstante, según testimonios auténticos, Colón envió nuevamente a España en 1495 varios indios, para que fuesen vendidos como esclavos. Una real cédula de 12 de abril del citado año autorizó la venta de ellos en Andalucía; pero otra resolución, del día 13, mandó suspender lo ordenado, hasta «consultar y estar seguros de si podrían o no venderlos».

Hecha la consulta, se resolvió declarar libres a los indios enviados y que se les devolviese a su país (20 de junio de 1500). Sin embargo, la libertad de los indios en su propia tierra, era ya muy relativa desde que los españoles se habían establecido en Santo Domingo, y se hizo más precaria a partir de 1498, fecha en la cual el gobernador Francisco de Bobadilla, enviado a la Española para fiscalizar la conducta administrativa del Almirante, «sin más ni más —dice el señor Altamira— repartió en positiva cualidad de siervos a los indios de la isla entre los colonos españoles, sujetándolos a las labores del campo y de las minas». Bobadilla fue sustituido por fray Nicolás de Ovando en 1501; pero aunque los reyes siguen manteniendo en teoría la doctrina de la libertad jurídica de los indios, ordenan que se les emplee en coger oro de los yacimientos, pagándoles su trabajo, que den para el rey la mitad del metal precioso que sacasen o tuvieren y que se les haga vivir en poblado.

337 Algunos de estos indios fueron apresados en las costas de Cuba por el Almirante. Véase la pág. 145 de esta obra.

Además, se autorizó hacer esclavos a los indios rebeldes y a los de ciertas islas, considerados como caníbales.

Los colonos se quejaron a los reyes de que la consideración de libres otorgada a los indios en general traía perjuicios, por negarse aquéllos a trabajar, aun con salario, a las órdenes de los españoles, con lo cual tampoco se les podía «doctrinar ni atraer a nuestra santa fe católica».

En tal virtud, la reina, en una carta de 20 de diciembre de 1503, dispuso que se obligase a los indios a trabajar con los cristianos en las edificaciones, minas, etc., pagándoles jornal, y entendiendo siempre que se tuviesen como «personas libres que son y no como siervos». Con esta licencia bastó para que los abusos tuvieran un pretexto legal y Ovando volvió a los «repartimientos o encomiendas» de Bobadilla, medida que sancionó una real cédula de 30 de abril de 1508, en que don Fernando, regente entonces de Castilla, se reservaba la facultad de autorizarlos en ciertos casos. Estas disposiciones, que poco a poco empeoraban la condición de los indios, se afirmaron con la instrucción dada en 1509 al hijo de Colón, don Diego, cuando fue nombrado Virrey de la Española.

En dicha instrucción se dispone que se trate bien a los indios, pero al propio tiempo se ordena que se les prohiba celebrar sus fiestas y ceremonias para que vivan como cristianos, que se les concentre en poblaciones y se les obligue al trabajo, y finalmente, que se respete el repartimiento hecho por Ovando.

«Desde este momento —termina el señor Altamira— se pudo decir que la primera declaración de libertad era, aun desde el punto de vista de la legislación, una pura fórmula. El rey aceptaba los hechos y las ideas dominantes de su época, y los indios, a pesar de todas las reservas de buen trato y demás, quedaban convertidos, de hecho, en siervos de los colonos. El egoísmo había vencido al ideal, manifiesto, no solo en la resolución de 1500, sino en la solicitud con que desde los primeros tiempos se acudió a promover los matrimonios mixtos entre españoles e indígenas, recibiendo a éstos, pues, bajo un pie de igualdad, y buscando la fusión de razas».[338] El mismo don Diego Colón fue autorizado para hacer un nuevo repartimiento en 14 de agosto de 1509.

Tal era, en general, la condición jurídica de los indios cuando don Diego Velázquez emprendió la conquista de Cuba. El gobernador, autorizado quizás por el «asiento» que había hecho con don Diego Colón o ateniéndose sencillamente a las prácticas seguidas en Santo Domingo, procedió en 1513 a hacer el primer repartimiento de indios, de la manera que ya hemos descrito.[339] Poco después recibió una real cédula por la cual se le hacía merced del cargo de «repartidor» de los indios[340] de conformidad con las gestiones que venía practicando en la Corte. Dicha real cédula (8 de mayo, 1513) anulaba cualquier repartimiento anterior y prevenía que el gobernador repartiese indios, primero, entre los oficiales reales que hubiese en la Isla; segundo, entre los primeros pobladores y descubridores; tercero, a los que tuviesen cédulas del rey para que se les diesen indios en Cuba; y cuarto, a los que al gobernador «mejor paresciere e bien visto fuere que merecen los dichos indios». Las personas a quienes se repartiesen indios «les ensenarán las cosas de nuestra santa fe católica e les harán mejoramiento para conservación de sus vidas y salud» disponía el rey, y agregaba:

«Es mi merced y voluntad... que las personas a quien ansí repartierdes los dichos indios, como dicho es los tengan y

338 E. Altamira, *Op. cit.*, tomo II, pág. 434.
339 Véanse las páginas 190 a 192 de esta misma obra.
340 *Documentos inéditos*, 2.ª serie, tomo I, pág. 41.

traten, e se sirvan y aprovechen dellos, según e por la forma e manera, e con las condiciones que vos ordenardes.»[341] Con tan amplias facultades, Velázquez pudo repartir o encomendar los indios sin cortapisas de ningún género. En general, respetó la organización social que los mismos indios tenían, repartiendo los de cada pueblo o cacique a un colono. Los indios se dedicaban a dos clases de trabajo principalmente: uno que podían realizar en las proximidades de sus viviendas, sembrar, cortar y transportar maderas, construir casas para los colonos, etc.; y otro, para el cual tenían que alejarse durante cierto tiempo de sus pueblos, como la saca de oro en las minas. Los encomenderos estaban obligados a proporcionarles a sus indios vestidos y alimentación, aparte del deber de instruirlos, que no cumplían. A fin de ahorrarse el tener que proveer totalmente a la alimentación de los indígenas, les dejaban un tiempo libre, para que éstos cultivasen sus pequeños lotes de tierra, llamados conucos. A los que por ir a las minas tenían que dejar sus pueblos, se les permitía volver a éstos y permanecer en ellos durante un período de tres meses, al cabo de los cuales se hallaban obligados a volver al trabajo. A veces los encomenderos empleaban diversos medios para no proveer de «mantenimientos» a sus indios, los días que no eran de trabajo. En los pueblecillos indios quedaban los viejos, las mujeres y los niños durante la ausencia de los trabajadores, casi totalmente desprovistos de recursos a veces, pues los colonos no siempre se consideraban obligados a sustentarlos.

Los sufrimientos de estos infelices abandonados eran indecibles y muchos de ellos perecían de hambre.

Para evitar estos abusos, así como los que se cometían con los trabajadores imponiéndoles labores excesivas, no dándo-

341 *Documentos inéditos*, 2.ª serie, tomo I, pág. 42.

les de comer, etc., Velázquez designó veedores que visitasen las minas y las haciendas, con facultad para castigar a los encomenderos que extremasen el maltrato de los indios. En muchos casos estas funciones estuvieron, como en otro lugar se ha visto, a cargo de los alcaldes; más tarde se confirió al obispo la misión de proteger los encomendados.

Además de los indios encomendados, los había libres y esclavos. Los primeros debían pagar un impuesto personal de 3 pesos oro al año. La condición de los indios encomendados resultaba en la práctica peor que la del esclavo por el carácter mismo de las encomiendas. Estas eran concesiones personales, transitorias, revocables en cualquier momento, por la repugnancia de los monarcas a sancionar franca y abiertamente la servidumbre de los indígenas. El encomendero no podía vender ni traspasar, en ninguna forma, su encomienda, ni trasmitirla en herencia, ni aun a sus hijos; y en cambio podía ser privado de ella en cualquier momento.[342] El respeto teórico a la libertad del indígena fue funesto a éste, porque el encomendero no tuvo, como consecuencia, ningún empeño en la conservación y multiplicación de sus indios. Todo lo que gastase en alimentarlos y conservarlos sanos y fuertes, todo lo que les ahorrase de trabajo para no destruirlos ni aniquilarlos, era una ganancia menor, a fin de cuentas. Tratándose de los esclavos que representaban para el propietario un capital seguro, enajenable o transferible a su libre voluntad, el egoísmo más elemental, les impulsaba a conservarlos sanos

---

342 En 14 de junio de 1527 se dictó una real cédula ordenando al gobernador que haga cumplir las disposiciones que prohiben la compra, renuncia, traspaso y venta de las encomiendas en vista de que algunos vecinos de Cuba las infringían. *Documentos inéditos*, 2.ª serie, tomo I, página 17. Ya hemos visto que los procuradores solicitaron en 1528 la trasmisión hereditaria de las encomiendas a los hijos y a las viudas, petición que fue resuelta favorablemente.

y fuertes, a instruirlos en diversos trabajos y a asegurar su reproducción, puesto que cada hijo de esclavo representaba un aumento en el capital del amo del padre. El mismo sentimiento egoísta que movía al amo del esclavo a cuidar de éste, movía al encomendero a tratar de obtener de cada indio el máximo de trabajo en el menor tiempo, aun cuando fuese agotándolo y destruyéndolo en corto plazo. Esto era terrible, pero inevitable. Ocupado el territorio de los indios por hombres de un grado de civilización mucho más adelantado, y establecido el contacto permanente de una raza con la otra, la que veía invadido su suelo no podía conservarse, en virtud de leyes fatales e implacables que rigen aún los hechos humanos, sino a condición de que los invasores hubieran tenido un interés vivo y profundo en la conservación de los invadidos, o de que éstos hubieran podido sacar de sí mismos la energía necesaria para la defensa, y darse la organización imprescindible para resistir y rechazar al invasor, o para durar y acomodarse a las nuevas condiciones creadas por los acontecimientos, estableciendo un equilibrio estable sobre bases distintas de las anteriores a la invasión.

El idealismo generoso de los soñadores de todos los tiempos que quisieran que las relaciones entre los hombres se basasen en la justicia y la caridad, ha condenado siempre en los términos más severos la explotación del hombre por el hombre, ha querido acomodar la evolución histórica a las concepciones de una noble filantropía basada en el más puro espíritu cristiano, y ha creído posible que el fuerte y el dominador consagren su inteligencia y su fuerza al servicio y a la defensa del débil y del dominado; pero la fría y severa realidad de la historia nos enseña, pese a los que quisieran colocar en un plano más alto los sentimientos humanos y la nobleza de la especie, que nunca un pueblo fuerte y poderoso ha sometido y dominado a otro más atrasado o más débil sino para tomarlo como instrumento para la realización de sus propios fines y para explotarlo en su exclusivo beneficio. El mundo, desde que existe, no ha visto jamás las relaciones de los pueblos fuertes con los débiles basadas permanentemente en la justicia, y mucho menos en la caridad, sino en el egoísmo nacional, colectivo o de raza.

El carácter transitorio de la concesión de la encomienda, fue, pues, un mal funesto para los indios, que se vieron privados hasta del amparo que hubiera podido prestarles el egoísmo de los esclavistas. Las irregularidades de la administración agravaron este mal, exacerbándolo, porque los nuevos pobladores o los que tenían su encomienda casi destruida, concebían como un medio de adquirir indios de los que aún los poseían, el que se decretase una nueva redistribución de los indígenas. Los encomenderos en peligro de ser despojados, cesaban de atender a sus indios o los apremiaban en el trabajo, a fin de obtener de ellos el mayor fruto antes de perderlos. Multitud de testimonios de los contemporáneos prueban, en efecto, que los indios encomendados eran peor tratados que los esclavos, por las razones ya dichas, y que bastaba el anuncio de un nuevo repartimiento, para que los indios fuesen destruidos en el trabajo con mayor rapidez.

«Las mudanzas que se han fecho en las Indias —decía fray Bernardino de Manzanedo en un informe a Carlos V en 1518—[343] a sido una de las prencipales cabsas de donde se a venido la despoblación de aquellas partes, porque como nenguno tbenía seguridad que le abían de durar los indios que le encomendaban, usaban dellos como de cosas emprestadas e axenas; e ansi han perescido; e munchos dellos (los colonos) nin tampoco osaban labrar cañas en la tierra, nin facer otras

343 *Documentos inéditos*, 1.ª serie, tomo 34, pág. 295.

faciendas, temiendo que otro día le quytarían los yndios e que se perdería todo lo fecho...» Manzanedo, cuyas opiniones sobre el problema de los indios son prudentes y atinadísimas, es partidario de la libertad de los indígenas, «camino llano para el ánima, dice al rey, aunque las rentas padezcan algún detrimento por el presente», pero agrega que si los «yndios an de quedar en poder de españoles, me paresce que se les deben dar con toda la perpetuidad..., porque como dixe, las mudanzas an fecho mucho dapño en los yndios, e también se vee, que los esclavos e yucayos son mexor tratados que los yndios, e la rrazon es, porque los unos thienen perpetuidad e en los otros non».[344] Esta opinión se halla corroborada por numerosos testimonios dignos de crédito, entre ellos por el de Las Casas, quien en un memorial presentado a Cisneros le decía: «No vaya la licencia que agora se envía a Cuba para que hagan el repartimiento, y con más razón agora que sabiendo la muerte del Rey Católico lo atribuirán a mudanza, temerán otra y acabarán con los indios por sacar mucho provecho en poco tiempo».[345] La opinión de los pobladores de Cuba se manifestó, desde el primer momento, inclinada a favor de las encomiendas perpetuas, concesión que no lograron obtener de los reyes.

Los indios encomendados o por lo menos una parte de ellos, fueron tratados en Cuba de una manera más humana que en cualquiera de las otras colonias de la época, no solo porque Velázquez manifestó un vivo interés por la conservación de la población indígena, sino porque un número de los primeros colonos llegó a la Isla no como gente aventurera y de conquista, sino con el propósito de establecerse en el país de una manera definitiva y arraigarse en él.

344 *Documentos inéditos*, 1.ª serie, tomo 34, pág. 307.
345 *Documentos inéditos*, 2.ª serie, tomo VI, pág. 6.

Entre los compañeros de Velázquez los había de dos categorías: algunos, como el mismo Velázquez, eran españoles que vivían en Santo Domingo desde hacía varios años, entregados a la minería, la crianza de ganados y el cultivo. Las discordias intestinas, iniciadas desde el comienzo de la colonización de dicha isla, llegaron a ser frecuentísimas en ella y el exterminio de los indígenas se realizó en mayor escala que en cualquiera otra parte; de manera que en corto tiempo, la Española, perturbada profundamente y asolada casi por completo, se halló en lamentable estado de decadencia, precipitada ésta por la misma causa que más adelante había de contribuir a la ruina de Cuba: la salida constante, de expediciones para conquistar nuevas tierras. Hallándose en tal situación, a muchos de sus colonos se les ofreció la oportunidad de pasar a Cuba, país fértil, donde abundaba el oro, poblado por un crecido número de indios pacíficos y con todas sus tierras disponibles, y la aprovecharon, con la mira de trasladar a ella sus familias y sus negocios. Estos colonos estaban ya habituados a vivir en las Indias y sabían por propia experiencia los malos resultados que acarreaba la extinción de la población indígena. Los que tenían sus mujeres en Santo Domingo no tardaron en traerlas para Cuba y otros se proporcionaron mujeres indias, creando aquí sus familias. Los colonos de este tipo, que se establecieron con carácter definitivo en el país y fueron el núcleo fundamental de la población de Cuba, trataban a sus indios con mayor moderación y humanidad que los demás; algunos, como Manuel de Rojas, llegaron hasta lograr que sus encomiendas aumentasen bajo su cuidado lejos de disminuirse.[346] Además de este tipo de colono, existía otro: el de espíritu aventurero, que no se hallaba sino de paso en todas partes, soñando

346 *Documentos inéditos*, 1.ª serie, tomo XIII, pág. 101.

acumular tesoros en un día, sin reparar en medios. En Cuba los hubo desde el principio, y muchos llegaron después de Jamaica, Puerto Rico, Darién y Castilla de Oro. Según el testimonio de Las Casas, estas gentes eran cruelísimas con los indígenas; por dicha, permanecieron poco tiempo en la Isla, pues la mayoría se marchó para no volver, en las expediciones de Hernández de Córdoba, Cortés, Narváez y otros, o emigraron más tarde a México y al Perú.

A pesar de existir esas condiciones relativamente favorables, la situación de los indios en los primeros tiempos del gobierno de Velázquez fue terrible. Durante la conquista, los indígenas abandonaron sus cultivos y se produjo un hambre general entre ellos, de resultas de la cual perecieron en gran número.[347]

Además, los primeros trabajos de desmonte, edificaciones, minería y cultivo fueron muy recios y se realizaron con gran intensidad y premura. Impuestos bruscamente a hombres de constitución débil, no habituados al trabajo, y escasamente alimentados, produjeron estragos tremendos de enfermedades y muertes. Según Las Casas, en poco tiempo perecieron como siete mil indígenas.

Las escenas de destrucción que entonces se produjeron, por muy habituados que estuviesen los colonizadores a presenciarlas, hubieron de impresionar profundamente a algunos de ellos, despertando un sentimiento de compasión en los de condición menos dura y egoísta. Por otra parte, en Santo Domingo, los frailes dominicos, establecidos en dicha isla desde 1510, dirigían un enérgico movimiento de protesta contra la esclavitud de los indios, iniciado por fray Antón Montesino con un sermón predicado ante el Virrey de la Española y las principales autoridades y los encomenderos de la

347 *Documentos inéditos*, 2.ª serie, tomo VI, págs. 8 a 10.

isla, sermón cuyo tema, tomado del Evangelio de San Juan, fue el siguiente:

«Enviaron los fariseos a preguntar a San Juan Bautista quién era, y respondióles: «Ego vox clamantis in deserto».[348] La predicación de los dominicos había sido oída por algunos de los colonizadores de Cuba y les había producido, sin duda, algún efecto; de manera que al ver reproducidas en la Isla las escenas de destrucción y de impiedad que los frailes condenaban en los términos más severos invocando los sagrados principios de la religión, los de alma más noble y caritativa se sintieron conmovidos, y dejándose arrastrar por impulsos nobilísimos del alma humana, acabaron por erigirse en defensores de la libertad de los indígenas, desoyendo las exigencias de su propio egoísmo. Así, pues, no tardó en iniciarse también en Cuba, de 1514 a 1515, uno de los movimientos de liberación más grandes y generosos que registra en sus páginas la historia de la humanidad. Fueron sus promotores dos vecinos de la jurisdicción de Trinidad en aquella fecha, don Pedro de la Rentería y el padre Las Casas. Rentería, según Las Casas, «era varón de gran virtud, cristiano, prudente, caritativo, devoto, más dispuesto para las cosas de Dios que para las del mundo, humilde y casto»; era latino, y tenía sus libros de los Evangelios con la exposición de los santos en que leía, escribía bien y tanto en la Española donde vivió, como en Cuba, «tuvo cargo de justicia, Alcalde ordinario, o teniente de Diego Velázquez».

Su padre fue un vizcaíno de la provincia de Guipúzcoa y su madre una labradora de Montanches, villa de Extremadura.[349] Rentería y Las Casas poseían en común varias haciendas y encomiendas de indios en la zona de Trinidad, cerca del

348 E. de las Casas, *Op. cit.*, tomo III, pág. 364.
349 Bartolomé de las Casas, *Op. cit.*, tomo IV, pág. 37.

río Arimao. Los orígenes del movimiento que emprendieron son dignos de recordación. En 1514, Rentería fletó una carabela para Jamaica, con la mira de adquirir en aquella isla algún ganado y otros efectos para el fomento de las haciendas que poseía en sociedad con Las Casas. Terminadas sus compras, se vio obligado a una espera de varios días antes de regresar a Cuba, y reflexionando en su alojamiento sobre la triste condición de los indios y el desamparo en que quedaban los hijos de los indígenas, en tanto que sus padres se hallaban ausentes, compelidos al trabajo, se sintió herido en sus piadosos sentimientos y concibió el proyecto de ir a España «a hacer —decía— relación al Rey dello, porque no debe saber nada, y pedille que al menos nos diese licencia (a Las Casas y a él) para hacer algunos colegios donde los niños se criasen y enseñasen, y de tan violenta y vehemente muerte los escapásemos».[350] Dióse la coincidencia singular de que mientras Rentería se entregaba a estas cavilaciones y proyectos, el padre Las Casas, por su parte, movido de idénticos sentimientos, decidía renunciar su encomienda y dirigirse a la Corte para denunciar la crueldad con que se destruía a los indios y reclamar la absoluta libertad de éstos.

Privadamente notificó a Velázquez de la resolución que había adoptado, y aguardaba el regreso de Rentería para informarle de lo que había decidido, cuando al encontrarse con su socio y amigo supo de labios de éste el noble proyecto que había imaginado. Rentería estimó más eficaz el plan de Las Casas, y como el sacerdote carecía de recursos, el generoso vizcaíno vendió sus ganados y haciendas para reunir el dinero necesario con que costear el viaje de Las Casas a España y la permanencia en la Corte, durante el tiempo que fuese necesario. Además, ambos renunciaron sus encomiendas para

350 Bartolomé de las Casas, *Op. cit.*, parte IV, págs. 249 y 250.

predicar con el ejemplo. Las Casas comenzó acto continuo su fervoroso apostolado a favor de la libertad de los indígenas y Velázquez, como ya se ha dicho, quedó muy impresionado por la decisión de los dos amigos, a quienes tenía en gran estima. En cuanto a los colonos, según las Casas, «quedaron todos admirados y aun espantados... y algunos compungidos, y otros como si lo soñaran, oyendo cosas tan nuevas como eran decir, que sin pecado no podían tener los indios en su servicio, como si dijeran que de las bestias del campo no podían servirse».[351] En otra parte, hemos referido las gestiones de Las Casas ante don Fernando el Católica primero y ante Cisneros después, y el nombramiento de la comisión de los Jerónimos, cuya gestión no determinó ningún cambio en la situación de los indios de Cuba.

La propaganda de Las Casas se mantuvo ardientemente durante varios años y comenzó a producir resultados favorables para los indígenas, por cuanto ganaba adeptos a la causa de la libertad de éstos.

Uno de ellos fue fray Pedro Mexía de Trillo, provincial de la Orden de San Francisco en Santo Domingo.

Mexía, en respuesta a las peticiones de los Jerónimos, presentó un informe manifestándose opuesto a que se obligase a los indios a extraer oro y mostrándose partidario de que se suprimiesen las encomiendas; en su lugar pedía que se organizaran colonias agrícolas, en las cuales los indios se dedicasen, bajo la dirección de sacerdotes, a la práctica de diversos cultivos, hasta que se hallasen instruídos y en condiciones de vivir por su propia cuenta.

Mientras permaneciesen bajo la dirección de los sacerdotes, una parte de los productos del trabajo sería para el rey y el resto para los mismos trabajadores, pero cuando ya pu-

351 Bartolomé de las Casas, *Op. cit.*, tomo IV, pág. 257.

diesen valerse por sí mismos, no tendrían más obligación que el pago de un tributo anual.[352] El plan de Trillo pareció aceptable al rey y se ordenó que se sometiese a prueba en Cuba.

En 14 de septiembre de 1526 una real provisión ordenó a fray Pedro Mexía que se trasladase a Cuba, y que con todos los indios vacos o que vacaren pusiese en práctica sus ideas en beneficio de éstos. También se le ordenaba que denunciase ante el gobernador a los encomenderos que maltratasen a los naturales, a fin de que fuesen castigados.[353] Gonzalo de Guzínán puso dificultades a la comisión de Mexía, el cual fue relevado de ella en 1527, confiándosele el cargo de protector de los indios al obispo Ramírez.[354] No obstante, el plan de Mexía, llamado «de la experiencia», se puso en práctica en un lugar cerca de Bayamo, y, además, se dispuso que los indios no fuesen empleados en los trabajos de las minas.

En 1528, los procuradores adoptaron acuerdos solicitando que se suspendiese, tanto el plan «de la experiencia» como la prohibición de que los indios extrajesen oro, sin lograr que la Corte cambiase de actitud. Algún tiempo después (año de 1532) siendo gobernador interino don Manuel de Rojas, se dispuso por real cédula de 28 de septiembre[355] que se repitiesen las experiencias en virtud de que Guznián y el obispo Ramírez no las habían efectuado en debida forma. Además, por indicación al rey del propio Manuel de Rojas, se adoptaron otras medidas importantísimas a favor de los indígenas. En primer lugar, se ordenó que siempre que un indio encomendado solicitase ante el gobernador «que quiere vivir como español pidiendo libertad», se examine su caso y si se estima por una comisión formada de regidores, el obispo y el go-

352 *Documentos inéditos*, 1.ª serie, tomo XI, págs. 147-152.
353 *Documentos inéditos*, 2.ª serie, tomo I, pág. 348.
354 *Documentos inéditos*, 2.ª serie, tomo I, pág. 444.
355 *Documentos inéditos*, 2.ª serie, tomo IV, pág. 304.

bernador, que dicho indio tiene capacidad para vivir por su propia cuenta, se le declare libre, quitándoselo a la persona que lo tuviese encomendado.

Asimismo se dispuso que cuando los indios de un encomendero se fugasen, antes de entregárselos de nuevo, se investigase si la fuga había sido determinada a consecuencia del maltrato recibido y en caso afirmativo se declarase libres a dichos indios.[356] Estas disposiciones reales, adoptadas por recomendación de Rojas, como ya se ha dicho, indican que la opinión en Cuba había acabado por condenar con severidad los abusos que se cometían con los indios, en virtud de las malas consecuencias que acarreaban. Al tratar de la junta de procuradores, hemos dado cuenta de algunos acuerdos encaminados también a asegurar una inspección eficaz de las encomiendas y el castigo de los que maltratasen a los indígenas. Este estado de cosas se conservó sin alteraciones fundamentales hasta 1542, en cuya fecha las doctrinas de Las Casas quedaron triunfantes en España y se ordenó la libertad de los indígenas, treinta años después de la conquista. El ideal, derrotado en 1508, triunfaba de nuevo, en Cubar de manera definitiva. Las ordenanzas de 1542 fueron muy mal recibidas en la Isla. Los ayuntamientos y los procuradores se opusieron a que fuesen cumplidas, y enviaron a la corte representantes con memoriales y peticiones que no obtuvieron resoluciones favorables. Los gobernadores Dávila y Chávez, suspendieron la aplicación de los preceptos liberadores, pero su conducta fue desautorizada y se les relevó del cargo, enviándose un nuevo gobernador, Gonzalo Pérez de Angulo, quien, como ya hemos dicho, impuso el cumplimiento de los preceptos que aseguraban la libertad de los indígenas en 1550. La predicación de Las Casas, iniciada en Cuba, produjo en la Isla,

356 *Documentos inéditos*, 2.ª serie, tomo IV, págs. 305 y 306.

para gloria de ésta, todos sus frutos, resultado que no se logró alcanzar en las demás colonias, sobre todo en la Tierrafirme, donde la esclavitud más o menos disimulada de los indígenas siguió imperando por largos años. La abnegación generosa de Rentería, el primero que en Cuba sacrificó su fortuna para romper las cadenas de la servidumbre, tampoco fue estéril, y, gracias a ellos, la posteridad debe reconocer que junto al egoísmo ciego y desenfrenado de los unos, se alzó, con mayor fuerza aun, el noble y magnánimo desinterés de los otros, iluminando la sombría época de las encomiendas con el claro resplandor de un ideal purísimo de caridad, y afirmando sobre la más tremenda condenación que se haya hecho jamás del egoísmo y la violencia, los principios de una doctrina basada en el más noble y elevado sentimiento de la justicia y la fraternidad humanas.

37. Los esclavos

Los mismos motivos que hemos enumerado al exponer las causas en virtud de las cuales se establecieron las encomiendas, determinaron también la introducción de esclavos en las primeras colonias españolas del Nuevo Mundo. La rápida disminución de la población indígena y la debilidad física que demostraban los indios en la práctica de ciertos trabajos muy rudos, han sido señaladas como causas determinantes de que los primeros pobladores de las Indias acudiesen al expediente de importar esclavos africanos. Sin desconocer que una y otra causa han podido contribuir al desarrollo del comercio de esclavos en los primeros tiempos de la colonización, entendemos que las razones fundamentales fueron otras. En primer lugar, la primitiva dirección de la política de los Reyes Católicos contraria a la esclavitud de los indios; y en segundo, el carácter vacilante de la política real respecto al mismo problema posteriormente, la cual, en la práctica, transigió con la servidumbre de los indígenas, sin resolverse a hacerlo de una manera franca en la legislación, dando al régimen de las encomiendas una gran inestabilidad, acentuada más y más cada vez, desde que los dominicos de Santo Domingo y el padre Las Casas iniciaron su apostolado de liberación y lograron ganarse numerosos e influyentes adeptos en la corte española. Esclavistas y no esclavistas libraban recias batallas en torno de los reyes y en el Consejo de Indias, y los monarcas, apremiados por las solicitaciones del interés y las exigencias de los que velaban por la justicia, vacilaron durante años, haciendo concesiones a una y otra parte, las cuales no tardaban en dejar sin efecto apenas otorgadas en multitud de ocasiones. Si a esta causa fundamental de inseguridad, se agrega la que en las Indias tenía su origen en el abuso de dejar sin efecto los repartimientos después de algún tiempo de efectuados, a fin de poder disponer de nuevo los «repartidores» de los indios ya encomendados y otorgárselos a sus deudos y amigos o a quienes de alguna manera pagasen la merced de la encomienda, será fácil comprender sobre qué insegura y movediza base descansaba la organización económica fundada en el trabajo de los indios. La saca de oro, principal industria de los primeros pobladores, requería, según el testimonio de los contemporáneos, la inversión de cierto capital en «bateas, herramientas, acémilas y bastecimientos», capital que se reducía a la nada y dejaba de ser productivo si su poseedor se quedaba sin indios por una u otra causa. En tales condiciones, la necesidad de asegurarse trabajadores permanentes, se dejaba sentir con gran fuerza, como asunto de vida o muerte para el desarrollo de los negocios. Cuando en la Española comenzó a fomentarse la industria azucarera, que requería la inversión de capitales más crecidos, no pudo adelantar un paso sino después de asegurarse un número de esclavos que librase a la industria del riesgo de tener que paralizarse por falta de brazos. La vida económica requiere, como requisito esencial, un mínimo de garantías y de estabilidad para desarrollarse; en las Indias faltaban esas garantías y esas seguridades en lo tocante al indio libre o encomendado; y se buscaron en el esclavo indio o negro indistintamente.

En la época del Descubrimiento, los esclavos negros abundaban en España, eran fuertes y robustos y podían adaptarse fácilmente a un clima cálido como el de su país de origen; no es extraño, pues, que al decidir los Reyes Católicos (20 de junio de 1500) que los indios no podían considerarse como esclavos sino como súbditos libres, se pensase en la introducción de esclavos africanos en las Indias. No se conoce la fecha exacta en que llegaron los primeros esclavos negros a la América, pero algunos debieron ser importados quizás antes de 1501.[357] Las primeras disposiciones reglamentando la introducción de esclavos en el Nuevo Mundo datan del citado año. El número de los importados debió ser crecido, pues el gobernador de la Española, fray Nicolás de Ovando, pidió a los reyes en 1503 que se restringiera el envío de dichos esclavos, fundándose en que se fugaban, y unidos a los indios rebeldes, constituían un serio peligro.

La importación de esclavos fue suspendida durante breve tiempo, pero en 1505 se renovó en mayor escala. El comercio de esclavos quizás fue libre al principio, pero después no pudo hacerse sin obtener una licencia especial y pagar ciertos derechos.

---

357 *Historia de la Esclavitud de la raza africana en el Nuevo Mundo*, por don José Antonio Saco, Barcelona, 1879. pág. 61.

Llegó a ser un negocio muy lucrativo y una importante fuente de ingresos para la Corona.

Se ha tratado de hacer responsable al padre Las Casas de la introducción de los esclavos negros en el Nuevo Mundo, sosteniéndose que el defensor de los indios, para librar a éstos del trabajo, recomendó que se les sustituyese por aquéllos; pero semejante aserto carece de fundamento. Cuando Las Casas comenzó sus trabajos a favor de los indígenas, hacía ya más de quince años que había esclavos negros en la Española, y aun en Cuba, donde hay pruebas auténticas de que fueron introducidos en 1513. En la actualidad, la tesis de la responsabilidad de Las Casas solo puede sostenerse por desconocimiento de la verdad histórica, o con el propósito de restar méritos al ilustre sacerdote, tachándolo de inconsecuente y arrojando sobre su memoria la mancha de ser el causante de la esclavitud de la raza negra en América.[358]

En Cuba hubo esclavos negros desde el comienzo de la conquista, probablemente. En la Española, los esclavos negros eran numerosos en 1511, y es muy posible que Velázquez o algunos expedicionarios llevasen, al dirigirse de la Española a Cuba, algunos esclavos negros a su servicio. El primer documento auténtico relativo a la introducción de esclavos negros en Cuba, es una real cédula expedida en Valladolid el 19 de junio de 1513, por la cual se autoriza a Amador de Lares, para pasar cuatro esclavos negros a Cuba.[359] El número de estos esclavos aumentó con rapidez, y ya hemos mencionado al tratar de los acuerdos de los concejos y de las juntas de procuradores, que los vecinos de Cuba solicitaban con insistencia la importación de esclavas negras para casarlas con los esclavos de la misma raza que ya había en la

358 José A. Saco, *Op. cit.*, págs. 92 a 109.
359 *Documentos inéditos*, 2.ª serie, tomo IV, pág. 4.

Isla, así como autorización y auxilio monetario del rey para introducir africanos en número bastante para emprender la fabricación de azúcar.

Los esclavos negros eran, por lo general, bien tratados por los primeros pobladores. Cuando comenzaron los alzamientos de los indios a partir de 1524, algunos esclavos negros se alzaron también,[360] pero fueron pocos, mientras que muchos negros formaban parte de las cuadrillas de rancheadores.[361]

En 1530 y en varias ocasiones más, los indios alzados dieron muerte a varios negros, según informes de los regidores de Santiago de Cuba.[362] En ese mismo año, el cabildo solicitaba licencia para que los vecinos pudiesen importar setecientos negros con que suplir la falta de los indios muertos en la epidemia de viruelas del año anterior.[363] En 1534, Manuel de Bojas, gobernador interino, después de girar una visita por toda la Isla, informaba al rey, que la primera merced que solicitaban los vecinos era el envío de esclavos negros, los cuales pagarían a plazos, dando, además, al monarca la mitad del oro que sacasen con ellos. Según el propio Manuel de Rojas, desde 1529 o 1530 los vecinos venían empleando los esclavos negros para la labor de las minas, con muy buen resultado, pues un negro, después de diestro, cogía más oro que dos indios.[364] En 1544 los negros esclavos eran ya numerosos en la Isla. El obispo Sarmiento, en su visita pastoral del citado año, halló en Bayamo, la villa más poblada, «al pie de doscientos negros «; en «La Zavana» ciento veinte; en Puerto Príncipe ciento sesenta, contando los esclavos indios de Yucatán; en Sancti Spíritus había catorce negros y en La

360 *Documentos inéditos*, 2.ª serie, tomo IV, pág. 333.
361 *Documentos inéditos*, 2.ª serie, tomo VI, pág. 76.
362 *Documentos inéditos*, 2.ª serie, tomo IV, pág. 165.
363 *Documentos inéditos*, 2.ª serie, tomo IV, pág. 166.
364 *Documentos inéditos*, 2.ª serie, tomo IV, pág. 370.

Habana cerca de doscientos.[365] Dos años antes Vadillo informaba al rey que en Cuba había «casi quinientos negros».[366] Es digno de mencionarse el hecho de que los negros jugaron un importante papel en la defensa de la Isla contra las agresiones extranjeras desde los primeros tiempos.

Varias negras ayudaron a don Juan Lobera en la defensa de «La Fuerza» contra el ataque de Sores en 1555[367] y más de cien negros iban a las órdenes del Gobernador Pérez de Angulo cuando éste realizó el ataque nocturno contra el citado corsario de que ya se ha tratado en otro lugar.

Además de los esclavos negros, en Cuba hubo esclavos de otras procedencias, principalmente indios, bien naturales de la Isla, apresados durante los alzamientos y reducidos a la esclavitud, conforme a lo dispuesto en la real cédula de 9 de noviembre de 1526,[368] robados en los países próximos[369] o comprados en ellos, comúnmente en Yucatán. En 1534, según informes al rey de Manuel de Rojas, los vecinos de Cuba tenían frecuentes tratos con los de Yucatán, a quienes cambiaban caballos, ganado vacuno, casabe y otros efectos por indios esclavos. Los esclavos yucatecos abundaban en la Isla el año de 1544. En algunas ocasiones estos esclavos se sublevaron y dieron muerte a sus amos, como ocurrió cerca de Puerto Príncipe, durante el gobierno de Guzmán.

Todos los esclavos indios, sin distinción, fueron declarados libres por el gobernador Pérez de Angulo, en 1553. La

365 *Documentos inéditos*, 2.ª serie, tomo VI, págs. 228 a 231.
366 *Documentos inéditos*, 2.ª serie, tomo IV, pág. 252.
367 *Documentos inéditos*, 2.ª serie, tomo VI, pág. 397.
368 *Documentos inéditos*, 2.ª serie, tomo I, pág. 351.
369 El Gobernador de Honduras se quejó al rey en cierta ocasión de que Gonzalo de Guzmán había enviado carabelas a robar indios en la costa de Honduras para venderlos en Cuba como esclavos (Véase Pezuela, *Historia de Cuba*, tomo I, pág. 127).

primera disposición de que tenemos noticia relativa a tratar de alcanzar la libertad de los negros esclavos data de 1526. En real cédula de 9 de noviembre del citado año, dirigida al gobernador y oficiales de Cuba, se expresa lo siguiente de parte del rey: «Asimismo soy informado que para que los negros que se pasan a esas partes se asegurasen y no se alzasen ni absentasen y se animasen a trabajar y servir a sus dueños con más voluntad, demás de casallos sería bueno que sirviendo cierto tiempo y dando cada uno a su dueño hasta veinte marcos de oro, por lo menos, y dende arriba lo que a vosotros paresciere, según la calidad, condición y edad de cada uno, y a ese respecto subiendo o bajando en el tiempo y prescio, sus mujeres y hijos de los que fuesen casados, quedasen libres y tuviesen dello certinidad; será bien que entre vosotros jDlatiqueis en ello, dando parte a las personas que vos paresciere que convenga y de quien se pueda fiar, y me enviéis vuestro parecer».

Ignoramos la respuesta que obtuvo esta iniciativa real y si en Cuba se tomó alguna disposición en relación con la misma. Los esclavos, a su entrada en Cuba, pagaban un impuesto crecido, pero muchos eran introducidos de contrabando.

4. Vida económica, población, cultura y costumbres

38. Vida económica

Desde que don Diego Velázquez dio los primeros pasos en la conquista y organización de la Isla, recabó de los reyes franquicias y mercedes para la colonia de su mando. Pacificados los indios, fundadas las primeras poblaciones e iniciada la explotación de las riquezas naturales del país, se apresuró a enviar emisarios a España, los cuales encarecieron los servicios que él y sus compañeros habían prestado a la Corona, describieron en los términos más halagüeños los progresos ya realizados y el brillante porvenir de la Isla, y terminaron solicitando concesiones y mercedes que estimularan y aseguraran el desarrollo de la misma.

La política económica de los Reyes Católicos había sido favorable, en un principio, a las franquicias solicitadas por los pobladores de Cuba. Los Reyes procuraron con marcado empeño, al iniciarse la colonización de Santo Domingo, crear una riqueza agrícola en las tierras descubiertas y facilitar su comercio con España.[370] En las instrucciones que se dieron a Colón en 1493, figuran varias encaminadas a dicho fin. La emigración de súbditos españoles a las Indias fue favorecida mediante la concesión de pasaje gratuito en las naves del Estado; se eximió de derechos a las mercaderías que llevasen; se enviaron labradores, hortelanos y artífices (albañiles, carpinteros, etc.); se remitieron semillas (trigo, cebada, arroz, etc.), plantas (caña de azúcar, naranjos, limoneros, olivo, vid) y herramientas para la labranza; se importaron bestias de carga y ganados (reses vacunas, caballos, asnos, cabras, ovejas), y diversas aves domésticas. Se autorizó a los desterrados de España y a los reos de delitos que no merecieran la pena de muerte para que se estableciesen en las nuevas posesiones; se permitió con ciertas limitaciones el comercio a los extranjeros, particularmente a los establecidos en España, y la inmigración extranjera, si bien no llegó a permitirse legalmente, fue, por lo menos, tolerada.[371]

Esta política de concesiones y franquicias no tardó, sin embargo, en abandonarse poco después de iniciada, sustituyéndosela por otra de restricciones y cortapisas. Primero se

370 E. Altamira, *Op. cit.*, tomo II, pág. 504.
371 E. Altamira, *Op. cit.*, tordo II, págs. 504 y 505.

comenzó por prohibir la ida de extranjeros a las Indias y el comercio de éstos; después (año 1505), las concesiones a «los naturales de estos reinos» contenidas en las primeras cédulas relativas a las Indias, se interpretaron en el sentido de que solo alcanzaban a los casados que tuvieren bienes raíces y llevaran de residencia quince o veinte años en Sevilla, Cádiz o Jerez, y a los hijos de ellos, y aunque esta restricción no se mantuvo quizás para todos los españoles, rigió para los aragoneses, catalanes y valencianos;[372] y finalmente, al crearse la Casa de Contratación (año 1503), se estableció una rigurosa centralización para los asuntos económicos del Nuevo Mundo, quedando el tráfico marítimo concentrado en Sevilla, a fin de que los oficiales de la Contratación pudiesen fiscalizar y dirigir todas las operaciones mercantiles.

Las cartas de Velázquez conteniendo las noticias y peticiones que enviaba al rey, llegaron a la Corte cuando ya esta política de restricciones estaba en pleno desenvolvimiento. No obstante, don Fernando acogió con singular agrado las solicitudes del gobernador, y otorgó a los pobladores de Cuba las mercedes de que ya se ha dado cuenta en otros párrafos.[373] Estas mercedes, unidas a la liberalidad con que se procedió al reparto de tierras y de indios, dieron un vigoroso impulso al desarrollo de la colonia. La población blanca aumentó rápidamente con la afluencia de vecinos de la Española, Jamaica y otras partes, la paz interior se aseguró con mayor fuerza cada vez y la minería, la agricultura y la crianza comenzaron a tomar vuelo y a producir buenos rendimientos.

La vida económica de la colonia dependió en los primeros años, del oro que se cogía en las minas casi exclusivamente, en virtud de circunstancias cuya modificación no dependía

372 E. Altamira, *Op. cit.*, tomo II, pág. 505.
373 Véase la página 217 de esta obra.

de la voluntad de los pobladores, sino de las condiciones geográficas y de los medios de comunicación de la época. Al establecerse en Cuba los conquistadores, tuvieron necesidad de importar cuanto era necesario para la vida: alimentos, vestido, herramientas, muebles, utensilios de uso doméstico, armas, medicinas, carretas, barcos, ciertos materiales de construcción, etc. Asimismo les fue preciso importar ganado de todas las variedades, aves de diversas especies, semillas y plantas para comenzar a fomentar sus haciendas. Es menester representarse fielmente las condiciones originarias de la fauna y la flora de Cuba, así como el estado de atraso de los naturales, y tratar de librarnos de la sugestión de la época actual, para comprender como, durante algún tiempo, los primeros pobladores tuvieron necesidad de vivir a sus expensas, pendientes, de una manera absoluta, de lo que importaban de Santo Domingo y de España, lo cual les colocaba en una situación económica especialmente difícil. Aun admitiendo que Velázquez y algunos de sus compañeros tuviesen cierto capital, éste habría de agotarse con rapidez, puesto que era preciso vivir de lo que se poseía y se importaba. La balanza comercial en los primeros momentos tuvo que ser totalmente desfavorable a la colonia, puesto que ésta no tenía ningún fruto que exportar. En la Isla no había más mamíferos que las jutías y los guabiniquinajes; el tabaco que cosechaban los indios aún no era usado por los europeos, y la yuca, el boniato y algún otro producto de la tierra, no eran ni podían ser artículos de exportación, como no lo son en la actualidad, a pesar del inmenso progreso de los medios de comunicación, que han acortado enormemente las distancias reduciendo a varios días los viajes que en el siglo XVI duraban varios meses. Dadas las condiciones que entonces prevalecían, era de imprescindible necesidad encontrar en el país algún producto de valor en Europa, con el cual pagar lo que se importaba y equilibrar la balanza comercial. Ese artículo tenía que ser de poco volumen, en virtud del escaso tonelaje de los buques de la época, pues de lo contrario no cubriría el gasto del flete, y de tal naturaleza, que el tiempo no lo destruyera ni lo alterara, por lo menos dentro de un período de varios meses. En Cuba, solo el oro o algún otro metal de valor reunía las condiciones antedichas: de aquí la dedicación a la minería. Muchos escritores han señalado el hecho de que los primeros pobladores prestasen a la minería esa atención preferente, y han discurrido sobre la «sed de oro» de los colonos y la han explicado por razones de orden psicológico, juzgando de lo pasado por lo presente.

Un análisis cuidadoso de las condiciones de vida de aquella época, nos lleva a la conclusión de que la busca del metal precioso fue una necesidad primordial de entonces, y nos obliga a considerar la famosa «sed de oro» como un fenómeno psicológico derivado.

En la raíz del mismo se hallaba una ley de vida ineluctable, a la cual no podía sustraerse la voluntad individual del colono, obligado a plegarse al rigor inflexible de los principios que regían los hechos económicos imperantes en su época. La sed de oro pudo ser posteriormente en otros países un fenómeno psicológico primitivo y obrar como una causa; pero en Cuba, al comienzo de la colonización, debe considerársela como un efecto derivado de una necesidad económica fundamental. Lo que en otras partes pudo ser o llegó a ser una aberración, en Cuba fue para los primeros colonos una exigencia a la cual nadie podía sustraerse.

La busca de oro fue, por las razones expuestas, la ocupación más perentoria a la cual hubo que dedicar a los indios. Los granos del metal se hallaban mezclados con la arena y la tierra de los ríos y eran separados de la ganga que los contenía mediante un lento y penoso trabajo de decantación. Las partículas de oro recolectadas debían llevarse por, el colono a «la casa de fundición», que funcionaba una vez al año, donde se fundía el metal y se le marcaba según su calidad. El «fundidor» era un funcionario de nombramiento real. Aunque en los primeros tiempos se encontró oro en relativa abundancia y se extraía con indios encomendados, no debe creerse que el negocio fuera muy productivo. La explotación del mismo requería la inversión de cierto capital en bateas, azadas, medios de transporte, ropa y «mantenimientos» para los indios, etc. Además, las minas solían estar muy distantes de los poblados, diez y veinte leguas, y era menester fabricar bohíos, hacer desmontes, abrir caminos, etc. Después, el régimen fiscal creaba dificultades muy serias. En la Isla funcionaba una sola «fundición» por lo común, a fin de que los oficiales reales pudiesen vigilar sus operaciones en los meses de primavera. A esta casa tenían que traer su oro todos los mineros, por distantes que estuviesen, y del oro que fundieran se hallaban obligados a entregar al tesoro real el 20 %, como compensación de la merced de las minas y de las encomiendas de indios, recibidas del rey. Descontados todos los gastos, esta «granjeria», como entonces se le llamaba, no podía producir ni produjo a los colonos grandes ganancias. No obstante, los rendimientos de la minería fueron una de las bases de la relativa prosperidad de la Isla de 1512 a 1525.

Con el oro que se enviaba a Sevilla se pagaban todos los efectos que se importaban en la Isla, y durante varias décadas, fue la única mercadería exportable a Europa de que pudo disponerse.

Los colonos tuvieron que atender también desde los primeros momentos a la agricultura, a fin de subvenir a las necesidades de su alimentación. Las cosechas de los indios eran cortas y bastaban estrictamente para sus necesidades. Al iniciarse la conquista, abandonaron sus cultivos durante año y medio, produciéndose, según Las Casas, una escasez general que llegó a ser hambre en varias regiones, a consecuencia de la cual perecieron muchos naturales. Además, los productos alimenticios de la tierra —yuca, boniatos, ñame, y alguno más— no eran de los que pueden conservarse en el campo o en almacén durante largo tiempo, de manera que los colonos se vieron en la necesidad de no descuidar el cultivo incesante de tales frutos. El maíz, el boniato y la yuca, principalmente el último producto, que entraba en la fabricación del casabe, recibían atención prefernete, ya que dicho artículo suplía la falta del pan y podía conservarse durante cierto tiempo, lo cual hacía de él un producto de fácil venta para aprovisionar los barcos dedicados al tráfico con España o con las colonias vecinas. La ganadería fue otro de los negocios más lucrativos de la época. Todas las variedades de ganado se multiplicaron con rapidez extraordinaria en los abundantes pastos de la Isla. En 1514 Velázquez informaba al rey que el número de cerdos pasaba ya de treinta mil. El ganado se utilizó para el consumo de los pobladores, las diversas faenas agrícolas, la carga o transporte y para aprovisionar de reses vivas y de carne salada a los barcos que tocaban en la Isla; pero no tardó en llegar a ser un artículo de exportación que producía excelentes ganancias. En efecto, así como al comenzarse la colonización de Cuba, ésta tuvo que proveerse de ganado para el consumo y el fomento de las crías en la Española y Jamaica, recién establecidos los españoles en México, Yucatán, Honduras, y otras regiones de la América Central y del Sur, acudieron a Cuba, como país más cercano, para la adquisición de reses y de mantenimientos; y como en todos aquellos países abundaba el oro, los criadores de Cuba vendían sus caballos, yeguas, toros, vacas y ovejas a muy buen precio, además del casabe y otros géneros de comercio.

El tráfico de todas las regiones citadas con España se hacía cruzando las naves muy cerca de nuestras costas, de manera que además de exportar a las otras colonias se vendía mucha carne salada, casabe, maíz y otros artículos a los buques que tocaban en los puertos para aprovisionarse de lo necesario. Cuba, con un mercado lejano en España para el oro, y otros próximos para los productos de la ganadería y la agricultura, desarrolló progresivamente su vida económica de 1512 a 1525, alcanzando una considerable prosperidad, mientras las demás colonias —la Española, San Juan, Jamaica, Darién y Castilla de Oro— decaían con rapidez y se arruinaban.

Del desarrollo que los colonos imprimieron en cortos años a la ganadería y la agricultura, puede formarse idea considerando que Velázquez, al testar en 1524, declaraba poseer diez y nueve estancias, hatos y conucos por toda la Isla, en los cuales había más de doscientos mil «montones» de yuca, maíz y boniatos, más de mil reses vacunas, tres mil cerdos, mil ovejas, centenares de caballos y asnos y aves en gran número, a pesar de que en las expediciones a México había gastado más de 40.000 pesos, según sus cálculos.[374] En la Isla había otros propietarios, como Vasco Porcallo de Figueroa, ganadero de Sancti Spíritus y Puerto Príncipe, quizás más ricos que Velázquez. Estos datos demuestran el carácter fundamentalmente agrícola que tuvo la colonización de Cuba.

El bienestar alcanzado por la Isla había de ser, sin embargo, muy efímero. En 1518, cuando los negocios eran más prósperos y mayor la riqueza, llegando los habitantes blancos a dos o tres mil quizás, comenzaron las expediciones a

374 *Documentos inéditos*, 1.ª serie, tomo XXXV, págs. 524 y siguientes.

México, desastrosas para Cuba. En equipar y aprovisionar dichas expediciones, Velázquez y otros pobladores gastaron gran parte de los bienes que habían logrado acumular, los pueblos quedaron casi desiertos, desatendidas muchas minas y haciendas, encaminada la actividad de los colonos hacia empresas exteriores de guerra y de conquista y perturbada la armonía que entre ellos había existido.[375] Además, los indios, duramente oprimidos y enviados a México en gran número,[376] al disminuir enormemente la población blanca, comenzaron a sublevarse.

A estas causas de empobrecimiento se sumaron muy pronto otras más graves e irremediables a partir de 1525, las que sumieron a la Isla en un lamentable estado de miseria. Las mercedes otorgadas por el rey don Fernando a los primeros pobladores por un plazo de diez años quedaron vencidas y la saca de oro disminuyó sus productos con rapidez, no solo porque los indios alzados hacían inseguras la vida en las minas y las comunicaciones interiores, sino porque se agotaban los yacimientos. Una epidemia de viruelas que ya había hecho estragos en la Isla en 1519, se reprodujo en 1529 y asoló el país reduciendo en una tercera parte el número de indios y dejando a muchos colonos en la miseria.[377] Finalmente, para precipitar más el desastre, Cuba perdió sus mercados próximos de las otras colonias del Continente, porque la crianza de ganado, fomentada en todas ellas, las libró de tener que proveerse en esta Isla.[378] La crisis económica que se produ-

375 *Documentos inéditos*, 1.ª serie, tomo XXXV, págs. 1 a 199.
376 En una información hecha en Cuba por el Licenciado Ayllón, en 1519, algunos testigos declararon que Cortés solo llevó cerca de mil indios. Narváez también llevó muchos.
377 *Documentos inéditos*, 2.ª serie, tomo IV, pág. 147.
378 *Documentos inéditos*, 2.ª serie, tomo VI, pág. 203.

jo en consecuencia, fue desastrosa, agravándose cada año a partir de 1530.

En el estado general de miseria reinante, las noticias que circulaban de las fabulosas riquezas de México, Perú y Nueva Granada, determinaron la emigración de numerosos vecinos, y en 1539 la expedición de Hernando de Soto a la Florida aumentó la despoblación y dio motivo a que se repitieran los alzamientos de los indios. Los mismos gobernadores dictaron medidas funestas para los vecinos; Soto prohibió, como se ha dicho en otra parte, la exportación de caballos, único comercio que aún se continuaba aunque lánguidamente, y Juanes Dávila, a fin de aumentar los ingresos, impuso fuertes derechos a las naves de tránsito que tocaban en la Isla, alejando a los únicos traficantes que compraban y vendían algo en nuestras costas.[379] Los ataques de los franceses desde 1536 fueron otra causa de desolación, y los saqueos que llevaron a cabo de Baracoa y Santiago, así como la destrucción de La Habana por Sores en 1555,[380] consumaron la ruina total de la Isla, arrasando con lo poco que aún poseían sus vecinos en las dos poblaciones más importantes. Algunas villas, como Baracoa y Trinidad, quedaron casi totalmente despobladas, reducidas a un cortísimo número de vecinos, que hacían una vida miserable y casi salvaje, y no emigraban por falta de medios para efectuarlo.

Las autoridades de la Isla y los vecinos trataron inútilmente de conjurar la crisis que los arruinaba, apelando a diversos medios. Los acuerdos de los concejos y de las juntas de procuradores de que se ha hecho mención, demuestran que sus esfuerzos se encaminaron a obtener que una parte de las rentas de la Isla se aplicasen a la compra de esclavos para ser

379 Jacobo de la Pezuela, *Historia de Cuba*, tomo I, pág. 184.
380 *Documentos inéditos*, 2.ª serie, tomo VI, págs. 383 y 384.

distribuidos entre los vecinos, quienes los pagarían a plazos, que se rebajara el quinto del oro al décimo, que se permitieran varias fundiciones, que no se cobrasen los derechos que pagaba cada esclavo a su introducción en la Isla, que no se suprimiesen las encomiendas, etc.

Además, al escasear el oro y cesar la exportación de ganado y mantenimientos, los empobrecidos pobladores trataron de buscar otros productos exportables para sustituir aquéllos. Procuróse con empeño fundir cobre y se realizaron diversas tentativas para comenzar la fabricación del azúcar. Era ésta una mercadería de valor, y podía venderse en España con buena utilidad. La caña había sido introducida ya en la Isla y crecía con admirable lozanía, pero los pocos y en su mayoría viejos pobladores, carecían de brazos y de capitales para fomentar ingenios. En 1555 la próspera colonia fundada por Velázquez estaba casi destruida. Sin embargo, Cuba contaba ya en su suelo con toda clase de ganados, aves domésticas y valiosos cultivos. Con estos elementos, aunque lenta y penosamente, iba a levantarse de su postración en los años sucesivos. La crisis económica no había afectado solo a sus habitantes. La Isla no producía rentas a la Corona y escasamente cubría los gastos de su presupuesto, menor de 2.000 pesos al año. Sin embargo, el Consejo de Indias, sordo a las peticiones de los ayuntamientos y de la junta de procuradores, se había negado a rebajar el 20 % del oro que estaban obligados a pagar los vecinos, así como los derechos de almojarifazgo, equivalentes a los actuales derechos de aduana; además había suprimido radicalmente las encomiendas.

Por esta época, la única industria existente de que se tiene noticia cierta, era la fabricación de cal, ladrillos y tejas para la construcción de algunos pocos edificios.

La primera generación establecida en la Isla tuvo, pues, un triste destino. Después de los recios trabajos que sin duda hubo de realizar para levantar sus rústicos hogares entre la maleza, desmontar y cultivar las primeras parcelas, iniciar el laboreo de las minas en las espesuras de la selva virgen y acomodarse a las molestias de un clima tórrido en un país salvaje, cuando empezaba a cosechar el fruto de sus tenaces y penosísimas labores, vio totalmente destruidos su bienestar y sus esperanzas, por causas superiores a su voluntad, cuya verdadera naturaleza apenas quizás lograron entrever. Don Manuel de Rojas es el ejemplo típico del colono de esta época, cuya voluntad es impotente para variar el curso de los acontecimientos, dirigidos en un rumbo determinado por fuerzas históricas incontrastables. Cerca de Bayamo fomentó sus haciendas; cuidó de sus indios encomendados al extremo de aumentar su número, cuando los de los demás disminuían; desempeñó todos los cargos públicos— regidor, alcalde, alcalde mayor, procurador y gobernador interino— con honradez, alteza de miras, imparcialidad y competencia; fue un administrador hábil y celoso que mereció la confianza de sus convecinos, quienes no vacilaron en confiarle la gerencia de sus asuntos en diversas ocasiones, y sin embargo, él que había luchado por retener en sus haciendas a los que alucinados por las riquezas de la Tierra-firme y acosados por la miseria querían emigrar de la Isla, en los últimos años de su vida, decepcionado y pobre, dejó sus bienes en Bayamo a cargo de su hijo y tomó el camino del Perú, del cual en vano trató de apartar a muchos de sus antiguos compañeros de fatigas y trabajos. Había luchado desesperadamente por evitar la ruina total de la colonia, de la cual fue uno de los más ilustres fundadores, pero al fin y al cabo, cedía a la fuerza implacable del destino.

39. Población

El número de indios que poblaba a Cuba cuando don Diego Velázquez desembarcó en sus costas en 1511, no ha podido fijarse ni aun aproximadamente. Los cálculos más elevados hacen subir a cerca de un millón dicho número, pero esta cifra debe considerarse absolutamente inadmisible.

La fauna de Cuba era reducidísima en animales propios para la alimentación del hombre, faltando por completo los grandes mamíferos y toda clase de ganado; la agricultura se hallaba en estado rudimentario, reducida al cultivo de pequeñas parcelas de yuca, boniato y algún otro fruto, que se consumía a medida que se cosechaba, y el comercio no existía ni aun en la más simple forma. Es absurdo admitir que en estas condiciones el país alimentara un número de pobladores equivalente a poco menos de la mitad de la población actual de la Isla. La existencia de cerca de un millón de personas en un territorio de cuarenta y cuatro mil millas cuadradas, cubierto en su mayor parte de bosques vírgenes, con extensas regiones de montañas y pantanos, nutriéndose de aves, peces y unos pocos productos vegetales, es inconcebible. La civilización es un producto de números; existe una correlación muy estrecha entre el crecimiento y la densidad de la población, y el adelanto material de la civilización y de la organización social.[381] Si la población india de Cuba hubiera sido muy elevada, la condensación de los habitantes en núcleos muy densos y numerosos, habría hecho nacer instituciones sociales que los indios estaban muy lejos de conocer, y habría promovido adelantos materiales muy superiores a los que ellos poseían. La evolución social de los indios de Cuba solo había alcanzado formas de organización rudimentarias,

381 Gregory, Keller and Bishop, *Op. cit.*, pág. 181.

353

características de poblaciones salvajes de muy escasa densidad. Por sus adelantos materiales, los indios cubanos pueden considerarse incluidos en el tercer grupo de la clasificación de Ratzel, o sea en el de las tribus cazadoras con algo de agricultura o que derivan su subsistencia de la agricultura.[382] Tales tribus, según enseña el profesor alemán en su Antropogeografía, alcanzan una densidad de población que varía de 0.5 a 2 habitantes por milla cuadrada. Hecho el cálculo para Cuba, con cuarenta y cuatro mil millas cuadradas, arroja una población india de 22.000 a 88.000 personas.

Si los indios cubanos se considerasen incluidos, no en el tercer grupo de Ratzel sino en el cuarto, de las tribus pescadoras, su número podría estimarse hasta una cifra máxima de 220.000 personas. Después de una atenta consideración de todos los antecedentes que pueden contribuir a formar juicio sobre el asunto, nos inclinamos a estimar como más verosímil las primeras cifras, o sea las que fijan el número de indios en una cantidad algo menor de cien mil.

La población india disminuyó con gran rapidez a partir de la conquista. El hecho no constituye una excepción en la historia, sino una confirmación de un fenómeno que tiene los caracteres de una ley constante: donde quiera que un pueblo civilizado entra en convivencia con uno en estado salvaje, éste es rápidamente destruido y acaba por desaparecer. En la corta lucha sostenida por Hatuey contra los conquistadores, murieron pocos indios; pero Las Casas refiere que los naturales, por temor u obligados a seguir a los conquistadores, abandonaron sus siembras o no pudieron atenderlas; y como «todos comían y ninguno sembraba... quedó la tierra toda o

---

382 Ratzel incluye a los indios en este grupo. Véase la obra de Gregory, Keller y Bishop, ya citada, pág. 182.

cuasi toda de bastimentos vacua y desemparada».[383] El hambre que sobrevino fue espantosa. «Yo vide algunas veces —escribía el sacerdote— andando camino en aquellos días por aquella isla (Cuba), entrando en los pueblos, dar voces los que estaban en las casas, y entrando a vellos, preguntando qué habían, respondían: hambre! hambre! hambre!».[384] Por esta causa murieron en obra de tres meses, agrega, siete mil niños y niñas. Al establecerse el régimen de las encomiendas, los padres, enviados al trabajo de las haciendas o de las minas, fueron separados, durante varios meses en ocasiones, de los hijos, y los maridos de las mujeres, quedando desorganizada la familia, lo cual, además de elevar la mortalidad infantil en las proporciones aterradoras de que habla Las Casas, redujo los nacimientos a una cifra mínima.

La raza cesó de reproducirse casi por completo, no solo por la retención, ya citada, de los hombres en la labor, lejos de sus mujeres, y por la dura situación en que vivían unos y otras, agobiados de trabajos y de miseria, sino porque las madres, voluntariamente suprimieron la maternidad. Informando al rey sobre la situación creada a los indios de la Española, fray Pedro de Córdoba, Provincial de la Orden de Santo Domingo, describe respecto del punto a que nos referimos un estado de cosas horrible, que, con poca o ninguna diferencia, quizá fue el mismo de Cuba.

«Las mujeres —decía— fatigadas de los trabajos han huido el concebir y el parir; porque... no toviesen trabajo sobre trabajo, en tanto que muchas... han tomado cosas para mover e han movido las criaturas, e otras después de paridas, con sus manos han muerto sus propios hijos, por no los poner ni dejar debajo de tan dura servidumbre;...los cristianos

---

383 Bartolomé de las Casas, *Op. cit.*, tomo IV, pág. 250.
384 Bartolomé de las Casas, *Op. cit.*, tomo IV, pág. 251.

han destruido y desterrado destas pobres gentes la natural generación, los quales ni engendran, ni multiplican, ni pueden engendrar ni multiplicar, ni ay dellos posteridad, que es cosa de gran dolor».[385]

Numerosos indios de Cuba, huyeron, además, a las isletas y cayos vecinos, donde fueron apresados y conducidos a otras colonias o murieron de hambre, poco a poco o en grandes masas. El suicidio de familias enteras o de grupos aun más numerosos, fue también frecuente. «Acaesció ahorcarse toda junta una casa, padres y hijos, viejos y mozos, chicos y grandes, y unos pueblos convidaban a otros que se ahorcasen porque saliesen de tan diuturno tormento y calamidad. Creían que iban a vivir a otra parte donde tenían todo descanso, y de todas las cosas que habían menester, abundancia y felicidad».[386] El ahorcarse no fue la única forma de suicidio; también se mataban comiendo tierra o substancias venenosas, como el jugo de la yuca agria.

A todas las causas enumeradas hay que agregar las enfermedades. Los europeos introdujeron en las Indias dolencias nuevas, contra las cuales los indios no conocían remedios ni disponían del poder de resistencia orgánica determinado por la paulatina inmunización que llega a producirse donde existen ciertas enfermedades endémicas. En 1519 una epidemia de viruelas causó estragos entre los indios, y diez años más tarde se desarrolló otra de una virulencia extrema, muriendo un indio de cada tres de los que había en la Isla, según numerosos testimonios de la época. Finalmente, las expediciones que partieron de Cuba en este período, redujeron también la población india. Cortés llevó a México cerca de mil indios y Narváez condujo asimismo un número considerable.

---

385 *Documentos inéditos*. 1.ª serie, tomo XI, pág. 219.
386 Bartolomé de las Casas, *Op. cit.*, tomo IV, pág. 269.

Teniendo en cuenta todos los antecedentes citados en su conjunto, la rápida disminución de los indios se explica y se comprende sin dificultad.

Sin embargo, su extinción no fue tan absoluta como se ha creído generalmente. En 1540 todavía los alzados eran bastantes para poner en peligro la colonia, y los vecinos sostenían, como se ha visto en otro lugar, que si se suprimían las encomiendas la ruina de la Isla sería completa. En 1555 los habitantes indios quizás no bajaban de cinco mil, estando en la proporción de cinco a uno respecto de los blancos.

La población blanca tuvo como núcleo de origen los trescientos españoles de la expedición de Velázquez, cifra que debe considerarse como aproximada meramente, porque no se conoce aún ningún documento auténtico que la fije con exactitud. La cifra de los vecinos blancos aumentó con rapidez, con españoles de Santo Domingo, Jamaica, Darién y Castilla de Oro, sin contar algunos procedentes de la misma España. Los españoles de las demás colonias se alejaban de éstas por las guerras con los indígenas, las luchas intestinas entre ellos, los sufrimientos y la miseria, al propio tiempo que eran atraídos a Cuba por la fertilidad de la tierra y la abundancia de oro, la paz que reinó durante los primeros años de la conquista, la liberalidad de Velázquez en el reparto de tierras e indios y las mercedes y privilegios concedidos por el rey a los primeros pobladores. El número de habitantes blancos llegó al, máximo en este período, probablemente de 1518 a 1520, en cuyos años quizá no fue menor de dos a tres mil personas.

Después disminuyó considerablemente en muy corto tiempo. Las expediciones de Hernández de Córdoba, Cortés, las dos de Narváez y la de Hernando de Soto, redujeron la población de la Isla en cerca de dos mil vecinos y las emigraciones a México y al Perú, a partir de 1525, agravaron la despoblación ya muy acentuada de algunas villas. La crisis económica que aumentó de año en año desde la fecha citada últimamente hasta 1555, unida a las sublevaciones de los indios y a los ataques de los franceses, contribuyeron también a alejar de Cuba a los pobladores.

En 1544 los vecinos españoles —vecinos equivalía a jefe de una familia— no pasaban de trescientos en toda la Isla. Desde 1515 no solo no se fundó ninguna población nueva, sino que las primitivamente establecidas quedaron reducidas a un número insignificante de pobladores blancos. En 1533 en Baracoa solo residían trece familias blancas; y en 1544, cuando el obispo Sarmiento recorrió la Isla, Bayamo contaba con treinta y tres familias, Puerto Príncipe con catorce, Sancti Spíritus con diez y ocho, la Zavana con ocho, Trinidad con doce y La Habana con cuarenta. Santiago, por esta época, tenía, ya menos vecindario que Bayamo. Muchos de los vecinos eran de los primeros pobladores, oriundos de Castilla en su mayoría, algunos viejos, enfermos y decrépitos ya. Los mestizos de español e india eran numerosos relativamente.

La introducción de esclavos negros dio entrada en Cuba a un tercer elemento étnico de la mayor importancia, cuyo número fue aumentando sin cesar, paulatinamente.

En 1544 había cerca de setecientos negros en la Isla, cifra superior a la de los pobladores blancos. La mayoría de estos esclavos eran varones.

En resumen, al cerrarse este período histórico (año 1555) la Isla contaba con unos cinco mil indios, setecientos negros y sobre trescientas familias blancas.

Los indios acababan de ser redimidos de la servidumbre, pero la esclavitud de la raza negra, con todos sus horrores, puede decirse que estaba en sus comienzos.

Estos escasos habitantes vivían aún casi todos en casas de tabla de palma y techo de guano. Los edificios de ladrillo o mampostería y tejas eran muy pocos. La alimentación se reducía casi exclusivamente, a fines de este período, a carne y casabe. Las comunicaciones exteriores eran raras; en ocasiones transcurrían seis meses sin que ningún navío tocase en nuestros puertos.

40. Estado moral, costumbres e instrucción

El estado moral de la colonia de 1512 a 1555 siguió las vicisitudes de su situación económica y política. Durante el período de prosperidad, correspondiente al gobierno de Velázquez, la vida se desarrolló en condiciones normales; reinaba la paz y se trabajaba activamente en la erección de los pueblos, la construcción de barcos, las faenas agrícolas, la minería y la apertura de caminos para comunicar unas villas con otras. Los vecinos casados que tenían sus familias en la Española, las trasladaron para sus nuevos hogares, no sin haber tenido que acudir al rey, para vencer la resistencia que ofrecían las autoridades de Santo Domingo a dejarlas salir,[387] y no fueron pocos los que se casaron legítimamente con indias hijas de caciques, matrimonios que estaban autorizados y reglamentados por los reyes.[388] Algún tiempo más tarde se ordenó que los casados que tuviesen sus mujeres en Castilla, las trajesen dentro de cierto plazo o abandonaran la Isla; medidas todas que demuestran un propósito de cimentar la colonización sobre sólidas bases. La vida en chozas de madera y guano, desprovistas de todo género de comodidades, con un moblaje reducidísimo y tosco, en medio de los bosques vírgenes del trópico, debió ser forzosamente casi salvaje en los dos o tres

---

387 *Documentos inéditos.* 2.ª serie, tomo I, pág. 36.
388 *Documentos inéditos.* 2.ª serie, tomo IV, pág. 235.

primeros años; pero cuando los vecinos empezaron a obtener buenos rendimientos de la saca de oro, no tardaron en procurar hacer una vida más confortable y aun ostentosa. De 1515 a 1518, Santiago de Cuba fue un puerto muy concurrido por navíos procedentes de Sevilla, que importaban a la Isla sedas, paños finos, ropa blanca, calzado, sombreros y otras prendas de vestir para los colonos y sus familias, así como telas bastas de colores vivos para los indios, a los cuales los colonos tenían la obligación de proporcionar alguna ropa, cada uno a los de su encomienda. También se importaban otros artículos de uso doméstico, como cubiertos, a veces de plata labrada, loza, útiles de cocina, tijeras, agujas, camas y otros muebles, mejorándose el menaje, al estilo de las casas acomodadas de España. Por esta época se consumían en la Isla cantidades considerables de vino, harinas, aceite, jabón y varios artículos más, lo cual demuestra un nivel de vida bastante elevado. A veces se efectuaban «alegrías» públicas para festejar victorias de las armas españolas en Europa, el cumpleaños de personas de la familia real, etc., y se celebraban fiestas, con motivo de bodas y bautizos o en los días fijados por la Iglesia. Entre los cargos que se formularon contra Velázquez en el juicio de residencia que le tomó el Licenciado Altamirano, figuraba el haber aceptado dos banquetes organizados en su honor.

Algunos pobladores que lograron acumular fortuna, gustaban de hacer ostentación de sus riquezas.

Vasco Porcallo de Mgueroa, pariente de los duques de Feria, es un personaje típico de la época. Poseía extensas haciendas y numerosas encomiendas en Puerto Príncipe, Sancti Spíritus, Trinidad y otros lugares. En el punto conocido por «La Zavana» llegó a constituir un poblado, que era su residencia ha bitual. Según el obispo Sarmiento que lo visitó en

1544, había veinte casas para aposento de indios y españoles, e iglesia con su capellán letrado, encargado de instruir a los indios y a los esclavos. Porcallo lo mantenía y le había asignado cuatro esclavos para que le buscasen oro. El poblado contaba con 80 indios, 120 esclavos negros y 20 españoles, diez de los cuales eran pajes al servicio de Porcallo. «Todos, dice Sarmiento, bien tratados y mantenidos».[389]

Describiendo la manera de vivir de Porcallo, dice un tal Juan de Argote, de origen indio, casado con una de las hijas del colono: «Se trataba como señor que tenía muchos criados, casa muy adornada y repostería, y cuando iba a visitar los pueblos, llevaba la servidumbre y el aparato que solía llevar un grande de España; en esos tiempos siempre le acompañaba un capellán que le decía misa y administraba los sacramentos».[390] Porcallo dejó varios hijos e hijas, unos legítimos y otros naturales, tenidos con indias, hijas de caciques; de él descienden, según documentos que cita el historiador Pezuela, algunas de las más antiguas familias de Camagüey. A la sensualidad unía la soberbia y el valor; además, varios hechos de su vida demuestran que era impetuoso, violento y cruel. Sin embargo, fue más dado a la ganadería y al cuidado de sus haciendas que a las empresas militares aunque el orgulloso deseo de alardear de su importancia y su riqueza, le llevó a aceptar el cargo de segundo de Hernando de Soto, permaneciendo corto tiempo en la Florida, y a hacer que sus hijos tomasen parte en expediciones enviadas al Perú y a otros lugares.

389 *Documentos inéditos*. 2.ª serie, tomo VI, pág. 230.
390 Jacobo de la Pezuela, *Diccionario estadístico, geográfico e histórico de la Isla de Cuba*, tomo IV, págs. 262 y 263.

Inspiraba terror a los indios, con los cuales realizó, a veces, actos de inaudita crueldad, para evitar, decía, que se suicidasen.

La vida ruda, aislada y casi bárbara que llevaban los colonos en sus aldeas, minas y hatos, en lucha con el calor, la humedad, los insectos y las enfermedades endémicas de los países tropicales, sin más ley que los propios impulsos puestos al servicio de la necesidad de satisfacer los más rudimentarios y primordiales apetitos de la naturaleza humana,. era ya embrutecedora forzosamente; además fue depravada, por desdicha, desde los comienzos de la colonización, por el régimen de las encomiendas y la implantación de la esclavitud. La organización social basada en el trabajo servil, que ha sido en todos los tiempos terreno abonado para el desarrollo de la violencia, la crueldad, la sensualidad y la soberbia, ejerció una perniciosa y funesta influencia sobre el carácter y la condición moral de los colonos, gente mucha de ella aventurera e inculta de suyo; de manera que muerto Velázquez cuya autoridad era generalmente respetada, cuando la colonia empezó a decaer y a empobrecerse a partir de 1525, y la vida se hizo más dura, estrecha y peligrosa, bajo la triple amenaza de la miseria, los indios alzados y los corsarios franceses, la brutalidad, la iracundia y las bajas pasiones, frutos de la ignorancia, el egoísmo, el miedo y la concupiscencia, se desbordaron sin freno en multitud de vecinos, dando motivo a que estallase con furia el espíritu de bandería, a que se desarrollase la corrupción administrativa en sus peores formas y a que germinasen por todas partes los vicios propios de una comunidad en la cual se han perdido, junto con el respeto a la ley y la noción de la justicia, la fe religiosa y los principios morales.

Las rencillas y los pleitos llegaron a ser constantes entre los vecinos así como los conflictos entre las autoridades, provocados ya por disputarse algunos indios, por valuar en más o en menos algunos efectos de poco costo, o por pretender extender la propia autoridad a expensas de la de los demás, y abusar de ella para obtener alguna ventaja ilícita en perjuicio de los intereses ajenos. En Santiago, por ejemplo, el obispo y los oficiales reales vivían en continua pugna por cuestiones de intereses, provocando escándalos hasta en la misma residencia del prelado, mientras que el gobernador Guzmán, por su parte, atropellaba, vejaba y hasta maltrataba de obra a los regidores y alcaldes de la ciudad, a fin de dar rienda suelta a sus rapiñas y tiranías. Las discordias entre los pobladores llegaron a producir agitaciones tumultuosas, riñas sangrientas y graves atentados contra las autoridades populares. Aun en tiempos de Velázquez, los vecinos de Sancti Spíritus, disididos en comuneros y realistas, eligieron dos ayuntamientos distintos, se fueron a las manos en la casa del cabildo y mantuvieron durante largos días perturbada la población (año 1522). Vasco Porcallo de Figueroa, al frente de unas veinte personas armadas de espadas, lanzas y rodelas, se dirigió a la villa desde sus haciendas para «apaciguar la comunidad y alborotos y escándalos... e viendo que España estaba en peligro de perderse por lo mismo que aquellos hacían»;[391] penetró en el ayuntamiento y «tomó las varas a los alcaldes que allí estaban, e envió la una dellas al uno y acochilló la otra»; increpó al alcalde Hernand López, a quien tenía por el de la «comunidad» y le ordenó que dejase la vara «por el Emperador», y como el alcalde echase mano a la espada «antes de que la acabase de sacar arremetió este confesante con él (declara el propio Porcallo), e echó mano a un puñal e le dio

391 *Documentos inéditos*, 2.ª serie, tomo I, pág. 12.

cuatro golpes con él, de que le corrió la sangre y le tomó la vara»; después se llevó presos a los alcaldes y regidores «e los echó en prisiones e en el cepo», luchó a lanzadas con otro que se refugió en la iglesia, de donde hubo de sacarlo y enviarlo a la cárcel también, «e cree, dice Porcallo, que le dieron de remesones al tiempo, porque el confesante los vio andar asidos a él e a un Pedro de Ordaz e a otro Diego López, y unos a otros se tiraban de puñaladas e se asían de los cabellos».[392]

La Audiencia tramitó un largo proceso con este motivo y condenó a Porcallo a pagar una multa. Estos escándalos pintan el estado de desorden de la época.

En la capital, Santiago, las escenas de violencia, rapiña y crueldad, así como las riñas y las muertes eran frecuentes. Manuel de Rojas, durante su segunda interinidad en 1533, procesó y ahorcó dos homicidas en Santiago; pero los demás gobernadores no solo toleraban impasibles toda clase de vicios y delitos, sino que ellos mismos ofrecían, por lo común, los peores ejemplos.

En semejante ambiente de indisciplina social y de violencia frenética, donde la voluntad arbitraria del más fuerte era la ley, y en el cual los más graves atentados contra la humanidad y la justicia no se hallaban sujetos sino a una tardía y a veces irrisoria sanción, la corrupción administrativa, importada de Santo Domingo y de la misma España, no tardó en desarrollarse en proporciones verdaderamente escandalosas, agravada por la circunstancia de hallarse concentrados en el gobernador los poderes ejecutivo y judicial. El segundo gobernador de la Isla, Gonzalo de Guzmán, fue convicto por el Licenciado Vadillo de «consentir pecados públicos, blasfemos, jugadores, amancebados, no cumplió provisiones ni cédulas, fue parcial, echó sisos, defraudó las rentas reales,

392 *Documentos inéditos*, 2.ª serie, tomo I, pág. 123.

etc.» Juanes Dávila que ejerció el mando en 1544, destituido en 1546 por los innumerables abusos e injusticias que cometió, fue calificado por el obispo Sarmiento de «injusto, ladrón y enteramente malo en su persona y oficio». Su teniente, Juan de Aguilar, según refiere un vecino de la época, «asoló a Santiago con robos e injusticias». El Licenciado Chávez que sucedió a Dávila, no gozó de mejor reputación que éste por su avaricia y su falta de probidad, y, finalmente, el doctor Gonzalo Pérez de Angulo, último gobernador del período, fue acusado hasta de raquero, y, como los dos anteriores, regresó preso a España.

La distribución de las encomiendas fue una de las peores fuentes de abusos, como ocurre fatalmente en todo reparto discrecional de concesiones lucrativas por los gobernantes. También dieron lugar a ellos las elecciones, los juicios de residencia, la valuación de las mercaderías para recaudar la renta del almojarifazgo, la fundición y marca del oro, las funciones de los «veedores y protectores» de los indios y la práctica, muy generalizada en la época, de fijar precios oficialmente a los artículos de comercio expendidos en los mercados locales. Los derechos que regidores, alcaldes y gobernadores estaban autorizados a percibir, se fijaban en un arancel que debía ser público, pero en todos los juicios de residencia consta la acusación de que las autoridades no exhibían el arancel citado a fin de cobrar derechos arbitrarios. De los procedimientos judiciales empleados por algunos gobernadores puede dar idea el siguiente párrafo de una carta del factor Hernando de Castro al emperador Carlos: «En mucho tiempo no escriví, temiendo me tomase el Gobernador (Dávila) las cartas como ha fecho con quantas a podido. El fue a possar en cassa de Guiomar de Guzmán, viuda del contador Pedro Paz, en cuya possada a estado diez i ocho u diez i nueve messes sentenciando siempre a su favor en trece o catorce pleitos; e de diez días acá se ha despossado con ella sin licencia de V. M. Esta es de cincuenta e más años i él de veinte i ocho u treinta. En su negocio andubo tan ciego como en la justicia».[393]

La falta de probidad en el manejo de los fondos públicos fue otra manifestación constante de la corrupción administrativa de la época. «Once años ha —decía Lope Hurtado a Carlos V en 1539— que soy tesorero (de la Isla) y siempre he visto hurtar la hacienda de V. M.»[394]

La moral privada no andaba mejor en muchos casos que la moral pública. El juego era común desde los primeros años; el propio Velázquez fue acusado de permitir jugar y aun de jugar él mismo en su residencia «dineros secos». Los robos y las muertes eran frecuentes y la licencia de las costumbres se manifestaba hasta en las personas que ocupaban los más altos cargos. Al Licenciado Altamirano se le acusó de que mientras tramitaba el juicio de residencia contra Velázquez, estaba públicamente amancebado con una mujer casada; entre los cargos contra Gonzalo de Guzmán aparece también el de que antes y después de casado tenía por manceba públicamente una india naboría llamada Aldoncilla, y Dávila antes de contraer matrimonio con Guiomar de Guzmán, residió en la casa de ésta durante varios meses, sin preocuparse del escándalo que este hecho producía. Doña Guiomar fue acusada por el obispo de «disoluciones, hechicerías y otros pecados» y cuando don Manuel de Rojas recorrió la Isla en viaje de inspección el año 1534, decía al rey, con referencia a las villas de Trinidad, Sancti Spíritus y Puerto Príncipe, lo siguiente: «En todas las dichas tres villas había personas amancevadas y abarraganadas con sus propias na-

393 Doña Guiomar era rica y fue muy conocida e influyente en su época.
394 *Documentos inéditos.* 2.ª serie, tomo III, pág. 123.

borías algunas de ellas, y otros con sus esclavas y otros con hijas de españoles y mujeres de esta tierra, con tanta paz y sosiego como si estuvieran a ley de bendición.» La obra de depuración religiosa emprendida por los Reyes Católicos y el Cardenal Cisneros en España, aún no había dado todos sus frutos, y el clero no fue siempre en esta época un factor de moralización, contribuyendo a veces, a promover conflictos y aun escándalos. Las experiencias realizadas con los indios cerca de Bayamo, conforme a los planes de 1517 y 1530, no obtuvieron buen éxito en ciertos casos, según informes al rey de don Manuel de Rojas, porque algunos clérigos encargados de realizarlas observaron una conducta moral impropia, que provocó agitaciones y disgustos entre los indígenas. Los dos primeros obispos que residieron en la Isla, fray Miguel Ramírez y fray Diego Sarmiento, fueron irascibles, quisquillosos y autoritarios, aparte de que apremiados por la escasez de sus rentas, incurrieron en abusos impropios de su alto ministerio.

Las víctimas más desgraciadas de estos desórdenes eran los indios. Desamparados de toda efectiva protección oficial, a pesar de las reiteradas disposiciones reales, se alzaban a veces contra ciertos amos que los trataban de manera muy cruel, y entonces se les perseguía con cuadrillas de rancheadores y perros bravos. Los que no eran muertos en combate o destrozados por los perros, si caían prisioneros se les reducía a la esclavitud, o «se bacía justicia» con ellos, eufemismo con el cual se expresaba en términos discretos que «se les ahorcaba». Los suplicios de este género fueron frecuentes a partir de 1528. A veces, en lugar de alzarse, los indígenas apelaban al suicidio, en grupos de veinte y treinta. «Hubo días, dice un documento de la época, en que amanecieron ahorcados con sus mujeres e hijos cincuenta casas en un mismo pueblo.»

Cuando el suicidio tomó carácter epidémico, la opinión en la Isla reaccionó contra los encomenderos que extremaban las crueldades, y en muchas ocasiones se pidió su castigo a las autoridades.

Las causas generadoras de esta profunda perturbación moral fueron numerosas, pero debe imputarse principalmente al régimen de las encomiendas la relajación de las costumbres públicas y la corrupción de las prácticas administrativas. La distribución de las encomiendas fue, si no la única, la peor fuente de abusos, el factor más efectivo de desmoralización y el disolvente más enérgico de las cualidades y las virtudes que debían servir de base a la naciente sociedad.

Una vez que las encomiendas fueron establecidas, el bienestar de los pobladores no dependió de la laboriosidad, la economía, la tenacidad inteligente, la honradez, la sobriedad, la perseverancia, y otras virtudes o cualidades esencialmente constructivas del carácter elevado y noble, sino del favor del «repartidor de indios», de la posesión de una encomienda, la cual solo podía obtenerse, en una o en otra forma, como una «gracia o merced» del citado funcionario. Poseer una rica encomienda significaba, no solo hallarse libre de todo trabajo personal, sino disfrutar de la preeminencia social que asegura el dinero, y entrar derechamente en el camino del enriquecimiento rápido, sin necesidad de otro esfuerzo que el indispensable para ganarse la voluntad del «repartidor». Este, que era a la vez el gobernador de la Isla, tuvo en su mano, por consiguiente, con la facultad de distribuir discrecionalmente tales beneficios, un poder formidable, que utilizó para enriquecerse, favorecer a sus deudos y amigos, asegurarse la impunidad de todos sus actos, perseguir a sus enemigos y adversarios, y, cuando le fue preciso, corromper y doblegar todas las conciencias. Mediante la concesión de encomiendas, el gobernador tuvo asegurado el apoyo de fuertes y decididos partidarios en el Consejo de Indias, y aun inclinada a su favor la voluntad del rey mismo. En Cuba podía arruinar o enriquecer a los pobladores según su libre determinación, y así tuvo sometidos y sujetos a los que recibían sus favores y provocó la rebeldía tenaz y la guerra de intrigas y denuncias de los que no alcanzaban sus beneficios. Colocado ante la fuerte tentación de lucrar con las mercedes que estaba facultado a conceder, se dejó arrastrar por ella y recibió dádivas o tuvo participación en el rendimiento de numerosas encomiendas otorgadas a particulares. Además, como él era el principal y más fuerte encomendero, toleró los abusos que se cometían con los indígenas, faltando a sus más elementales e imperiosos deberes de gobernante determinados por multitud de reales cédulas. La encomienda fue, pues, por tan diversas razones, la fuente emponzoñada de la indisciplina social y de la corrupción que se extendieron como un cáncer por el organismo eu, embrión de la comunidad débil e inconsistente aún, y devoraron en corto tiempo el acervo de virtudes y de cualidades altas y nobles, que coexistían en los primeros poblados junto con sus defectos y sus vicios ancestrales.

Fue una institución que significó, para el «repartidor», hacer de un gobernante un déspota omnipotente e irresponsable; para el «encomendero», convertir un ciudadano útil y laborioso quizás, en un parásito con todos los vicios inherentes a su estado social; y para el «encomendado», transformar un pobre salvaje de mansa condición, en un siervo desamparado y miserable. Esta diversidad de efectos estaba relacionada con la posición respectiva de las tres categorías de sujetos dentro del régimen, pero, además, produjo otra consecuencia no menos funesta de carácter general: para todos significó odio y envilecimiento.

No todo fueron sombras, sin embargo, en esta época, en la cual no faltaron hombres de elevado carácter.

Brilla entre todos por su corazón magnánimo, su ardiente amor a la justicia y su infatigable celo en defensa de los oprimidos, el ilustre Padre Las Casas, llamado, con justo título, Apóstol de las Indias. Ciertamente que con los indígenas del Nuevo Mundo se realizaron actos de crueldad que aterran, pero nunca el egoísmo y la injusticia han sido objeto de una condenación más enérgica y abrumadora, ni jamás han tenido enemigo más decidido y formidable. Más de cuatro siglos han transcurrido desde que en Cuba se establecieron las encomiendas, y aún resuenan los acentos apasionados y fulminantes de Las Casas, condenando, en nombre de la justicia y de la religión, aquel régimen odioso, que es, decía, «contra la intención de Jesucristo, y contra la forma que de la caridad en su Evangelio nos dejó tan encargada».[395] Junto a Las Casas, aparece la noble figura del misericordioso Rentería, proyectando la creación de asilos y colegios para los niños indios, y aplicando su fortuna a sufragar los gastos de la obra de liberación de su amigo. Asimismo, en medio de la corrupción administrativa de la época, se destaca el oidor Licenciado Juan Vadillo, como ejemplo y modelo de juez probo, justo e imparcial, honor de la Magistratura. Don Manuel de Rojas es un ciudadano del tipo más completo: íntegro, activo, enérgico en la defensa de los derechos populares y en la condenación de todos los abusos, celoso del bien público, al cual sirve con absoluto desinterés, de una vida privada intachable, y una reconocida hombría de bien. Las figuras citadas son las más salientes, pero no las únicas: muchos regidores, alcaldes y procuradores demostraron en el ejercicio de sus funciones entereza de carácter y espíritu de

395 Las Casas, *Op. cit.*, tomo IV, pág. 260.

independencia, frente a las pretensiones injustificadas de los gobernadores, y claro concepto del deber en el ejercicio de los cargos que les habían sido confiados. Finalmente, no pocos sacerdotes, en medio de privaciones y fatigas penosísimas, realizaron nobles esfuerzos por evangelizar los indios y los esclavos, haciéndoles más llevadera su vida de sufrimientos.

Del estado de cultura de los pobladores poco o nada se sabe, salvo que era escasísima en general.

Entre los compañeros de Velázquez al desembarcar éste en Cuba, figuraban algunos hombres cultos y hasta dotados de facultades intelectuales nada comunes, pero muchos de ellos se alistaron en las expediciones mexicanas. Es de notar que los gobernadores de este período —contando a los oidores que ejercieron el mando mientras tramitaban los juicios de residencia— fueron casi todos personas instruidas que habían cursado leyes. Instituciones de enseñanza propiamente dichas, no las hubo, aunque comenzaron a esbozarse en un orden un tanto semejante a aquel en que aparecieron y evolucionaron en Castilla.

La enseñanza superior se desarrolló en dicho país, a partir del siglo XIII, con la fundación de las universidades y otros establecimientos de instrucción superior. Los estudios podían ser generales y particulares.

Los primeros, creados por el papa o el rey, comprendían gramática, lógica, retórica, aritmética, geometría, astronomía y música, materias propias de la enseñanza secundaria —el trivium y cuadrivium de la edad media— y enseñanzas de carácter profesional: las Leyes (Derecho romano) y los Decretos (Derecho canónico). Más adelante, en el siglo XV, el programa universitario, comprendió también la teología. Los estudios especiales debían su creación a un prelado o a un consejo y se limitaban a un maestro y pocos escolares.

Los establecimientos de enseñanza superior fueron multiplicándose y ampliando su programa de estudios, hasta alcanzar un notable florecimiento a fines del siglo XV y principios del XVI. La difusión de la cultura fue muy favorecida por los reyes, la nobleza y el clero. La gran fundación académica de la Universidad de Alcalá por el Cardenal Cisneros en 1508, marca el punto culminante de este movimiento a favor de la enseñanza clásica y científica, que siguió progresando durante casi todo el siglo XVI.

La enseñanza primaria no fue objeto en Castilla de la atención que mereció la instrucción superior.

Las escuelas eran muy escasas y deficientes.

«La escuela popular —dice el historiador español don Rafael Altamira— no fue en rigor para el Estado ni para los particulares, lo que es hoy para nosotros: el factor primero y esencial de la cultura. Se atendía más al coronamiento de la obra, sin darse cuenta de que la enseñanza elemental pudiese ser una necesidad común a todos los hombres y no especial a los dedicados a profesiones intelectuales.

Hubo, sin embargo, escuelas primarias, dirigidas, conforme a la tradición de los pasados siglos, por el clero. Una Decretal de Gregorio IX imponía esta función como deber, disponiendo que en cada parroquia hubiese un clérigo dedicado a la enseñanza de las primeras letras y de los rudimentos de la religión.

Algunos municipios, quizás muchos, sostuvieron también escuelas, y otras procedieron de fundaciones piadosas. Pero, en general, este grado de enseñanza hallábase muy descuidado.» La situación de Cuba tenía que ser forzosamente muy inferior a la de Castilla en orden a la instrucción. La corta población blanca, diseminada en pequeños caseríos casi incomunicados entre sí, y formada en su mayoría de varones adultos, no podía, dadas sus condiciones de vida, echar de menos los establecimientos de enseñanza ni sentir la necesidad de la instrucción. Hubiera sido absurdo pensar entonces en instituciones de instrucción superior; en cuanto a la primaria, ni era tenida en aprecio, ni el número de niños blancos de cada villa hubiera justificado la creación de una escuela. No obstante, algunos vecinos no se mostraron indiferentes tocante al punto. Don Manuel de Rojas solicitaba en 1532 que se estableciese una cátedra de gramática en Bayamo, deseo que sin duda compartían otros vecinos, puesto que algunos años más tarde el capitán Francisco de Paradas legó una suma a fin de que se fundase. En su testamento consignó este benefactor una cantidad para edificar una iglesia, y dispuso con las rentas de un capital que al efecto destinaba, se pagasen tres capellanes, uno de los cuales debía percibir 300 pesos anuales «con que sea Preceptor de Gramática y la lea a todos los hijos de los vecinos de Bayamo, y a todos los demás que la quieran oír».

En fecha anterior, ya el obispo Juan de Wite había instituido la Eseolastía o Maestrescuela como una de las seis dignidades de la catedral. «El Maestrescuela, decía, no será presentado, si no es que sea bachiller en alguno de los derechos o en las artes, graduado en alguna insigne Universidad, a quien tocará enseñar por sí, y no por otro, la gramática a los clérigos o sirvientes de la Iglesia y a todos los del Obispado que quisieren oiría.» No hay noti cias de que la Escolastía llegase a funcionar con regularidad, pero sí se sabe que un maestrescuela, el bachiller Pedro de Adrada, y el canónigo Miguel Velázquez enseñaron gramática en Santiago de Cuba por los años de 1540 a 1544. Además, los franciscanos, como ya se ha dicho, instruían a los indios y a los negros en su monasterio de Santiago. No todos los colonos descuidaron por completo la educación de sus hijos, dentro del limitado concepto y la carencia de medios de la época. Vasco Porcallo de Figueroa procuró educar a los que había tenido con los indios, y según el testimonio del obispo Sarmiento, sostenía un capellán letrado «que doctrina los indios y esclavos con fervor y diligencia». La práctica más común de los vecinos pudientes era enviar sus hijos a educarse a España. Miguel Velázquez, canónigo que fue de la catedral de Santiago, estudió en Sevilla y Alcalá de Henares. Era mestizo, hijo de un pariente del primer gobernador y de una india. Fue regidor del Ayuntamiento y es el primer maestro nativo, que ejerciera en Cuba, de que se tiene noticia. Sus contemporáneos encomian su noble carácter y su saber; era algo músico, sabía el canto llano y tañía el órgano. El obispo Sarmiento en carta a Carlos V (julio 25 de 1544) decía de dicho mestizo que «enseñaba la gramática y era de vida ejemplarísimo». Otro contemporáneo, el contador Juan de Agramonte, en carta al mismo monarca, dice de Miguel Velázquez que era «mozo de edad y anciano de doctrina y ejemplo, por cuya diligencia está bien servida la iglesia». Una frase de una carta enviada a España al obispo Sarmiento por el virtuoso mestizo, pinta lo elevado del carácter de éste y las tristes reflexiones que le inspiraba el estado dé su país nativo. Describe en ella las calamidades que pesaban sobre Cuba por aquella época, los incesantes desórdenes que se promueven, el carácter violento del gobernador, y exclama a guisa de comentario: «¡Triste tierra, como tiranizada y de señorío!» Respecto de los indios, los reyes de España realizaron repetidos esfuerzos por instruirlos en la religión cristiana y en la manera de vivir de los castellanos.

Las reales cédulas en que se hacen expresas recomendaciones tocante al punto a los gobernadores de Cuba, son muy numerosas y revelan un criterio fijo y definido. En 1513 (abril 8) se le decía a Velázquez: «yo tengo mucho deseo que en esa isla se ponga toda la diligencia posible en convertir a los indios della, yo vos mando que lo enderecéis por todas las mejores vías que pudiéredes, porque en ninguna cosa me podéis hacer mayor servicio.» En 1514 se le reitera la orden; en 1516 se dictan las ordenanzas de Cisneros inspiradas en las ideas del padre Las Casas. Tocante a la instrucción, se dispone en ellas que en cada pueblo de indios haya un sacristán, de los indígenas si se hallare suficiente, si no de los otros que sirvan en la iglesia, cuyo deber será «ministrar los niños a leer, a escribir hasta que sean de edad de nueve años, especialmente a los hijos de los caciques e de los otros principales del pueblo; e asi mismo les ministren a hablar romance castellano». Más tarde, en 1526, por real provisión de septiembre 14, se confiere comisión a fray Pedro Mexía de Trillo, provincial de la Orden de San Francisco, para que se traslade a Cuba y practique varias experiencias sobre instrucción de los indios. Finalmente en el mismo año de 1526, reconociendo que los medios i puestos en práctica para la instrucción de éstos han sido ineficaces, se adopta una nueva medida, de extraordinaria importancia: la de instruir muchachos indios en España a fin de que más tarde regresen a Cuba y sean los maestros de sus hermanos. En real cédula dirigida al gobernador y oficiales de Cuba (1526, noviembre 9), entre otras cosas se les decía:

«Y porque la principal intinción que Nos habernos tenido y tenemos en las cosas de esas partes es la conversión et instrucción de los naturales dellas a nuestra santa fe católica, como somos obligados, y aunque se han buscado para ello algunos medios no han sido ni son bastante remedio para conseguirlo enteramente, habernos acordado que se traigan de esas partes a estos reinos algunos indios, niños de los más principales y de más habilidad y capacidad, para que los mandemos criar en monasterios y colegios, y después de industriados y bien enseñados en las cosas de nuestra sancta fe católica y la hayan bien entendido y estén puestos en policía y en manera de vivir en orden y razón, vuelvan a sus tierras, e instruyan a sus naturales en lo uno y lo otro, porque ha parecido que destos tomarán e imprimirán cualquier cosa mejor que de otra persona alguna, y desta causa harán mucho fruto; por ende yo vos mando que luego que esta veáis con mucho cuidado busquéis doce indios de los naturales desta isla que sean los más hábiles y entendidos que se puedan hallar, en quien os parezca haya más capacidad, y si fuere posible que sean de los más principales, porque éstos comúnmente son de más ser y razón, y de donde quiera que estuvieren los toméis y me los envíes muy bien bastecidos y proveídos en los primeros navíos, consignados a los dichos nuestros oficiales de Sevilla, a los cuales escribiréis como los enviáis por mí mandado.»[396]

Los procuradores de los Ayuntamientos hicieron objeciones al cumplimiento de esta orden, alegando que los indios tomarían a mal que les llevasen sus hijos; pero reiterada más tarde, el gobernador de Cuba, en carta al rey, le anuncia el pronto cumplimiento de la misma. Algunos muchachos indios fueron enviados de Cuba o de otra colonia, puesto que en 1531 se ordena a los oficiales de la Contratación de Sevilla (real cédula, abril 4), que entreguen al guardián del convento de San Francisco de dicha ciudad veinte ducados para el mantenimiento de dos indios que en dicho convento se educan.

[396] *Documentos inéditos*, 2.ª serie, tomo I, págs. 360 y 361.

Uno de los gobernadores de Cuba, don Manuel de Rojas, parece haberse esforzado en cumplir las providencias reales de 1530 sobre la enseñanza de los indígenas. Cerca de Bayamo estableció colonias de indios libres que trabajaban para sí bajo la dirección de un clérigo y de un vecino casado. El primero encargóse de «la doctrina de estos escogidos «; el segundo tenía por misión «enseñarlos e industriarlos en la manera de vivir politicamente, y favorecerlos y ampararlos conforme a la instrucción que se le dio».

El resultado de todas las disposiciones citadas fue bien pobre, porque las condiciones de vida que prevalecían en Cuba, hacían imposible la aplicación de las mismas. En esta época, los colonos harto trabajo tenían con buscarse la subsistencia y defenderse de cimarrones y corsarios. Evangelizar e instruir a los indios era empresa fuera de sus alcances y contraria a sus intereses y sus propósitos, entre los cuales no entraba entonces ni aun la enseñanza de sus propios hijos.

Fin del tomo I

Nota. El autor de esta obra tuvo el propósito, al comenzarse la impresión de este tomo primero, de incluir en él la historia del segundo período colonial —1555 a 1607—. Así se consigna en el prólogo compuesto por el señor Abril y en el frontis del libro; pero la consideración de que habría de resultar un volumen demasiado grueso, le ha decidido ha reservar para el siguiente tomo la historia del citado período que comprendo la segunda mitad del siglo XVI y los primeros años del siglo XVII.

Libros a la carta

A la carta es un servicio especializado para
empresas,
librerías,
bibliotecas,
editoriales
y centros de enseñanza;
y permite confeccionar libros que, por su formato y concepción, sirven a los propósitos más específicos de estas instituciones.

Las empresas nos encargan ediciones personalizadas para marketing editorial o para regalos institucionales. Y los interesados solicitan, a título personal, ediciones antiguas, o no disponibles en el mercado; y las acompañan con notas y comentarios críticos.

Las ediciones tienen como apoyo un libro de estilo con todo tipo de referencias sobre los criterios de tratamiento tipográfico aplicados a nuestros libros que puede ser consultado en Linkgua-ediciones.com.

Linkgua edita por encargo diferentes versiones de una misma obra con distintos tratamientos ortotipográficos (actualizaciones de carácter divulgativo de un clásico, o versiones estrictamente fieles a la edición original de referencia).

Este servicio de ediciones a la carta le permitirá, si usted se dedica a la enseñanza, tener una forma de hacer pública su interpretación de un texto y, sobre una versión digitalizada «base», usted podrá introducir interpretaciones del texto fuente. Es un tópico que los profesores denuncien en clase los desmanes de una edición, o vayan comentando errores de interpretación de un texto y esta es una solución útil a esa necesidad del mundo académico.

Asimismo publicamos de manera sistemática, en un mismo catálogo, tesis doctorales y actas de congresos académicos, que son distribuidas a través de nuestra Web.

El servicio de «libros a la carta» funciona de dos formas.

1. Tenemos un fondo de libros digitalizados que usted puede personalizar en tiradas de al menos cinco ejemplares. Estas personalizaciones pueden ser de todo tipo: añadir notas de clase para uso de un grupo de estudiantes, introducir logos corporativos para uso con fines de marketing empresarial, etc. etc.

2. Buscamos libros descatalogados de otras editoriales y los reeditamos en tiradas cortas a petición de un cliente.

www.ingramcontent.com/pod-product-compliance
Lightning Source LLC
Chambersburg PA
CBHW022244020726
47496CB00004B/1055